二战战役

风雪鏖兵 FENGXUE AOBING
阿登战役
ADENG ZHANYI

迟振伟 编著

中国书籍出版社
China Book Press

图书在版编目（CIP）数据

风雪鏖兵：阿登战役 / 迟振伟编著 . -- 北京：中国书籍出版社，2021.11
ISBN 978-7-5068-8793-9

Ⅰ.①风… Ⅱ.①迟… Ⅲ.①第二次世界大战战役—史料 Ⅳ.① E195.2

中国版本图书馆 CIP 数据核字 (2021) 第 228492 号

风雪鏖兵：阿登战役

迟振伟　编著

图书策划	武　斌　崔付建
责任编辑	邹　浩
责任印制	孙马飞　马　芝
出版发行	中国书籍出版社
地　　址	北京市丰台区三路居路 97 号（邮编：100073）
电　　话	（010）52257143（总编室）（010）52257140（发行部）
电子邮箱	eo@chinabp.com.cn
经　　销	全国新华书店
印　　刷	三河市华东印刷有限公司
开　　本	710 毫米 × 1000 毫米　1/16
字　　数	251 千字
印　　张	17.25
版　　次	2022 年 3 月第 1 版
印　　次	2023 年 4 月第 2 次印刷
书　　号	ISBN 978-7-5068-8793-9
定　　价	52.00 元

版权所有　翻印必究

引 言

1943年，世界反法西斯战争各主要战场的形势发生根本转折，盟国已经取得战略进攻的主动权。为商讨加速战争进程和战后世界的安排问题，美、英、苏三国首脑罗斯福、丘吉尔和斯大林在伊朗首都德黑兰举行会晤。

会议的中心议题是开辟欧洲第二战场问题，三国首脑达成协议：进攻西欧的"霸王"战役和进攻法国南部的战役于1944年5月同时发动，登陆兵力达100万人，苏联则承诺在同一时间向德军进攻，以配合盟军的西线行动。

1944年，美国陆军上将艾森豪威尔被任命为欧洲同盟国远征军最高司令，蒙哥马利为地面部队总指挥，他们率领军队为盟军开辟了欧洲第二战场，使德军陷入苏军和英美盟军的东西夹击之中，加速了德国法西斯的灭亡。

1944年1月21日，艾森豪威尔在诺福克旅馆召开了远征军最高司令部首次会议，在会议上明确了登陆作战的纲领。这次会议成为"二战"中最重要的军事会议之一。

根据历次登陆作战的经验教训，法国的加莱和诺曼底成为开辟第二战场的首选方案。加莱和诺曼底各有利弊，加莱的优点是距英国最近，仅33km，而且靠近德国本土；缺点是德军在此防御力量最强，守军是精锐部队，工事完备坚固，并且附近无大港口，也缺乏内陆交通线，不利于登陆后向纵深发展。诺曼底虽然距离英国较远，但优点有：一、德军防御较弱；二、地形开阔，可同时展开30个师；三、距法国北部最大港口瑟堡仅80km。

几经权衡比较，盟军最后选定诺曼底作为登陆地点，而加莱地区则是作为伪装地点。大规模的军事调动不可避免会被德军知晓，为了骗过德军，让他们相信盟军真的要在加莱侵入，盟军费了很大工夫准备了一个叫作"坚毅作战"的欺敌计划。盟军在那里设立了一个假的美国第一陆军军团，也建了假的建筑物、仪器设备，送出假的无线电电报，他们甚至假冒说巴顿将军是这个军团的指挥官。

德军方面也很着急地想要知道盟军真正的登陆地点，于是透过他们自己设在英国南部的情报网和情报员收集第一手情报。不过，很不幸的是，连德军自己的情报员也被盟军骗了。德军的情报员很"称职"地送回去假情报，说盟军真的会在加莱登陆。盟军为了让这个骗局能尽量持续下去，在交战开始后，他们在加莱地区弄了个"只有在雷达上"才看得到的假空战，以及其他装置来继续骗德军。

1944年6月6日早晨6时30分，以英美两国军队为主力的盟军先头部队总计17.6万人，从英国跨越英吉利海峡，抢滩登陆诺曼底，先后攻下了犹他、奥马哈、金滩、朱诺和剑滩五处海滩，美国、英国、加拿大三国共计288万军人，17万辆车辆，60万吨各类补给品，成功地渡过了英吉利海峡。到7月24日，德军伤亡和被俘11.3万人。

在巩固诺曼底桥头堡之后，盟军随即冲入法国腹地，8月19日，巴顿的第三集团军先头部队已经推进到了塞纳河沿岸，并在对岸设置了登陆场，德军B集团军群交替掩护撤退，不可避免地丧失了大量的人员装备，8月25日，盟军进入法国首都巴黎。

与此同时，美军第7集团军从法国南部登陆，德军无力阻挡，盟军一路向东，一直攻击到法意边境，而在法国中部和北部的盟军则不停地追杀撤退的德军。

8月底，美军第3集团军从塞纳河流域出发，仅仅在少数渡口遭到德军的阻击，而后在凡尔登附近大规模强渡马斯河，向德国本土进发；美军第1集团军从中路推进，在色当以北渡过马斯河，然后沿着马斯河继续推进，9月6日抵达列日，想要发动突袭占领边界附近的德国城市亚琛，然而美军第1集团军在那里遭到了顽强抵抗，德军布置了大面积的雷区还有大量的障碍物和反坦克炮，美军攻占亚琛的计划失败。就在盟军的机动部队占领广大区域之后，问题也就随即而来，战线的拉长让后勤保障出现了问题，越向前推进，盟军所带的补给就越少，美军第3集团军也被迫转入了防御，准备等到补给充足之后再次向德军发动攻击。

9月中旬，盟军不仅占领法国，而且几乎占领了整个比利时，欧洲第二大港口安特卫普港已经陷入了重重包围当中，攻克指日可待，北面的盟军已经进逼荷兰边界，西面的美军第1集团军对亚琛虎视眈眈，战火已经烧到德国本土了。

随着战火不断增强，德军的战线急速萎缩，损失也越来越大，整个西线战场上只剩下不足50个师，每个师的兵力配备甚至不足编制的一半。短短几个月的时间里，德军就损失了40多万的精锐部队，3名元帅和1名集团军司令先后被撤职或离职，被击毙和俘虏的德军集团军司令、军长、师长等高级将领超过20人，超过1300多辆坦克，2000多辆卡车，还有各种火炮2000多门被缴获或者摧毁，损失飞机3500多架。而此刻德军也从法国战役的溃败中苏醒过来，9月5日，著名老帅龙德施泰特再次出任西线德军总司令，龙德施泰特指挥德军在德国边界以西和边界地区挡住了盟军的攻势。

当这个令人难熬的夏季慢慢过去的时候，盟军从英吉利海峡和地中海沿岸延伸过来的补给线已经快要接近极限，而德军已经在自古就倚仗的天堑——莱茵河布置下了重重防御。西线德军在边界区域的层层设防也让盟军的进攻受挫，让这场看起来即将结束的战争顿时变得漫长起来，整个战场出现了一种莫名其妙的平静。

不过，双方都知道这种平静不会持续太长时间，一旦盟军将刚刚占领的欧洲第二大港口——安特卫普港修复的话，后勤补给将不再是问题，到时候源源不断的兵员、武器、补给将会是压倒德军防线的最后一根稻草，德意志第三帝国大厦倒塌的日子将很快来临。

希特勒是不会眼睁睁地看着这样的事情到来的,他已经暗中筹划着一场反击——一场能够让第三帝国死而复生的大规模作战,作战的目标正是由第1集团军和第3集团军组成的美军第12集团军群,选择的地点正是四年前德军横扫西欧的出发地——阿登山区。

第一章 元首的意志不可更改

第一节 希特勒异想天开的计划 ·················· 2
第二节 大小解决方案 ·················· 9

第二章 暴风雪来临前的寂静

第一节 战略欺骗任何时候都不过时 ·················· 18
第二节 乐观蒙蔽了隐患 ·················· 24

第三章 特种作战的威力不可小觑

第一节 德国伞兵:"二战"中最后的空降作战 ·················· 32
第二节 命运多舛的空降 ·················· 37
第三节 折翅的"鹰" ·················· 43
第四节 欧洲第一恶汉的任务 ·················· 48
第五节 制造混乱的"格里芬行动" ·················· 56

第四章 猝不及防的打击

第一节 时间定格在12月16日凌晨 ·················· 62

第二节　盟军的临阵反应 …… 66

第三节　小队伍也有巨大功绩 …… 71

第四节　战果辉煌的曼托菲尔 …… 75

第五节　不受待见的德军第7集团军 …… 83

第五章　党卫军精锐的覆灭

第一节　娃娃兵对阵菜鸟 …… 90

第二节　鏖战双子镇 …… 93

第三节　超级豪华阵容 …… 98

第四节　疯狂的闪电——派普战斗群 …… 102

第五节　胜利的十字路口 …… 105

第六节　马尔梅迪大屠杀 …… 107

第七节　再次丢失唾手可得的战果 …… 111

第八节　桥梁破袭战 …… 115

第九节　虎王出面也无济于事 …… 120

第十节　派普彻底被包围了 …… 125

第十一节　死里逃生的突围 …… 130

第六章　圣维特保卫战

第一节　美军第106步兵师的悲剧 …… 136

第二节	增援圣维特的第 7 装甲师	141
第三节	圣维特守军的各种"惊喜"	146
第四节	德军的超大规模进攻	149

第七章　巴斯托尼争夺战

第一节	绝望中的巴斯托尼	154
第二节	巴顿的第一批援兵	158
第三节	101 空降师的紧急增援	161
第四节	最危险的时候已经过去	165
第五节	Nuts！呼啸之鹰的回答	168
第六节	急速狂奔的小乔治·巴顿	174
第七节	运气和决断是指挥员的制胜法宝	179

第八章　突出部战场的装甲大战

第一节	寻找战机的第 3 装甲师	184
第二节	曼海争夺战的前奏	190
第三节	不占优势的谢尔曼	195
第四节	谢尔曼杀手	197
第五节	通往马斯河的最后枢纽——马尔什	203
第六节	顽强的防守，折戟的进攻	207

第七节 矛与矛的对攻成就"车轮上的地狱" ………………… 211

第九章　最终的失败

第一节 巴顿带给绍尔河的"惊喜" ………………………… 218
第二节 盟军的反攻计划 ……………………………………… 225
第三节 决战巴斯托尼 ………………………………………… 231
第四节 打成一锅粥的战场 …………………………………… 234
第五节 各种番号齐聚巴斯托尼 ……………………………… 241

第十章　伤亡惨重的结束

第一节 谨慎的追击 …………………………………………… 246
第二节 兔子急了还咬人呢 …………………………………… 250
第三节 丢掉大鱼的合围 ……………………………………… 253
第四节 将德国人赶回到原来的防线后面 …………………… 257

后　记 ………………………………………………………… 262

第一章

元首的意志不可更改

第一节
希特勒异想天开的计划

1944年9月16日,星期六。东普鲁士,狼穴。

希特勒正在召开例行的最高统帅部每日战况会议,由于前不久的7月20日发生了刺杀事件,整个会议现场弥漫着一种不安的情绪,大家都小心翼翼地发言,回避那些可能让希特勒不悦的信息。

然而不断增援的盟军力量和德军方面各种物资的缺乏,特别是燃料和武器弹药的短缺却是不可忽视的话题。

就在这时,希特勒突然站起身来,环视了一下眼前的最高统帅部参谋长凯特尔、陆军总参谋长古德里安等人,会场立即变得安静起来,大家不知道元首要做出什么举动。

希特勒慢条斯理地讲道:"我们眼下的情况虽然有些危机,但并不是什么大问题,腓特烈大帝也曾经遇到过比眼下危险千倍的情况,可是大帝最终依旧打败了两倍数量于自己的敌人,眼下苏联就是我们的主要敌人,而英美联军,只要给他们一记狠狠的打击,就可以让他们阵脚大乱,变得四分五裂、一败涂地!我们才可以腾出手来干掉苏联!所以,我作出了一个重大的决定!就在这里!"

腓特烈大帝是希特勒最为欣赏的人,他经常用大帝的事迹来激励属下的将领们。周围的将领们将目光投向了希特勒所指向地图的位置,所有人都惊诧不已。

这个位置他们再熟悉不过了,因为4年前,德军就成功地在这里实施过"黄色方案"作战计划,四十天内将法国、比利时、荷兰、卢森堡收入囊中，俘获200多万敌军，还令30万英法联军丢掉了所有重武器，从敦刻尔克仓皇而逃。

阿登山区！！！德意志第三帝国的福地！

可是眼下的第三帝国早已经跟4年前大不相同了，德军的力量已经遭到了极大削弱，尤其是空军力量，各种物资也是非常匮乏，面对的敌人也不是当初一击而溃的法军，而是装备精良、拥有强大实力的盟军。

希特勒本人对于自己的军事才能拥有绝对的自信，不被任何的失败和背叛所动摇，他认为存在依靠一次天才般的突然打击会颠覆整个战场形势的可能性，甚至偶然性。这种小概率事件在之前的作战中也曾经出现过，比如"闪击波兰""巴巴罗萨"计划，还有这次作战计划的翻版"黄色方案"，等等，都让希特勒增强了一种神秘的天生自信心。

在统帅部将领们关注的目光中，希特勒将自己的想法娓娓道来："我将利用30个师的力量从阿登山区出击，从美军和英军的接合部打开缺口，穿过马斯河，占领安特卫普，不仅可以将美英联军一分为二，还能够彻底截断他们的补给线，再一次完成敦刻尔克包围圈，让这些英国佬和美国佬再尝尝海水的味道！"

面对希特勒略有狂热的话语，在座的将领们有些目瞪口呆了！眼下德军西线的力量大部分都处于跟盟军的对峙当中，能抽调出来的部队极为有限，而且长达200公里的攻势对于德军的后勤补给将是极大的考验，安特卫普这个远大的目标似乎有些难以实现。

可是希特勒却不这么认为。首先，驻守阿登地区的盟军部队布防松散，空隙很大，而且这里是美军和英军的接合部，从这里进攻可以在军事和政治上加深盟军的矛盾，而且阿登山区的冬季浓雾弥漫，盟军的飞机无法提供良好的支援，只要再一次发动突然袭击，1940年的胜利和辉煌就会重现。

统帅部的将领们虽然对希特勒的构想感到有些难以实现，可希特勒固执的性格让他越来越不接受别人的建议，统帅部的将领们只得被迫对这个方案做出详尽的研究。

风雪鏖兵 阿登战役

纳粹头目希特勒的私人城堡——鹰巢

10月的一天早上，统帅部作战局局长阿尔弗雷德·约德尔上将匆匆赶往了巴伐利亚贝希特斯加登的"鹰巢"面见希特勒。

鹰巢位于德国南部巴伐利亚州贝希特斯加登附近的阿尔卑斯山脉，是1938年由"元首的影子"马丁·鲍曼下令建造，作为希特勒50岁生日贺礼的一座别墅。希特勒对手下的这件"作品"非常满意，他甚至特地为自己设计了一些家具，心血来潮时，他还喜欢以此地为背景创作油画。

渐渐地，鹰巢成了纳粹德国仅次于柏林的第二个政治中心。在这个风景优美的地方，希特勒招待过许多国内外重要的政治人物；也是在这里，希特勒签署命令吞并了奥地利，并和其他人一起制定了侵略波兰和法国的计划。

约德尔走下汽车，穿过两扇厚实的由元首保卫营士兵把守的钢制大门，一条长长的隧道出现在眼前，隧道直接从坚硬无比的花岗岩中凿穿，幽长的隧道气派不已，只是其中带着一股阴森之气。

坐上金碧辉煌的豪华电梯，约德尔登上鹰巢堡垒，此刻希特勒正在餐厅中用餐。还未来得及对希特勒行礼，希特勒就立即让其坐到自己身旁吃早餐，这种礼遇让约德尔大为感动，毕竟刚刚逃过暗杀的希特勒还是非常警觉的。

"元首阁下，参谋部按照您的构想，制定了西线作战的备选方案！"

希特勒仔细地将约德尔带来的作战方案看了一遍，这是总参谋部根据克劳塞维茨和毛奇时代的方法，参照"施里芬计划"仔细拟定的各种可能方案，很显然，其中的列日—亚琛作战方案深得他的意愿，这也是他最初的设想。

"反复的推演说明，元首选择的阿登地区的确是整个西线作战计划中最有希望获得成功的，当然，这还需要其他路线的伴攻来进一步降低阿登地区的风险！"约德尔虽然对于希特勒的作战意图有些抵触，可是作为作战局长他除了完善这个计划之外，没有任何的发言权了，他不敢也不愿去反对元首的提议！

几天以后，约德尔从"鹰巢"拿到了希特勒亲自拟定的作战构想，他果然选定了列日—亚琛方案，从卢森堡的北部出击，然后向北，与亚琛方向的辅助攻击会合，虽然相隔的距离足足有上百公里，可是当两翼合拢的时候，就会形成一个巨大的包围圈，对包围圈内的美军第12集团军群造成毁灭性打击，而后突破马斯河防线，直逼安特卫普，完成最初的战略意图。

这一切都是在极度保密的情况下进行的，知道的人仅限于最高统帅部极少数高层。

10月22日，西线德军总部参谋长韦斯特法尔将军和B集团军群参谋长克雷布斯将军奉命前往"鹰巢"，两人肩负着西线总司令龙德施泰特的任务，向已经落入美军手中的亚琛方向增援几个师，用于缓解鲁尔地区的盟军攻势。

两位将军还没有来得及见到希特勒，就被要求签署一份关于保守"莱茵河卫兵"的机密作战计划保证书，如果作战计划泄漏的话，他们都会被处死！

风雪鏖兵 阿登战役

德军西线总司令龙德施泰特

两人立即感到有些紧张，这是之前从未有过的情况，何况前不久发生前任西线总司令贡特尔·汉斯·冯·克卢格元帅和B集团军群司令"帝国之鹰"隆美尔元帅的自杀事件，让这两位参谋长面面相觑，不知道接下来会发生什么。

看着门外站笔直的士兵和盖世太保，两人心中升起一种不祥的预感，没过多久，一个参谋推门进来，三个人互致军礼，参谋交给两个人一份11月末将会抵达西线的部队名单，两人顿时大喜过望，这个数量比他们预想的要多许多。

随后更大的惊喜出现了，希特勒居然让两人参加每日例会，甚至听取两人的报告。会后，希特勒亲自为两人介绍了关于B集团军群所在区域将要发起的反击战计划。

根据计划，西线B集团军群将派出第5、第6装甲集团军作为主力，从阿登地区出击，第7集团军在南面掩护主力进攻南翼，一举包围并消灭巴斯托尼—布鲁塞尔—安特卫普一线以北的英军第21集团军群和美军第12集团军群力量，占领盟军的补给重镇安特卫普港，切断整个西线盟军的后勤补给。11月20日是准备工作截止日，11月25日则是进攻发起日。11月25日是希特勒命令他的气象学家们测算出来的日子，这天之后的10天里都将会是能见度极差的坏天气，盟军的空中优势将毫无用武之地。

希特勒允诺将派出10个高炮团、12个炮兵群、10个火箭炮团提供火力支持，还有空军至少1500架飞机的支援，其中100架是最新式战斗机。

当然了，他们得到的并不都是什么好消息，攻击的力量将拥有至少12个装甲师和18个国民掷弹兵师，希特勒允诺的这些进攻力量大部分是从统帅部的预备队中抽调的，但是还有至少6个装甲师和2个国民掷弹兵师要从已经非常薄弱的西部战线上抽调出来，而整个西部战线德军的装甲师总共只有9个，这就不可避免地要放弃部分阵地。

两位参谋长满怀心事地回到了西部防线。韦斯特法尔从"鹰巢"匆匆回到西线德军总部，向西线德军总司令龙德施泰特元帅传达最高统帅部关于反击战的命令，并且对龙德施泰特提出了自己的想法。

"元帅阁下，就目前西线的战况来看，夺取安特卫普这个目标对于我们实在是有些困难，而且准备的时间也是不足的，即便有元首允诺的那些支援，我们顶多也只能将盟军赶到马斯河一线，而且我们还要冒着南北两翼暴露而被对方攻击的危险！"

龙德施泰特缓缓地摘下自己的帽子，轻轻地擦拭上面的军徽，然后抬头看了一下自己的参谋长："约德尔的态度如何？"

"他似乎对计划也呈一种谨慎的态度！这件事情似乎完全是元首阁下的想法！"

龙德施泰特听完之后，苦笑一声讲道："这份计划的确拥有天才的成分，但如果仅仅是元首阁下的想法，那么我们西线德军总部无论如何也无法做出改变！除非我们跟约德尔达成某种默契！"

"那我们是不是要先拟定出一份符合实际的作战方案呢？"

"这是必须的！"

"还有一个问题！"韦斯特法尔提出了一个让龙德施泰特忧心很长时间的问题，"莫德尔元帅那里也知道元首的计划，他会不会同意呢？"

龙德施泰特犹豫了一下，这个被誉为"希特勒的救火队员"的防守大师沃尔特·莫德尔可是希特勒安放在自己头顶上的"紧箍咒"。自从克鲁格元帅自戕以来，希特勒给龙德施泰特这位陆军老帅只是名义上的指挥权，西部战线主要的力量都在莫德尔手中，莫德尔是一位狂热的纳粹，聪明、有野心，最为关键的是在战场上一直表现不错，深受希特勒的恩宠。

"先不用管他，你在最小范围内挑选几个人重新拟定计划，一定注意保密！"龙德施泰特特意嘱咐道，他心里明白这个计划对于希特勒来说意味着什么，连隆美尔元帅他都能下手，更不用说自己这种老家伙了！

韦斯特法尔立即召集西部德军总部的几位人员，开始根据希特勒的构想，按照西线德军的实际情况拟定一个切实可行的计划。

与此同时，在临近科雷费尔德的菲赫坦海恩，B集团军群司令莫德尔元帅也正在跟他的参谋人员研究希特勒的战略构想。尽管这位狂热的纳粹分子对希特勒忠贞不贰，可是对于此次克雷布斯带来的元首指示却是给予了极为严苛的批评："这个方案连可以站立的一条独腿都没有，这一切真糟糕透了！"他同样明白，就凭他手中的那点儿兵力，别说是打到安特卫普，能否挡住盟军的下一次进攻都是一个大大的问号。

由于美军已经攻占了亚琛，莫德尔对于这里的威胁更为担心，他索性将希特勒富于幻想的草案进行了大幅度修改，提出了B集团军群自己的方案。

10月27日，西线德军的联席会议上，莫德尔和龙德施泰特的方案都出笼了，两人发现对方的方案虽然跟自己的不同，但有一点却是不谋而合，那就是希特勒夺取安特卫普的想法太过贪心了，两人作战方案的最终目标都没有超过马斯河，他们的计划是能够围歼马斯河东岸的第12集团军群，降低盟军对于德国本土的威胁，这可能是目前能够取得的最大战果了。

由于极度保密的缘故，即便是那些即将奉命指挥部队的司令官们也都不清楚这些方案的具体内容，他们仅仅被告知讨论一下是否有对盟军采取一次冬季反攻的可能性。

可列席会议的司令官眼下最关心的是如何改善部队糟糕的补给情况，兵员的短缺和武器弹药，特别是燃料的缺乏让整个部队处于一种非常疲乏的状态。

第二节
大小解决方案

10月28日,莫德尔将一份在大体遵循龙德施泰特方案框架内的最后作战方案送达了西线德军总部,而后这份被称为"小解决方案"的作战计划被信使直接送往了统帅部作战局长约德尔手中。

约德尔将"小解决方案"和参谋处根据希特勒的构思拟定的、进攻安特卫普的"大解决方案"一起送到了希特勒面前。

希特勒对于西线德军总部提出的"小解决方案"极为嘲讽,称之为"不可能带来真正胜利的半吊子计划"!是一个"胆小鬼方案"!

可是"大解决方案"需要的兵员物资又是一个极大的问题,于是希特勒下令将大多数军队后勤人员转入作战部队,海军和空军部队人员转为步兵,同时下令建立"人民近卫军",强征16岁至60岁的男性入伍,经过不到两个月的训练之后立刻投入战场。

不仅仅如此,就连负责与苏联红军作战的东部战线也要抽调一部分兵力前往阿登地区参与进攻,这就意味着1945年1月之前,东部战线的德军将没有预备队可用,面对紧张的战局,负责东部战线的陆军总参谋长古德里安极为恼火,因为苏军正在酝酿新一轮的冬季攻势,整个东部战线将会出现极大困难。

当他对此提出异议的时候,希特勒前所未有地当众训斥他道:"用不着你来教训我!我已经在战场上指挥了五年德国陆军,在这一时期我获得的经验,参谋总部无论谁也比不上,我曾研究克劳塞维茨和毛奇,而且把所有的施里芬文件都读过!我比你们清楚得多!"

而当古德里安抗议说苏军正准备以压倒性的优势兵力进攻并且列举了苏军兵力后,怒不可遏的希特勒立刻咆哮起来:"这是自成吉思汗以来最大的虚张声势!这些胡话是谁说的?"

即便面对重重的困难,希特勒还是固执地将安特卫普作为最终的攻击目标,而且宣称只要30个师就可以完成这个计划,而统帅部和西线德军完全有能力筹集出这些部队,对于将领们提出的反对声音毫不在意。

于是,11月3日,德军最高统帅部作战局局长阿尔弗雷德·约德尔上将作为希特勒的特使抵达了B集团军群司令部,向龙德施泰特、莫德尔、曼托菲尔、布兰登贝格尔、迪特里希等人传达了希特勒关于"莱茵河卫兵"作战计划的详细内容。

德军从蒙绍—艾赫特那赫地段发动攻击,突破马斯河之后,在列日和那慕尔之间建立桥头堡,然后再通过布鲁塞尔向西进攻安特卫普港,只要装甲部队渡过马斯河,就可以直接切断美军第1集团军的后方交通线,突入安特卫普,英军第21集团军群的后方交通线同样也会遭到威胁,如果进攻胜利的话,至少可以摧毁敌军25~30个师,而且可以缴获不计其数的物资装备,整个西线战场的局面将会大大改善,甚至可以让英美军队重蹈

美国第1集团军士兵开往阿登战役前线

敦刻尔克的惨剧。

随后约德尔向西线作战部队宣布了各项任命。

第6装甲集团军由约瑟夫·迪特里希大将率领，以9个师的兵力，向列日两侧的马斯河渡口突进，在列日东部建立一道坚固防线，然后向安特卫普进发，担任整个反击计划的主要攻击任务。

第5装甲集团军则是由曼托菲尔上将指挥，他们的任务是在列日以西的那慕尔附近渡过马斯河，阻挡西面的敌军预备队进攻第6装甲集团军，保护第6装甲集团军的侧翼和后方安全。

第7集团军的指挥官由布兰登布格尔上将担任，他的主要任务是阻挡南面和西南面的增援的敌军，保护两支突击前进的装甲集团军的侧翼安全。

约德尔在作战计划的最后，特意指明了一点，这个计划是元首亲自定下的，不允许有任何的更改，约德尔还将希特勒亲笔信展示给各位将领看。

面对这种情况，虽然大家都有些担忧，但所有人都知道这场反击势在必行了，曼托菲尔上将立即代表作战部队提出了几点要求：

第一，由于德军在人员、武器装备，特别是补给上很难担负一场冬季条件下对长达200公里正面宽度的进攻，统帅部必要将所有参战部队以及装备提前送入进攻位置，特别是空军的掩护。

第二，各种武器弹药装备的补给同样也要在进攻前到位，特别是燃料一定要保障充足，否则很容易进攻受阻。

第三，桥头堡要提前建立，增强进攻部队的机动力量。

第四，南翼的第7集团军要得到加强，他们面对的是巴顿的第3集团军，如果能够装备装甲师的话，就可以减轻第5装甲集团军的后防压力。

曼托菲尔对于计划的看法是众多前线将领共同的心声，他们一致认为最高统帅部并不了解眼下德军的真实状况。他们并不怀疑强大的第6装甲集团军和第5装甲集团军能够成功地突破美军的防线，可是北面的第15集团军和南面的第7集团军如果不能提供足够的掩护，突击部队的侧翼很容易遭到进攻，现在毕竟不是1940年了，特别是第7集团军，他们要防备的对手是作战勇猛，以快速突击著称的小乔治·巴顿。

综合了各位前线将领的意见，曼托菲尔提出了一个"小解决改进方案"，这是相对于希特勒进攻安特卫普的"大解决方案"而做出的。

两个突击的装甲集团军突破马斯河之后，暂时不要渡过马斯河，而是转向北面和西北面，会同北面的第15集团军将英美20多个师的部队合围。只要解决掉这些部队，西线的德军压力将会大大降低，如果条件允许的话，依旧可以向安特卫普发动进攻，只要德军的空军能够全力支援，英美军队被吃掉应该不是什么太大的问题。

这个修改方案上报最高统帅部之后，并没有得到希特勒的欣赏，他告诉龙德施泰特："这一地区的敌军已经预感到了我们会发动的进攻，他们的抵抗将会是强烈的，用不着为了拼死的野兽浪费士兵们的鲜血，只要切断他们的补给线，他们就会老老实实地束手就擒！"

希特勒再一次否决了将领们修改方案的意图，只是将发动进攻的时间向后推迟了一下，这个唯一的妥协是因为前线出现了重大的变故。盟军在11月16日发起了旨在突破亚琛德军，抵达莱茵河作战，目标正是德国工业重镇鲁尔工业区，美军的第1集团军已经占领亚琛，14个师对鲁尔工业区虎视眈眈，如果这一心腹大患不解除的话，不仅参与反击的部队会受到威胁，莱茵河防线也岌岌可危。

面对这一重要情况，莫德尔也不得不亲自制定了一份两路出击的方案，先把威胁鲁尔工业区的部队和预备队打掉，然后再集结部队进攻安特卫普，如果能够将亚琛地区的美军14个师歼灭的话，对于盟军心理上的打击也是巨大的，不会亚于"莱茵河卫兵"的战果。

然而，这份由莫德尔和龙德施泰特一起致电希特勒的计划，再次遭到了元首的拒绝，此时的希特勒已经固执得令人难以置信了，他告诉两个元帅："我不想听你们的即兴演说！我的意思已经说得很明白了，这个计划没有任何更改的余地！"

面对希特勒油盐不进的回绝，作为一位前线指挥官，曼托菲尔也越发感觉这个作战计划不可能实现了，他心中的郁闷根本无法表达，现在既然在战略上他们已经无法撼动希特勒的决心，只能从战术上争取一些胜利的砝码了！

曼托菲尔悄悄地化装成普通的步兵上校，前往阿登山区的最前线，在他的部队预定突袭的地段，了解美军的各种情况，以便后期尽可能取得进展。

很快，曼托菲尔就了解到美军的一些情况，不得不说希特勒的眼光还是比较准确的，在阿登山区的美军几乎将这里当作疗养院和度假胜地了，天黑之后这些美军士兵就放弃了散兵线，全部收缩到高地的村落中睡觉，等到天快亮的时候才会起床进入阵地，这种怠慢的情况并不在少数，曼托菲尔在心中慢慢酝酿着一个作战方案。

12月2日，柏林总理府。

希特勒会见了参与反击作战的大部分将领们，然后对整个计划进行了商讨，老帅龙德施泰特没有参加会议，他对整个计划已经不抱一丁点儿希望了，希特勒似乎并没有在意老帅的缺席，只是兴致勃勃地跟他的"爱将"们讨论如何歼灭英美军队。

会议上，曼托菲尔希望第15集团军参与发动辅助攻势，减轻进攻部队的压力。为第7集团军增强防御能力的提议没有什么结果，甚至空军的掩护到底有多强也没有说明，看起来整个会议似乎就是希特勒全版计划的说明会，而不是修改！

好在希特勒对于一些心腹爱将也有些偏颇，尤其是他非常信任的曼托菲尔，曼托菲尔将自己从阿登地区看到的情况报告给希特勒，然后讲出自己的判断。

"美军现在并不知道我们的进攻，所以，我们不能给他们任何喘息的机会，如果午夜时分我们发动进攻，对方将毫无判断的能力，只要步兵突击队扫清障碍，后面的装甲部队就能够迅速出击，后面的步兵再向敌人的主阵地发动攻击，只要敌人陷入混乱，我们的装甲部队就可以立即向西，挥师布鲁塞尔和安特卫普！"

希特勒微微点头，他对曼托菲尔的提议还是比较感兴趣的，他虽然固执，可并不是傻瓜，曼托菲尔的提议具有很大的参考价值。

"你接着说！"

见希特勒没有反对自己更改的作战计划，曼托菲尔立即有了一点儿信心，他接着讲道："只要我们的装甲部队在向马斯河推进的时候，不能让自己的侧翼受到威胁，那些防御坚固，不容易立即攻下来的地区交给步兵，这些作战计划在进攻苏联的时候运用得很成功！"

"很好！你说得很有道理！"自从准备展开反击战以来，希特勒很少夸奖人了，"我会考虑进去的！"

12月9日，希特勒下达了"莱茵河卫兵"的最终版本方案，这与10月22日的最初方案几乎如出一辙，只是在某些细节上有所更改。

"这算是希特勒最大的妥协了吧！"曼托菲尔知道自己能够做到的也仅仅如此了，剩下的就看德军的运气如何了。

12月11日，鹰巢。

希特勒召开了阿登反击战战前最后一次军事会议，参战部队师级以上的军官们尽数到齐，这里面自然少不了希特勒最为倚重的四个党卫军装甲师的将领：党卫军第一装甲师（阿道夫·希特勒警卫旗师）、第二党卫军装甲师（帝国师）、党卫军第12装甲师（希特勒青年师）、党卫军第9装甲师（霍亨斯陶芬师）。

由于极为严苛的保密，这些即便是希特勒的亲信们也是到这一天才知道关于"莱茵河卫兵"的详细作战计划，希特勒近乎歇斯底里的声音在会议室上空飘荡："这次攻势即将会为我们迎来一次久违的重大胜利，所有的准备都已经就绪，我们会重新夺得战争的主动权，分裂盟军之间的友谊，英国佬和美国佬不是苏联人，他们遇到困难就会低头，英国人即将山穷水尽，美国人更会见风使舵，我决心采取这次行动，即便要冒很大的风险，即便我们在反攻之前丢失大片的领土和阵地，我们在任何时候也要让敌人知道，他们绝不能让我们投降，绝不能！绝不能！"

12月12日，老帅龙德施泰特的生日，结束会议的将领们都涌到了他家为他庆贺生日,大家尽情地狂欢,面对即将开始的反击,所有将领都没有表现出任何的异常,只是到了午夜时分,将军们都已在返回各自部队的路上了。

第二章

暴风雪来临前的寂静

第一节
战略欺骗任何时候都不过时

阿登山区被绝大多数军事家认为不适合大规模军事行动。首先，它是一个地形非常复杂的山区，参天的松树林中弥漫着白雾，密布的丘陵和山包让这里的道路变得极为曲折难行，这是一个寻求僻静和孤独的人最理想的住所，而不是作为某一个危机时刻的战场。

从地理上讲，阿登地区包含艾弗尔高地和阿登山区，从地图上看，这里是柏林和巴黎连线上的重要节点，可是这里并不是作战的首选之地，特别是对装甲部队而言，这里茂密的森林简直就是步兵反击坦克的绝佳之地。

这里还有马斯河、萨尔姆河、乌尔特河及其支流形成的各种障碍，这里的机动区域显得非常狭窄，德军的装甲部队在这里很难大规模展开，否则就会成为盟军空军明晃晃的靶子，所以德军想要进攻盟军的话，绕开这个地区是最好的选择。

1944年底，相对于南北两端如火如荼的战斗，阿登山区依旧是一个非常平静的地方，平静到盟军将这里作为休整地带，那些刚刚熬过苦战、减员严重的部队被送到这里，以求适当地"休息"一下。

希特勒选择这里作为突破口，一方面因为想要重现自己当初一举横扫欧洲的辉煌；另一方面也因为盟军在这一地区的防御空虚，盟军的注意力都集中在北方亚琛以东的鲁尔工业区和南边的卢森堡，他们认为只要从这两个地方突破莱茵河，德国失败的日子很快就会来临。

德国也认识到了这一点，盟军自从诺曼底登陆以来，凭借庞大的兵员和物资储备在战场上步步逼近,更重要的是盟军占据了战略的主动权,特别是德军的西部战线的制空权几乎完全在盟军的掌握当中,如果盟军意识到希特勒的企图,那么他们会在最短时间内调集部队加强在阿登山区的作战能力,这里本来就易守难攻,到时候德军想要再有所动作简直就是自投罗网。

现在德军最紧迫的任务就是如何能够瞒天过海,悄无声息地完成战前布置,任何一丁点儿的消息也不能让对方知晓。

为了将反攻计划做到万无一失,希特勒在保密工作上下足了功夫。不仅仅如此,希特勒还制定了数个战略欺骗方案,用来吸引和错误地引导盟军指挥官的注意力。

首先,反击计划的代号"莱茵河卫兵"就是明晃晃的声东击西,即便盟军情报部门得知有这么一个计划,或者故意泄露出去,也可以成功地让对方相信,这个绝密计划根本就是为了防卫莱茵河准备的,至于不着边际的阿登山区只有天知道有什么作用。

其次,欺骗方案也是希特勒亲自拟定的,剧本也是有模有样的,甚至可以说,这个剧本如果不是欺骗计划,绝对也能充当德军一次规模不小的反击作战计划。具体的做法就是,为了防止美军第1集团军和第9集团军从科隆周边突破莱茵河,德国最高统帅部决定北部的B集团军群和德军第15集团军需要对亚琛地区的美军发动反击作战,而为了掩护这次作战和保护第15集团军的侧翼安全,需要在南部的艾弗尔高地发动一次掩护性攻击。

这场戏的主角自然是新组建的第6装甲集团军,表面上第6集团军的司令部位于科隆西北方,作为主力的4个装甲师也会集结于此,为了掩护第15集团军反击在亚琛的美军,他们计划向艾弗尔高地佯动,而且故意在白天进行,以便让盟军的侦察机发现,同时,这一地区的道路维修和平民转移也开始进行,防空力量也开始加强,让盟军的侦察力量认为这是一次货真价实的佯攻。当然,这也是"小解决改进方案"的一个布置,只是希特勒将其作为欺骗计划来实施。

盟军对于德军的调动异常关注，不断地派出飞机进行侦察，甚至还在夜间投放照明弹，以便能够更加清楚地了解这一地区的德军变化情况。

德军虚虚实实、真真假假的战略果然获得了成功，盟军对于第6装甲集团军的去向并没有真正的了解，对于这股极具威胁的力量放松了警惕，将关注的目光集中在亚琛地区的德军身上。

南边阿登山区德军使用的战略则是恰恰相反，所有的军事行动都被严格限制，每天只是用炮兵象征性地打几炮遮人耳目，战斗巡逻已经停止，参与作战的部队也更加示弱，让此地的美军更加确信这里的情况如同他们预料般的安逸。

这可谓是一报还一报，盟军在诺曼底的计谋这次被希特勒重新使用了。他的欺骗战略获得了很大成功，盟军的注意力成功地被转移了，相对于希特勒正在准备的计划，这种注意力是一个巨大的隐患。

为了让自己的计划能够达到最大程度上的爆发性，在德军内部，保密的程度更是达到了令人咋舌的地步，估计也只有在希特勒存在的纳粹德国才能够做到这一点。即便所有知晓这份绝密情报的人都是希特勒本人的亲信，然而不论是谁，只要泄漏一丁点儿，后果就是一律处死。在死亡的威胁下，无论是将军还是元帅都不敢胡乱打听那些他们不应该知道的事情。

前线的指挥官当中，也只有龙德施泰特、莫德尔和他们的参谋长、军需官才知道，而西线德军总部甚至连一份关于这个计划的日志也不存在，所有关于反击的作战计划都由参谋长亲自录入，由专门的信使送往最高统帅部，凡是与计划相关的电报和电话都有专门的监控手段。盖世太保此次也更加关注泄密的调查，严格的保密制度甚至让德军内部都产生了怀疑，由于老帅龙德施泰特需要抽调前线部队组建反攻力量，力量被削弱的战线遭到了盟军的猛烈打击，龙德施泰特也不得不视而不见，这让前线的军官大为不满。

希特勒的欺骗计划很快显示出了威力，盟军的主要进攻力量，大部分集中在北面亚琛一带，南面实力强大的美军第3集团军也在卢森堡一线活动，只是由于补给力量降低而暂缓了进攻的步伐，在两支强大力量的中央，宽阔的阿登山区易守难攻，自然交给了在前些日子遭到重创，被誉为美军"疗养部队"的第8军。只是，让只拥有4个师的第8军守卫宽达130多公里的战线实在有些捉襟见肘。

好在阿登山区的冬季道路情况复杂，给后勤补给带来了很大麻烦，而且整个西线上，盟军占据了很大的优势，即便德军从这里发动反击，也难以达到战略企图。现在阿登山区看上去也很安全，已经好几个月都没有太大的动静。盟军已然不能在长达1000余公里的战线上每一处都放置强大的力量，毕竟经过几个月的作战，虽然对德军造成了巨大的损失，盟军自身的损伤也是不小，美军国内的兵员补给已经略显颓态，英国自然不用想了，几年的战争已经榨干了他们的潜能。此时，盟军最高统帅部的主要进攻对象是莱茵河，而不是守卫那个被冰雪覆盖的阿登山区，他们手中的优势兵力要放置在亚琛附近的鲁尔工业区，这里是德国的工业心脏，是德军必须要保护的目标。

当然，希特勒的保密措施并非都很有效，德军中最大的威胁就是叛逃者，他们虽然不知道具体的实施计划，可是盟军情报人员可以从士兵口中得知其所在部队的调动情况，甚至可以从只言片语中获得进攻的大概时间段，盟军情报人员从中发现具有价值的情报，从而察觉德军真实的目的。

另外，被破译的德军情报也能够从另外一方面透露消息，最先接触到关于德军大规模调动的情报是美军第1集团军情报处，美军第1集团军的情报处长本杰明·迪克森上校截获的是一份由德军最高统帅部作战部发出的一份命令，经过破译之后他发现这道命令的异常之处，命令说："立即从第7集团军抽调坦克后送，具体数字稍后即告。"

这封被破译的情报开始被盟军所忽略，可是后来的几天中，德军类似的坦克调动命令不断发出，它们的出现让迪克森上校思考一个问题，面对盟军的强大攻势，本来就兵力不足的德军为什么还要抽调坦克前往后方呢？

很快，一份由希特勒亲自签发的命令同样被情报处破译，迪克森看到德军正在集结从前线抽调的坦克，还拥有了一个新的部队番号，第6装甲集团军。

迪克森立即作出判断，德军从前线抽调坦克的真实目的是组建一个新的装甲集团军。

那么组建第6装甲集团军的目的又是什么呢？

盟军统帅部分析，这个刚刚组建的第6装甲集团军极有可能是龙德施泰特的装甲预备队，只是情报显示这个军的司令部依旧在科隆附近，可是他拥有的四个装甲师到底在什么地方？盟军第12集团军群认为对方应该在鲁尔区以东100公里的比勒费尔德，美军第1集团军则认为对方在罗尔河与鲁尔河之间，第3集团军则是认为在科隆和杜塞尔多夫之间，第9集团军更是直截了当："我不知道这些家伙在什么地方！"

虽然盟军无法确认这个刚刚组建的第6装甲集团军的位置，他们还是确信这些部队肯定会在美军第1集团军的对面，而刚刚受创的德军第5装甲集团军并没有在盟军的考虑范围之内，主力受挫的他们似乎已经退回去休整了。

第8军也认为德军无法在阿登山区这么恶劣的地形条件下发动大规模的机械化进攻，而且从这一地区交战的德军也可以看出来，对方的番号极为复杂，而且战斗力很弱，似乎只是一些边缘防守部队，根本不用为这里的安全所担心。

但是，随后的情报却让他们对这种看法有所怀疑，12月10日，迪克森上校再一次拿到了截获的一份德国统帅部的电报："第6装甲集团军司令迪特里希前往阿登！"这是由希特勒亲自签发的命令。

第6装甲集团军竟然是由赫赫有名的党卫军将领迪特里希担任司令！

这个刚刚发现的情报让迪克森为之惊诧，它清楚地表明了这支第6装甲集团军并非是不堪一击的普通部队，而是装备精良具有极大威胁的精锐，而且他们的目标极有可能是盟军整条战线当中最为薄弱的阿登地区。

可是迪克森上校与美军第1集团军作战处长矛盾很深，就连跟美军第1集团军司令霍奇斯将军的关系也不好，两人总是指责迪克森上校轻事重报，总是喊着"狼来了"！而直接受到威胁的美军第8军同样产生了错误的判断，他们认为："德军的调动和进攻只是为了训练部队，获取一些战斗经验而已，然后再调到其他更需要的地方，阿登地区依旧维持着安静的状态。"

面对自己直接上司的否定态度，迪克森再也无法忍受了，他作了一个大胆的决定：越级呈报。

12月12日，迪克森向盟军第12集团军群司令布莱德雷将军送达了一份情报评估报告，上面清楚地表明："一切都很清楚，德军装甲部队将在一切可用的武器的支援下，在阿登地区发动全面进攻！"

然而从盟军的最高统帅部到普通士兵，对于德军在阿登地区发动的大反攻做出了重大误判，他一个集团军的情报处长又能怎么办呢？

第二节
乐观蒙蔽了隐患

盟军方面对于德军将在阿登山区发动反击没有做出任何的预防，这是情报部门的失职，也说明了希特勒保密计划的成功。这是一个整体性的误判，盟军最高统帅部会收到各式各样的情报，从这些复杂多样的情报中分析出敌人真正的意图是相当困难的。

特别是1944年以来，盟军和苏联军队两线作战都取得了重大战果，给予德军极为沉重的打击，第三帝国看似就要摇摇欲坠了，甚至还发生了刺杀希特勒的"7·20事件"，德军内部遭到了严重清洗，就连"沙漠之狐"隆美尔元帅这种虎将都未能幸免于难。乐观的情绪在盟军内部蔓延，因为德军的坦克和飞机数量在减少，损失的人员也在逐日增加，这就给盟军造成了一个假象，德军在人员物资上日益减少，而盟军却在源源不断地增加新生力量。乐观的情绪不仅仅在盟军士兵之间膨胀，就连盟军的最高指挥官们也有这样的想法，英军名将蒙哥马利还与盟军最高指挥官艾森豪威尔打赌，1944年圣诞节前是否能够结束战

艾森豪威尔

争。

盟军不仅对德军兵力和战斗力的估计有所偏差，对德军的作战意图也有很大的误解，情报部门对于龙德施泰特重新执掌西线德军很感兴趣。这位已经70岁的老帅拥有根深蒂固的普鲁士传统思维，以他现在拥有的力量和资源，保守战法肯定是首选，甚至极有可能放弃重要的鲁尔工业区，将自己大部分的部队都用于加强莱茵河沿岸，凭借这一自古天堑阻挡盟军的进攻，德军绝不可能在战争物资短缺的情况下，孤注一掷地发动一次大规模反击，除非老帅已经疯了。

然而，令盟军最高统帅部没有想到的是，龙德施泰特的确已经接手了西线德军，可是他们的实际指挥权却在一个疯狂的家伙手中，希特勒发动战役的依据不是理性的分析，而是某种直觉，天知道这个家伙的想法在什么地方。而作为"主帅"的龙德施泰特对于希特勒的这项计划也是抱着否定的态度，甚至不屑一顾、撒手不管，让手下的将领们自作主张，这也是对他管不了的事情的一种变相的否定。

布莱德雷将军也看到了第8军所在阿登地区人员短缺，然而只是凭借一份情报就要大规模地调动部队显然是不现实的，何况盟军的主力正在集中精力进攻德国的工业心脏鲁尔工业区，实在分不出太多的兵力来增援这里。

越级呈报的最终结果是：12月14日，在美军第1集团军的会议上再一次发出警告无果，会议后迪克森上校被勒令前往巴黎休假。

盟军最后一根洞悉希特勒计划的稻草掉落了，对于美军第8军来说，接下来的日子就是灭顶之灾。

相对于盟军的一无所知，或者说是忽略不知的情况下，德军的进攻也在缓慢而又谨慎地进行着。

正如盟军所预料的那样，德军的确无法在盟军强大的攻势下，重新集结能够支撑起一次较大规模反击作战的部队。

先不说令人担忧的燃料问题，德国最高统帅部包括希特勒在内，对于装甲师所用燃料的数量只有纸面上的公式计算，可是在战场条件下，真正需要的数量要远远超过这个数，特别是阿登山区那崎岖的地形，更需要多出几倍的耗费，可是统帅部只准备了让他们前进200公里的燃料，而且这些燃料的大部分还在莱茵河东岸的卡车上，剩下的不足部分需要缴获盟军的燃料库。这让德军指挥官有些哭笑不得，就连迪特里希都非常不满这种做法，一旦莱茵河大桥被盟军炸毁的话，他的装甲部队就可能要趴窝，很不幸，他的这种想法最后还成为了现实，盟军炸毁了德军架设在莱茵河上的数座重要桥梁，致使德军开战之后的后勤补给出现了严重的问题。

再一个就是部队的人员装备短缺，第5装甲集团军的部队大部分都是刚刚从前线退下来休整的，留给指挥官重组和补充的时间太少了，而且国民掷弹兵师的比例太大，即便如此这些人还是刚刚被征召的"人民近卫军"。这些下至15岁、上至60岁的德国人甚至仅仅接受了两个月的训练就被派上了战场，然而就是这样的部队即将被派到一场至关重要的反击作战当中。

人员装备最充分的第6装甲集团军也好不到什么地方，迪特里希甚至发现自己新补充的坦克驾驶员只有5个小时的驾驶经验，没错，就是5个小时，他看着这些"有经验"的驾驶员不禁仰天长叹："难道我要在战场上开设一个坦克驾驶学校吗？"好在其他部队也抽调了一些老兵，这些人的经验勉强能够让整个队伍处于一种还算能够接受的范畴之内。

虽然德军存在许许多多的问题和矛盾，可是希特勒那不知道从什么地方来的自信心却认为，德军第一天就能够抵达马斯河，因为担任主攻任务的是他最信赖的迪特里希，和拥有4个党卫军装甲师的第6装甲集团军。

为了防止某些部队过早地进入战场而暴露作战企图，第5、第6装甲集团军所有部队的行动都由希特勒统一指挥，当第一轮担任突击任务的步兵进入攻击位置之后，所有的炮兵在炮车的轮子上裹上稻草和麦秆，悄无声息地从后方地域进入最终的射击阵地，而且在发射位置上隐蔽起来。所有装甲部队在前进过程中，德国空军用低飞的战机制造巨大的噪音，掩盖战车前进发出的声音，甚至有些火炮用马车拖曳前进。

12月15日，几乎所有参与反击攻势的部队都已经进入了预定的攻击位置，这些部队是希特勒砸锅卖铁拼凑出来的，为了这次反击，他从已经快要崩溃的战争机器中尽可能地搜集人员物资。他为第一波的进攻准备了7个装甲师和13个步兵师，另外，还有5个师的预备队作为增援，如果加上被美军缠住的第15集团军，整个前线作战兵力已经达到了12个装甲师和29个步兵师，只是这些师中有相当一部分缺乏重武器，好在德军将领们也知道他们面对的是一个软柿子，只有4个师的美军第8军，他们真正的对手是美军第1集团军，而他们则要交给希特勒最信赖的第6装甲集团军的武装党卫军装甲部队。

12月15日，阿登前线。

一个德军士兵悄悄地在隐蔽壕中眺望远处的美军阵地，雾气挡住了他的视线，只是空气中弥漫着一种令人不安的紧张气氛，一场即将关系到德意志第三帝国命运的大战就要打响了，不过，这只是对那些知情人而言的。根据情报显示，对面美军第8军所属的第4师、第28师、第106师、第99师，所有的情况一如既往，并没有发生任何的改变，如同往常一样是一个普通的冬季中的一天。

12月15日，盟军第12集团军群司令部的作战地图上，第6装甲集团军司令部还在科隆，所有人的注意力都在鲁尔工业区上，直言进谏的迪克森上校已经前往巴黎"度假"，盟军没有什么人能够了解德军现在的举动。

只有远在卢森堡南部的美军第3集团军司令小乔治·巴顿将军隐约感觉到德军不同寻常的表现，考虑到米德尔顿的第8军缺编严重。

1944年12月12日，巴顿要参谋长盖伊拟订一个计划：第3集团军停止向东进攻德国本土，然后做一个90°的大转弯，向北直插卢森堡。

1944年12月13日，巴顿向自己的上司美军第12集团军群司令布莱德雷将军发出了警告，并提醒他：第8军处境十分危险，必须尽快采取行动。可是布莱德雷并没有采纳巴顿的意见，而是将巴顿的意见与迪克森上校一样束之高阁。

1944年12月15日夜，德军的无线电台开始沉默，巴顿敏锐地感到战斗即将来临。他命令部队立即进入战斗状态，随时准备迎击德军。

虽然巴顿有所警觉，也只是对于眼下德军的情况做出了一个应急反应，他手中并没有货真价实的情报支撑，而盟军最高统帅部对于德军即将发动的反击攻势也毫不知情或者毫不在意，毕竟眼看就要过圣诞节了，盟军的战况也比较乐观，似乎只要加一把劲，德意志第三帝国就会分崩离析，所有作战部队的主官似乎都不在状态，就连他们的最高指挥官都沉浸在喜事中。

艾森豪威尔将军手下的传令兵米基·麦吉奥中士正准备在巴黎的古老教堂中举办婚礼，新娘是陆军服务队的帕里·哈格里夫下士。两人的战地婚礼得到了艾森豪威尔的祝福，盟军高级官员几乎都参加了，第12集团军群司令布莱德雷将军也作为嘉宾到场了，这个圣诞节前夕的盛大婚礼让整个巴黎都沉浸在一种欢乐当中。

艾森豪威尔高兴的原因并不全在这个婚礼上，而是一个刚刚从华盛顿打来的电话。这个电话通知他，国会正式通过了总统提交的一份议案，晋升他为五星上将，这是美军中最高的军衔。同他一起被晋升为五星上将的还有参谋长联席会议主席乔治·马歇尔、总统府海军参谋长威廉·莱希、海军作战部长欧内斯特·金、西南太平洋战区总司令道格拉斯·麦克阿瑟、太平洋舰队司令切斯特·尼米兹等。在这些人员中，艾森豪威尔最年轻，资历最浅，却获得了相当于外国军队陆军元帅的军衔，他怎能不高兴！

艾森豪威尔兴奋地把这个消息告诉了布莱德雷，并说道："这件事（指的是他晋升五星上将）为我的部下晋升开辟了道路。我已建议参谋长联席会议主席乔治·马歇尔上将提升你为四星上将，这样，你就与蒙哥马利平级，比巴顿和霍奇斯将军多了一颗星。"当时，布莱德雷和巴顿、霍奇斯都是三星中将，虽然他的职位比两人高，但是军衔却是一样的，布莱德雷听后，向自己的上司表示祝贺和感谢。

沉浸在欢乐当中的盟军将领们自然不会想到在这场战地婚礼准备的同时，德军也为盟军准备了一个巨大的"礼物"，一个由1000余辆坦克、20万人组成的巨大的礼物。

希特勒和他的将军们在制定作战计划

上千门已经进入攻击位置的大炮早已经隐蔽多时,他们将炮口对准了毫不知情的美军第8军的阵地,静静地等待着来自"鹰巢"的最后攻击指令,准备开启反击攻势的第一波进攻浪潮。

其实,在这场战前极度保密的反击攻势前,希特勒所钟爱的两位心腹已经开始在美军阵地上行动了,只是他们的进攻并不为人注意,甚至连德军将领们也并不清楚他们的存在,只是从希特勒的口中得知,在他们进攻的同时,在美军的背后,还有两支特种部队的身影,他们将会为德军的进攻创造意想不到的"好处"!

· 第三章 ·

特种作战的威力不可小觑

第一节

德国伞兵："二战"中最后的空降作战

第二次世界大战中，德军的主要进攻武器就是装甲部队，步兵在某种情况下是被削弱的，然而有这样一支部队却是步兵中的佼佼者，他们能够上天入地，能够适应山地、雪地、森林等各种不同环境的作战考验，用当时德军陆军的话讲，他们当中的普通一员都可以充当陆军的军士甚至军士长了。他们的战斗意志力极度强大，他们被称为"卡西诺的绿色魔鬼"，他们是德意志第三帝国士兵的楷模，他们就是德国伞兵。

他们强大的战斗意志从《德国伞兵十诫》中可窥一斑：

1.你是德军精锐，对于你来说战斗就应该是一件惬意的事情。你必须找到方法，训练自己抵抗一切困难。

2.培养牢不可破的同志精神，与你的同伴一起迎接胜利或者毁灭。

3.对聊天和不良习惯感到耻辱。男人行动，女人聊天，闲扯淡会把你送进坟墓。

4.冷静而且谨慎，强壮而且坚定，英勇和好战的精神将让你在战斗中无往不利。

5.在面对敌人的时候，弹药是最宝贵的。那些拼命射击来恢复自己自信心的蠢货根本就不配作为伞兵。

6.永远不要投降，要么荣誉地胜利，要么荣誉地死去。

7.好的武器可以帮助你赢得胜利，所以请好好地照料它们。第一是武器，第二是自己。

8.全面理解你的任务，这样如果你的指挥官死在半路上，你也能冷静地完成任务。

9.带着骑士精神与敌人作战,对于背后放黑枪的人,不要做任何怜悯。

10.睁着眼睛,保持兴奋,像猎犬一样灵敏,像皮革一样坚韧,像克虏伯钢铁一样坚强,你们是日耳曼战士的化身。

"二战"初期,德国伞兵从天而降,出其不意地发动了多次奇袭:在丹麦和挪威谱写了历史上第一次大规模空降作战的篇章;空降攻占所有荷兰机场,为德军迅速占领荷兰提供保证;突袭比利时埃本·埃马耳要塞创下"二战"中最大胆空降行动的纪录;克里特岛战役被算作"二战"中唯一一次以伞兵部队为主实施的攻坚战。这些空降作战为德军"闪电战"的胜利提供了重要保障。

"二战"中后期,希特勒以伞兵空降作战伤亡过大为由,禁止进行空降作战,德国伞兵被当作精锐步兵投入地面战斗,即便如此,在意大利顽强守卫卡西诺山的德国第1伞兵师在友军的配合下阻滞了盟军在意大利的攻势长达将近半年之久,并在战斗中表现出令人不可思议的顽强、团结和坚韧的精神,赢得了"卡西诺的绿色魔鬼"的称号,同时也获得了对手的尊敬。

1944年12月初,一条保密命令被悄悄地送到了德国第1伞兵学校总督导冯·德·海德特(Von.der.Heydte)上校的手中,这是德军统帅部刚刚下达的任命,要求海德特上校要立即组建一支1000人的伞兵部队,准备为即将开始的反击作战提供必要的空降作战保障,代号"鹰"。

"鹰"作战计划要求海德特率领伞兵部队在夜间空投到马尔梅迪以北11公里处,美军第2师和第99师后方的交叉路口,这个路口直接扼守阿登山区的北部交通要道。

这个作战计划可能是整个"莱茵河卫兵"计划当中最令人惊诧的一部分了,因为不仅是盟军,就连德军内部都没想到作战计划中还有伞兵空降作战。

在"莱茵河卫兵"计划初步形成的时候,希特勒自然不会忘记英勇的德国伞兵们。伞兵作战任务被交给了时任H集团军群司令的库特·斯图登特上将，他在"二战"前期就是德国伞兵部队的司令官，而斯图登特上将将这个艰巨的任务交给了自己的爱将海德特上校。

在选择海德特这个问题上，斯图登特是很有把握的，而海德特也确实是一个恰当的人选，来自巴伐利亚贵族世家的海德特是斯图登特的老部下，虽然在"二战"爆发时是一个陆军反坦克连的连长，不过，后来在1940年8月便自愿转入了伞兵部队，此后便屡建战功。其后，海德特参加了著名的克里特岛空降战役，在那之后相继赴苏联和北非参战，曾经是传奇的拉姆奇伞兵旅中的一员。阿拉曼战役后，海德特所指挥的伞兵教导营在没有任何车辆的情况下，仅仅靠自己的徒步跋涉艰难地进入突尼斯，令实际上已经放弃了他们的隆美尔感到无比惊奇。而就在阿登战役打响前几个月，海德特率领的第6伞兵团刚刚在诺曼底与美军第101空降师等部进行过殊死的搏斗——该部先是在卡朗唐的拉费雷堤道等地令美国伞兵损失惨重，后来又在圣格苏萨维村上演了以30人俘虏200人的战术奇迹，从而被美军敬称为"卡朗唐雄狮"。

正是由于海德特极为丰富的伞兵作战经验，他在返回德国后被抽离一线，出任位于阿尔腾的第1伞兵武器学校的重要教官。而现在，当战场上有需要时，他这样的老兵自然责无旁贷。海德特上校在接到这次久违的空降任务后心中十分激动，他将"鹰"行动视为重振德国伞兵威望的荣誉之战。

然而，海德特上校心中的激动并没有持续多长时间，由于保密需要，统帅部不允许海德特指挥自己的老部队第6伞兵团，甚至不能成建制地抽调伞兵部队，然而连年的征战使有空降经验的老兵损失殆尽，他只得在严重缺员的第2空降军中挑选合适的人员，可事情并不像他想象中那么美好，第2空降军并不买这位伞兵团级指挥官的账，毕竟每一个拥有经验的老兵都是所在部队的顶梁柱，谁也不愿意交出来，即使海德特上校拥有非常丰富的作战经验，手中也有元首的命令。

上有政策，下有对策，第2空降军几乎将最差的兵员送来了，用下面伞兵主官的话讲："即便是元首阁下亲自来，也不可能挨个检查自己交出去的是不是合格的人员!"

这让海德特十分恼火,只有他的老部队第6伞兵团给了他100个精锐力量,由于保密限制,他也不能过多地抽调太多的人员,薅羊毛也不能尽着一头羊吧?他不得不从伞兵学校里面招募了一些志愿者,用来替换这些差的没边儿的家伙,而这些志愿者大多是刚刚经过训练的新兵,基本上没有跳伞经验,而真正的伞兵精锐则是需要大量训练来维持的,可是第三帝国已经不可能给他这样的机会了。仗打到这个份儿上,开战之初的那支精锐伞兵部队早已经一去不复返了,虽然顶着同样的钢盔、穿着同样的制服,1944年底的德国伞兵已经不是1940年跳进埃本-艾马尔要塞、1941年跳向克里特岛的德国伞兵了。而如果用1940—1941年的标准来看,1944年的许多人甚至根本连伞兵都算不上!

更令海德特感到非常郁闷的是,他为伞兵部队搜集了百余架的运输机,可是驾驶员的短缺又成了大大的问题,即便有一些驾驶员,可是他们都没有运输机的驾驶经验,更不用说投放伞兵,还是在夜间空投,不过,他也知道即便西线德军司令部的老师们都弄不来多少飞行员,更不用说他一个团级指挥员了。

"劣质的飞行员"加上冬季阿登山区的恶劣天气、夜间空降的难度较大以及运输机驾驶员投放伞降经验不足,使得准确进行空降成为一大难题。为此,海德特想出了一个办法:在空降地区先由轰炸机投下燃烧弹指示位置;从出发机场到空降地区一路上由地面探照灯指示航线,没有探照灯的地方用高射炮发射曳光弹加以指示;伞兵空降时由运输机投放照明弹,确保伞兵准确着陆。

战术方面似乎准备妥当了,当海德特上校前往第6装甲集团军司令部接受迪特里希的任务时,却愕然发现,自己对于即将空降的区域一无所知,美军的情报在他的手中基本上为零,而迪特里希似乎对于海德特的空降作战没有太大的兴趣,只是要求他必须为装甲部队提前占据交通枢纽,然后坚持24小时等待德军先头部队的到达,至于怎么办那就不是他的事情了。海德特这才发现自己当初想要重振德国伞兵雄威的想法可能真的很可笑，他如果能成功地把这些伞兵的性命保住就算是大功一件了。

　　1944年12月12日，海德特上校接到了最高统帅部发来的具体作战任务：12月16日凌晨3：00，在德军正面部队发起主攻前，在党卫军第6装甲集团军进攻方向上的巴拉格米奇尔（Baraque.Michel）地区空降，夺取并扼守当地的公路交叉点，接应正面进攻部队。简而言之，就是尽可能地在美军的背后进行破坏活动，坚守这个战略要地，配合德军发动的反击计划。拿到作战计划的一瞬间，海德特这些日子的不满都抛到了九霄云外。

第二节
命运多舛的空降

1944年12月16日，凌晨1：00，德国帕德博恩机场。

90架容克-52型运输机已经在机场准备就绪，海德特上校早已经提前抵达了这里，准备执行德军第一次夜间伞降作战，而且是顶着狂风在没有任何接应的情况下，到布满美军的敌后作战。海德特上校磐石般的脸上没有露出任何表情，他知道此时此刻只要他显露出任何的担忧，对整个部队的影响将是巨大的。

时间已经过去了一个小时，令海德特上校预想不到的事情糟糕地发生了，这件事情根本没有在他的考虑范畴之内，甚至说只有天知道为什么会发生这种事情。

一个传令兵突然冲到了海德特上校的身边，用一种焦急而又遗憾的声音讲道："上校！我们没油了！"

"没油？不是都加满了吗？"海德特上校看着眼前一排排的运输机讲道。

传令兵则是苦笑一声讲道："不是飞机！是我们用来运送伞兵的汽车！"

"什么？"海德特顿时发蒙了，这种事情竟然发生在一场巨大战役即将开始的时候，难道后勤部门都是饭桶吗？

其实，海德特也是冤枉德军的后勤部门了，他们也是巧妇难为无米之炊，德军大部分的补给燃料都在莱茵河东岸的车队当中，而通过莱茵河的大桥刚刚被盟军的飞机轰炸了，燃料的补给出现了短缺，而且大部分的燃料都优先配送给了党卫军装甲部队，至于运送人员的车辆自然要往后排一排了，况且他们也不知道这些运送伞兵的车辆所担负的任务到底有多么重要。

海德特看着眼前数量还不到一半儿的伞兵，枪毙那些管燃料的家伙的心都有，可是现在即便让汽车重新跑起来，凌晨4：00之前也甭想让伞兵抵达机场，更不用说投放到敌后了。

此刻，希特勒的反击作战计划已经开始实施了，无数的炮火已经掀翻了美军的阵地，伞兵的作用在此刻似乎已经失去了，海德特上校最后为伞兵重铸辉煌的机会就这么消失在那该死的没油的运兵车上了。

海德特上校狠狠地将身上的装备摔在了地上，他辛辛苦苦等来的机会就这么消失了，等待他们的很有可能是继续充任精锐步兵的角色，抵达机场的伞兵也都面面相觑，不知道接下来等待他们的会是什么。

就在海德特上校恼怒不已的时候，德军已经在炮火的掩护下兵分三路，冲向了美军的阵地，作为第一梯队的装甲师很快就撕开了美军的防线，朝着预想的目标前进。

一天的时间过去了，一千余名伞兵无事可做地陪着自己的上司海德特上校在机场看蚂蚁搬家，那些配属伞兵的运输机驾驶员同样也是大眼瞪小眼，没有任何人给他们任务，这里可能是整个阿登反击战第一天当中最安逸的地方了！

突然，16日下午，帕德博恩机场休息室的大门被撞开，一个气喘吁吁的传令兵冲了进来，冲着正在里面喝咖啡的海德特上校挥舞着一份命令。

"党卫军第6装甲集团军在进攻中受阻，伞兵突击队按照原计划进行空降接应！"

虽然姗姗来迟，好在任务没有取消，海德特上校长长地舒了一口气，不过，随即就担忧起来，现在德军已经与美军激战一整天了，此刻进行伞降，暴露的危险无疑已经大大上升了。

海德特立即集结部队，准备在16日夜间到17日凌晨进行伞降任务，他知道此次作战的艰难，而眼前这支部队并不是他依赖的那支经验丰富的团队，不过，他们依旧拥有一个响亮的名字：德国伞兵。

"弟兄们，现在我们身后的祖国和经历无数苦难的亲人即将面临数百万强敌的入侵。现在我们需要让他们尝到德国伞兵无所畏惧的战斗力，我们将为军人的荣誉奋战！你们曾经经历过生死考验，在危急的时候，你们相互支持、并肩作战，你们当中会有许多人死去，无数的希望、努力会在顷刻间化为乌有，但是，我们的牺牲会为更大的胜利奠定基础，你们要记住，我，冯·德·海德特上校会站在你们的身边，我们决不后悔，也决不会后退一步，荣光永远属于我们，属于德国伞兵，属于德意志帝国！胜利万岁！希特勒万岁！帝国万岁！"

"伞兵万岁！"

"帝国万岁！"

随着战前动员的发起，夜幕中的机场上群情激昂，海德特上校似乎看到这并不是一群东拼西凑起来的部队，而是一只骁勇善战的百炼之师，德国伞兵的辉煌就此将掀开新的篇章。

只是谁也不知道登上运输机的这些人可能是有生以来第一次跳伞，而且谁也不知道到底会有谁还能够成功回来。

1944年12月17日零时30分，运载伞兵突击队的第1批10架容克-52型运输机顺利起飞，海德特上校乘坐的领队长机按照之前的作战计划在地面探照灯和高射炮的引导下，于3：00准时到达预定地区上空，在轰炸机投放的燃烧弹标识下进行伞降。

战场的形势瞬息万变，那些毫无运输机驾驶经验的飞行员们更是火上浇油，由于阿登山区巨大的逆风，运输机和前方轰炸机之间的距离逐渐拉大。在第1批运输机过后，按照预定时间沿线的探照灯关闭，高射炮也停止发射曳光弹，导致其后的几批运输机失去引导而偏离航线，其中部分飞至盟军高射炮防区上空，遭遇密集炮火拦截，被击落10架。其余运输机队形散乱，加上阿登山区上空的风速超过每秒6米，毫无经验的飞行员也没有发现这个问题，当伞兵跳伞之后，大多数的伞兵都距离预定地点很远，有的甚至降落在美军阵地上直接当了俘虏，最后面的运输机更是直截了当，把伞兵们投在了德军自己的队伍当中，给装甲部队增援了"规模不小"的步兵。

德国伞兵在"二战"中的最后一次跳伞开始了。但是，伞兵们根本没有如计划那样集中跳入一个区域内，糟糕的大风天气和漆黑的夜幕让这些伞兵四散飘落到了比利时的乡下，这次糟糕的伞降让1200人的部队"成功"地散布在50平方公里的范围之内，伤亡率甚至超过了百分之十，这比美军的杀伤力都厉害，甚至有人称这次伞降是"明目张胆的大规模凶杀计划"。

好在伞降指挥官海德特上校成功"落地"了，虽然他空降到了目的地，但在落地的时候摔伤了自己的胳膊，更让他感到担心的是，如此分散的降落到底能让他实际指挥多少人还是个未知数，此刻他并不知道糟糕的运输机驾驶员让他足足200人的部队跑到了距离降落地点50公里的波恩附近。

17日凌晨5：00，距离降落已经过去两个小时了，海德特上校只收拢了15个人。清晨8：00，总算有将近150人的队伍集合完毕，甚至还有重武器——"一门迫击炮"！

直到下午的时候，陆陆续续的伞兵前来报道，总算凑够了400多人的队伍，可是所有的通讯兵和无线电台落地之后就没了踪影，在阿登山区茫茫的林海当中，天知道他们在什么地方。

看着还没有与美军交火，就已经损失大半的队伍，海德特上校开始担心起来，因为这样的武装力量根本无法组织有效的军事行动，而且大多数的伞兵在空降的时候负伤了，而且相当一部人都因为严寒而冻伤。

现在的伞兵们没有无线电、没有食物、更不用说重武器了，海德特上校知道此次伞降行动已经失败了，"鹰"已经折翅，等待他们的不知道会是什么。

德国伞兵一直缺乏在连级和排级之间进行沟通的小型无线电设备。在1942年马耳他空降战役的准备阶段，西门子－哈尔斯克公司曾经开发出一种伞兵用小型通信设备，它由一人携带，电池续航力长，作用距离可达

320千米，本来有望改变基层伞兵单位通信手段匮乏的局面，不过，由于马耳他空降后被希特勒叫停，这种小型通信设备的开发也随之搁置。附带说一句，马耳他空降原来就是由海德特负责指挥的。

此时，海德特上校想起当初，为了防止无线电台出现问题，他向迪特里希要求提供一批信鸽，这位党卫军悍将的回答是："我是开动物园的吗？"

迪特里希并不知道知自己的傲慢让第6装甲集团军付出了惨重的代价，增援的美军南下之后对他的部队造成了多么严重的损失。

由于没有无线电联系，海德特上校也同样不知道他们距离最近的德军先头部队只有短短的12公里。

从最初获悉德军实施空降开始，美军就开始调动兵力来消除这一威胁。不过，由于德国伞兵的降落区域过于分散，使得许多支不同的美军地面部队都报告称发现了德国伞兵，美军高层一时无从判断德国伞兵的主攻方向和兵力规模。在不断收到前线部队报警的情况下，尤其是假伞兵所造成的困惑惊扰的效果，使得美国人最终错误地将空降之敌判断为至少一个伞兵师的规模。结果，多支原定赶往前线的部队紧急改变方向，被用来围剿跳伞下来的敌军。据称，投入这项任务的美军步兵至少在7000人以上，另外，还加上300余辆坦克和装甲车辆。这些举动调动和牵制了相当一部分美军兵力，这就是德国伞兵最后跳的全部作用了。

正当一队伞兵在路旁的沟渠中休息时，一队美军车辆突然疾驶而过，来者是美军第1步兵师也就是"大红1师"的车队。美国人看到了路边惊愕的德国人，但却觉得他们一定是同胞，继续疾驶而过。海德特和另外的伞兵则在树林里看着美军车队开过——他们的任务本应该是要阻止这些美国人的。

伞兵们隐匿在森林当中，看着美军第1步兵师源源不断地南下增援阻击，他们什么也干不了，既不能阻挡他们，又不能将这样重要的情报通知第6装甲集团军。

伞兵们在饥寒交迫当中，放弃了伞兵的荣耀，在公路上当起了"绿林好汉",将那些落单的美军车辆洗劫一空,缴获了一点儿能够勉强让他们饿不死的食物。

在派出的通信人员没有收获的情况下,海德特上校决定还是执行原定的作战计划,攻下巴拉格米奇尔公路交叉点附近的美军驻地,用美军的阵地守卫这座交通要道,等待德军的到来,这样或许能够保住伞兵们的性命。

第二节
折翅的"鹰"

12月17日晚上20：00，巴拉格米奇尔公路交叉点美军驻地。

海德特上校带着伞兵们悄悄地来到驻地附近的丛林当中，仔细观察着周围的一切，美国人似乎对于刚刚发生的大战并没有太多警惕，驻地里面灯火通明，不少人正悠闲地喝着咖啡，吹着口哨或者边吵闹边赌博，甚至还有人正在舒服地泡着澡，作为一个后勤兵站，这里的日子显得格外舒服。

突然，一声尖锐的枪响在驻地上空升起，美国人还不知道发生了什么事情，就听到FG-42伞兵步枪特有的声音。

"德国人！"整个驻地如同炸锅一般。

400多名德国伞兵在海德特上校的指挥下冲入了美国营地，到处是FG-42和MP-40的怒吼声，在突如其来的打击下，美军很快就失去了斗志，大多数被打死，40多人被德军俘虏，德军也有40多人伤亡。

18日凌晨，巴拉格米奇尔公

携带FG-42伞兵机枪的伞兵

路交叉点已经完全处在德国伞兵的控制之中，伞兵们控制住了整个营地之后，海德特立即翻看这里尚未销毁的物资和文件，令他感到惊讶的是，守卫这里的并不是他预料中的美第2师或者第99师的人，而是盟军最高统帅部的预备机动部队第101空降师的一个连，这是老对手了，在诺曼底的时候，海德特带领的第6伞兵团与第101空降师交过手，这也是为什么美军第一时间就判断出进攻的是德国伞兵的原因了。

德军简单地检查了一下营地内的物资，这里显然不是美军重点关注的地方，甚至连必备的药品都没有多少，武器弹药也很缺乏，似乎这支部队仅仅是在这里进行短暂休整。

现在摆在海德特眼前的有两条路，一个就是在这里坚守，等待第6装甲集团军的到来，只是谁也不知道这个日子什么时候来到，元首制定的第一天攻击到马斯河的计划已经严重受阻，所以，迪特里希到底什么时候能来，只有老天知道了，而且伞兵们大多有伤，这里的物资也很匮乏，即便迪特里希的部队能够快速过来，伞兵能否坚持下去都是一个问题，特别是一些重伤员已经生命垂危。

还有一条路，就是放弃原定计划，带着队伍转移到德军阵地，这样还能够保住大部分伞兵们的性命。

考虑了许久之后，他叫来了一个美军俘虏，一位美军少尉。

"少尉，我是德国伞兵指挥官海德特上校，你们是第101空降师的？"

"是的，上校！"

"我是此次行动的指挥官，我想跟你做一个交易！"

美军少尉有些惊讶，一个德国伞兵上校跟自己一个俘虏做交易，这个事情似乎有些奇怪。

"是什么交易，上校先生！"

海德特犹豫了一下，慢慢讲道："我准备释放你们这些人，不过，作为交换条件，你们需要将我这些受伤的兄弟带走，让他们活下去，您能做出这样的保证吗？"

美军少尉愣了一下，眼前的这位德军伞兵上校肯定知道自己被释放之后，绝对会引来大批的援兵，可是他为了这些受伤的伞兵，竟然情愿这么做。

美军少尉点点头："上校先生，我非常敬佩您的勇气和作风，我们虽然是敌对双方，我以一个美军少尉的品质保证，我一定会尽可能善待这些士兵！"

"好的，谢谢！"海德特上校微微地松了口气，这算是了却了自己最大的心事了，"这里有我送给你们泰勒将军的一封信。"

信中写道："阁下曾与我指挥的部队在诺曼底的科朗坦地区交过手，从那时起我便得知您是一位勇敢、豪爽的将军。现在我把抓到的贵军战俘全部奉还，同时还将我们的伤员交给您。如果您能给予他们急需的治疗，我将不胜感激！"

海德特并不知道此刻第101空降师的师长正在美国华盛顿，现在担任第101空降师指挥官的是麦考利夫准将，不过，美军的确妥善安置了那些德军伤员，即使是处于德军重兵包围的危急关头，美军第101空降师的医护所依然为他们提供了细心的医护。

海德特十分清楚，在放回美军战俘的同时，必然会招来美军的大举反攻，送走了重伤员和美军俘虏之后，他命令部下立即在美军驻地和公路两侧的树林中布防。几小时后，赶往增援巴斯托尼的美军第101空降师部队向海德特他们发起了进攻。于是，在阿登战役初期德军大举进攻时，在主战场以外的巴拉格米奇尔，一支德国伞兵部队却面临着数倍于己的美军的进攻。由于此处是通往巴斯托尼的必经之路，美军的攻势相当凶猛，公路两侧的地区几经易手，但是没有一个人退缩半步，周围遍地是双方阵亡官兵的尸体。

战斗进行到19日，海德特身边只剩下不到200人，而且弹药和口粮即将耗尽，美军的增援力量正在源源不断地过来，焦虑的海德特上校不停地派出通讯兵前往东侧的公路上，按照时间推算，正面进攻的党卫军第6装甲集团军也应该已经突破美军的防线抵达这里，很显然，他们也受到了极其猛烈的阻击！

12月20日中午11点，海德特上校周围只剩下大约150人了，这里面大多是原伞兵部队的军官和士官。他看着这些大德意志帝国空降部队仅存的精英，继续在这个交叉点阻击显然已经没有什么太大的意义，弄不好会将这些仅存的精英都无味地消耗在这里。

海德特最终被迫作出决定，主动放弃巴拉格米奇尔公路交叉点，只留下十余人的队伍掩护大部分人分散转移，向东撤回到德军防线。

撤退是极为隐秘而迅速的，负责掩护的队伍尽可能地将手中的火力洒向美军攻击队伍，将美军的注意力吸引到了自己身上，这样做的结果显然是全军覆没，然而他们并不知道撤离的队伍同样遭到了毁灭性的打击，阿登山区覆盖皑皑白雪的茂密森林和浓重的白雾让伞兵们迷失了方向，在撤离的途中不断与美军巡逻队相遇，一个个被美军歼灭或者俘虏。

12月21日，面对周围密布的美军巡逻队，海德特身边的卫兵也一个个倒下了，海德特上校甚至都没有时间来看对方最后一眼。

打开手中的美军地图，海德特上校知道在森林中行进就是标准的靶子，沿着铁路线行进才可以隐匿自己的行踪，才有可能躲过美军的追击。

蒙绍（Monchau）镇是距离他最近的一个村镇，已经受伤的他只有这个选择，他的身体条件已经不允许他有所选择了，海德特上校解散了自己身边的卫队，让他们各自突围。

趁着夜幕降临，海德特上校独自一人悄悄地进入了镇子，躲藏在一间不引人注意的民宅之内。

现在的海德特上校已经伤痕累累，又累又饿，他的伞兵步枪已经没有子弹，早被扔到了荒野当中，手中唯一的武器就是一支他的老上司库特·斯图登特将军送给他的一只美国柯尔特左轮手枪。

22日早上，美军开始在蒙绍镇大举搜查，喧闹叫醒了正在昏睡中的海德特上校，病情加重的他知道自己现在已经毫无抵抗能力了，他抬头看到一个小男孩儿正在看着自己。

"你叫什么？"海德特上校问道。

"约翰！"小男孩儿似乎有些好奇地看着海德特上校身上的奖章。

海德特上校看着身上的银质伞兵突击奖章，这是伞兵的荣耀，上面的鹰徽标志象征着伞兵的英勇无畏，搏击长空的精神，可是现在的他却无法承受这样的徽章。

"约翰，这个送给你了！"海德特上校将身上的徽章摘了下来，"你能为我做一件事情吗？"

小男孩儿手中捧着徽章一脸兴奋地问道："什么事情？"

"你去镇子里面的美军队伍中，告诉他们德意志帝国伞兵上校冯·德·海德特向他们投降！"

中午时分，美军第99师395团的士兵来到了小男孩儿的家里，将海德特上校带走。

海德特上校的被俘，宣告了"二战"德国伞兵的最后一次空降作战画上了一个大大的句号，事事不顺的"鹰"行动以彻底失败而告终。

"鹰"行动是一次彻底失败的行动，原因有很多：兵力规模过小、伞兵和运输机飞行员的训练都极不充分、盟军掌握着制空权、天气恶劣、准备和指令不清楚、地面进攻不如预期等等。简而言之，部队不具备获得成功所必需的任何一项先决条件。德军在实力上和它的对手相差太大，这次跳伞只是妄图改变战争进程的一次绝望的努力罢了。

1个月后，德军在阿登山区的反击被盟军击退，所有进攻部队全部被赶回到反击前的出发阵地上。

据说，在第二年春天的时候，人们在阿登山区的森林中发现了许多德国伞兵的尸体。

直到这场人类历史上最惨烈的战争结束之时，欧洲的上空从此以后再也没有出现过曾经所向无敌的德国伞兵，阿登战役中的"鹰"行动成为纳粹德国伞兵的绝唱，只剩下鹰徽标志，向人们表述着德国伞兵曾拥有过的荣耀。

第四节
欧洲第一恶汉的任务

1944年12月17日，一支身份不明的突击队在经过美军第32骑兵大队防区的时候暴露了身份——他们的长筒马靴引起了巡逻队员的怀疑，他们在接受询问时自称是"E-company"（E连）的骑兵，而美军的骑兵单位不称"company"，而称"troop"。

美军宪兵随后在他们身上搜出了军人供应证、900美元、1000英镑伪钞、2支消音冲锋枪、2把自动手枪、1把德国手枪和6颗美军手榴弹。

随后一辆假吉普车在加油时，使用了"PETROL"也就是汽油这个词，

图为巡逻的美军，在搜索德国伞兵

这是一个英国英语单词,不是美国英语单词,美国人一般用"GASOLINE"来表示汽油,美军立即警觉起来,逮捕了这些冒牌的美军士兵,但是只抓住了其中的几个人。

这些被捕的德军士兵因为造成巨大混乱,全部被当作间谍被军事法庭判处死刑,予以枪毙。

这时候,盟军统帅部才知道德军在阿登反击战开始的同时,在美军的背后实施一个令所有人都瞠目结舌的计划——格里芬计划。

格里芬在德语里的意思是指神话中鹰头狮身、长有翅膀的怪兽,德军企图用纵深特种破坏的破袭战在盟军当中造成巨大混乱,来配合整个阿登反攻。

这个计划的指挥官是党卫军特种部队头目奥托·斯科尔兹尼上校,"欧洲第一恶汉"是他知名代表绰号。

斯科尔兹尼无疑是纳粹德国,也许是"二战"期间最有传奇色彩的一个特种兵,他似乎天生就是一个冒险者,在他的率领下,奥宁堡部队由一个小小的训练班发展成为与勃兰登堡特种部队相媲美的绝密特种部队。

奥宁堡部队是纳粹德国党卫队在1943年秘密组建的一支十分保密的特种部队,隶属于党卫队外国情报处,由于它以柏林北15英里的奥宁堡为训练基地,因此被命名为奥宁堡特种训练班。这支部队完全仿照德国总参谋部军事谍报局下属的勃兰登堡特种部队而建立。勃兰登堡特种部队无论是在1939年的波兰战役,还是在1940年的西欧战役

斯科尔兹尼

中，都由于卓越的特种作战技能立下赫赫战功，然而随着谍报局作用的降低和德国军官团对这种他们认为是"偷偷摸摸"的作战方法的鄙视，勃兰登堡部队正被改造得逐渐背离原来的作战方式。而奥宁堡部队却在党卫队的大力推崇下，尤其是在它的指挥官奥托·斯科尔兹尼的带领下渐渐形成规模。

奥宁堡部队很长一段时间内并没有获得辉煌的战斗成绩，它的第一个任务是煽动与苏联接壤的伊朗山区部落造反，来切断盟军经伊朗通往苏联的运输线，但当斯科尔兹尼刚有些头绪时，这个任务又被移交给其他谍报部门处理。接下来，奥宁堡部队接连研究了一些党卫队作战总部交付的任务，但结论是这些任务显然是不可能完成的。

正当这支部队处于沮丧的状态时，一个非常疯狂的作战方案被希特勒本人亲自交付给斯科尔兹尼，那就是营救被意大利政变分子关押在阿尔卑斯山的墨索里尼。奥宁堡部队30名特种兵在指挥官斯科尔兹尼亲自带领下，乘坐滑翔机成功地将这个意大利独裁者营救了出来，这件事使斯科尔兹尼一夜之间从一个不为人知的上尉成为纳粹德国最著名的军人，而他身上所体现的冒险精神恰恰与同样喜爱搞一些耸人听闻行动的希特勒不谋而合。

于是，原来隶属于德国总参谋部的勃兰登堡特种部队的数百名经验丰富的特种作战官兵统统划归到奥宁堡部队。接下来的1944年，斯科尔兹尼仅带领2名特种兵深入南斯拉夫游击区进行侦察，尽管后来空降突袭的战利品仅仅只是铁托元帅的一套军服而已，但是这次突击行动对南斯拉夫游击队的打击是巨大的。这年秋天，斯科尔兹尼又化装为一个平民潜入匈牙利的布达佩斯，在这里他成功地囚禁了意图与盟军媾和的匈牙利独裁者霍尔蒂。这些特种作战计划的成功实施让斯科尔兹尼成为希特勒眼中的红人。

斯科尔兹尼甚至还策划了空降突袭苏联的钢铁生产基地和企图绑架法国维希政府首脑贝当的行动，尽管计划最终没有执行，但就其匪夷所思的大胆和冒险，的确让后人咋舌。

斯科尔兹尼还是一名死心塌地的纳粹分子。1944年，希特勒在他的"狼穴"大本营遭到国防军密谋集团的刺杀，刺杀者在首都柏林开始夺权行动时，纳粹在柏林的首脑只有一个虚弱的、对军事一窍不通的宣传部长戈培尔，而且这位瘸腿矮小的帝国部长自己还险些遭到密谋集团的逮捕。一片混乱中，身在柏林的斯科尔兹尼却一点也没有察觉，他悠闲地坐上了开往南部旅游胜地的列车，只是在列车上，他遇到了一位知情的陆军军官，在这位将军再三提醒和暗示下，斯科尔兹尼在柏林郊区的一个车站下了火车，火速赶往党卫队总部，当他了解事态的严重性后，果断制止了党卫队总部的混乱，用很短时间内所召集的柏林党卫队控制了首都的局势，因此他得到了希特勒的极高评价。

1944年10月22日，鹰巢。

希特勒再一次召见了斯科尔兹尼，并将其晋升为上校，在希特勒的眼中，这位大个子的奥地利老乡是无所不能的（斯科尔兹尼身高1.92米）。

随后，希特勒用一种近乎炫耀的语气对斯科尔兹尼讲道："现在帝国的形势你已经看到了，目前是危机重重，不过，用不了多久，我们就会发起一次决定性的反攻，这将是一次伟大的攻势，英国佬和美国佬会为这个计划付出惨重代价，这个计划将只有极少数人知道，而你，斯科尔兹尼，将会在其中承担重要的角色！"

一个特种部队的指挥官能在战役中担任重要角色，仅仅是这个说法就让斯科尔兹尼浮想联翩了。

难道又是一次突击斩首的任务？

希特勒接着讲道："我们要切断比利时和荷兰境内的盟军联系，并夺取安特卫普港。马斯河上的桥梁是至关重要的，对于包围蒙哥马利的第21集团军群有着至关重要的意义。我要你组建一支新的特殊部队——第150装甲旅，我们要为他们配备缴获的美国战车、武器和服装及相关证件，穿着盟军服装混入马斯河附近的盟军部队中，出其不意地夺占桥梁，并在敌军中制造混乱，为德军开辟一条到达胜利的道路，任务代号：格里芬行动。"

斯科尔兹尼对于希特勒的计划自然是欣喜若狂，估计也只有希特勒才能想得出这种天才的计划。

考虑到国际法对于穿着敌军军装作战的问题,斯科尔兹尼还特地去请教了这方面的专家,得出的结论是,国际法仅仅禁止穿着敌人军装的士兵使用武器,如果德军在盟军军装的里面穿着自己国家的军装,并且在实际开火前脱掉伪装的话,那么就符合国际法要求。可是如果战斗前没有脱掉敌军军服,被当作间谍的可能性就会很大,战俘是受保护的,可是间谍极有可能被判处死刑,这两者的区别很大。

解决了法律上的问题,斯科尔兹尼立即展开了组建工作,根据希特勒的时间表,他只有一个多月的时间来准备这些。

1944年10月25日,最初的筹建方案呈交给最高统帅部作战部的约德尔将军——斯科尔兹尼的部队需要3300名能说英语的官兵,这些人将分为3个营,需要配备150辆"M4谢尔曼"坦克,32辆装甲车,近200辆卡车和150辆吉普。

然而数量这么庞大的物资不是什么人都能弄到的,当然,美军统帅部的艾森豪威尔可以办到,不过,约德尔可没有胆量向这位五星上将要这些东西,就是有胆量,也没有地方去要啊。

很快,西线德军师以上的部队都得到了一份命令,要求征集美军坦克、军装、武器、车辆等,原本"格里芬行动"就是见不得光的,可是这样一来简直就是大张旗鼓,广而告之,可是在短时间内搜集这么多物资,基本上也没有什么法子了,即便这样,下面的部队也非常不情愿。

斯科尔兹尼看到部队下发的征集命令差点儿没晕过去,这么大张旗鼓地命令盟军,这意味着自己的行动还没有开张就可能被对方知晓,要完蛋还不是易如反掌的事情?他立即向最高统帅部表达了自己的意见和忧虑,可惜这些意见和忧虑统统落入了官僚主义的大海之中。

正如斯科尔兹尼预料的那样,盟军情报部门也得到了这份命令,可能是同病相怜,这份情报也落入了相同的官僚主义的大海之中。

不过,令斯科尔兹尼更加恼火的事情还在后面,即便这种大规模暴露计划的命令发出去了,可是他搜集装备的计划依旧没有完成,除了那些没用

阿登战役期间的豹式坦克

的美军军服，竟然没有人愿意交出一辆缴获的美军坦克和吉普车，气得这位党卫军上校吼道："这些家伙难道留着那些美国坦克和吉普车下崽儿啊！"

好在约德尔也知道这个计划的重要性，也花了不少工夫，这才弄来了2辆"谢尔曼"，2辆美国装甲车，不到100辆吉普车和卡车，其中还有不少车辆故障频繁，基本上只能充个样子，没法使用。

无奈之下，约德尔只好给斯科尔兹尼送来了5辆豹式坦克、6辆装甲车、6辆装甲运兵车及5辆突击炮来充数了。

斯科尔兹尼把这些战车全都涂上白星，伪装成美国装备，然而连他也承认，这些伪美国装备只能"在非常远的距离或者在晚上迷惑非常年轻的美国兵"。

装备的事情总算有点儿着落了，更令人头疼的事情还在后面，德军最高统帅部下令在所有陆军部队中招募志愿者参加一项秘密行动，要求报名者会讲英语。

还不错，竟然来了足足2500名志愿者，其中，500人来自党卫军，

800人来自空军，1200人来自陆军。可是这些志愿者中只有约400人会讲小学生式的英语，只有10人能够讲流利的美国俚语，其余的英语水平大都只是会讲"Yes"和"OK"。

这些人别说是欺骗美国人了，就是自己人都不一定能够骗得过去，斯科尔兹尼一脑门的黑线。人有了，可是单兵装备同样短缺，尽管德国战俘管理局局长接到命令为150装甲旅提供美军战俘的制服，但到11月中旬，150旅仍然缺少1500个美式头盔，许多士兵只领到了夏季的美兵制服，上边还带有明晃晃的战俘标志，这可是在冬季作战啊！

为了配合这个计划，这些志愿者被集中在格拉芬沃尔训练营，首先强化英语口语，有的还被送到战俘营提高英语水平。他们还要学习美军士兵的一些习惯，甚至说粗口时的腔调，嚼口香糖的动作，吊儿郎当的懒散站立姿势等。

其中最后一项任务最难训练，因为德国士兵在和上级说话时往往不自觉地并拢脚，跟立正聆听，而在美军中上下级关系很散漫，这种习惯会要了他们的命。此外，这些士兵还要学习驾驶美国车辆，使用美制武器，等等。

所有受训的人不能和其他人在一起，也不能给家人写信，训练十分严格。当然了，这项训练的内容极其机密，据说，有一位参加训练的士兵因为违反了保密规定，在家信中描述了近况甚至被枪毙了。斯科尔兹尼从经过训练后的志愿者中挑出44名英语最流利的士兵，组成一支特殊突击队，作为第150旅主要部队的先头部队，执行最紧要的渗透任务。

除斯科尔兹尼外，第150装甲旅中没有人知道该旅的真正任务，甚至各营指挥官也不得其详，队伍中开始出现关于作战目的的各种传言，流传最广的是认为该旅的任务是绑架盟军的最高统帅艾森豪威尔将军，德国方面也不对这些传言进行解释或辟谣，目的是使盟军的情报机构无法了解其真实目的，不过，战后斯科尔兹尼为此付出了惨重的代价。

为防止被己方误伤，150旅的士兵都戴着蓝色或粉红色的领巾，解开军服的第二个纽扣，手持发红光（晚上）或蓝光（白天）的手电筒。车辆的保险杠特定位置画上白色的C、D、X、Y、Z等特定字母，坦克的后部则画上一个黄色三角形，或将炮塔转至9点钟方向。不过，这样一来，又增加了暴露身份的可能性，因为德军其他常规部队的士兵们自然也会被告知这些识别方法，毫无疑问，盟军的情报人员也会通过审讯战俘获知这些情报。

一切准备就绪后，每个格里芬突击队员领到一身美军制服，另外，还有伪造的身份证件和美钞、英镑等假钞。每个志愿者都要求对自己将来在执行任务中所处的危险环境有足够的心理准备，因为身着对方军装执行秘密使命违反了国际法，可以被判处死刑，而德国最高统帅部也没有抱太大希望会有多少队员安全返回，因此每个突击队员的装备中都有一粒用于自杀的药片。

现在这些准备充分的特种作战士兵的任务是：每三四人一组充当先遣队，军装上再套上一件美军的野战夹克，乘坐美军吉普车，趁美军战线被突破的机会，分成小组赶在撤退美军的前面，渗透到其后方，摧毁燃料供应站、桥梁附近的弹药库，或渗透到盟军占领的地区执行侦察任务，并在盟军中散布假命令，使用一切手段制造混乱。

这些士兵虽然人数并不多，可是制造的混乱却是巨大的，用一位美军将军的话讲，这支小小的队伍所造成的损失简直超过了一个德军装甲师。

这支操英语、穿美军服装、挎美式卡宾枪、乘美式吉普和美制坦克的突击队，乘夜黑偷越美军防线，插入美军后方。他们分散成无数小分队，在美军防区大摇大摆地活动。他们割断电话线，捕捉美国传令兵；把表示雷区的红色标记移到没有地雷的安全路段；倒转路标，把盟军援兵和补给车队引上歧途；同时还抢占重要桥梁渡口，接应德军主攻部队。

这些突击队先遣队员刚开始非常担心被认出来，但是他们很快就发现盟军的后方一片混乱，他们意识到自己的乔装打扮无懈可击，心里越来越得意，也觉得越来越安全。当美军检查站拦下他们的吉普车时，突击队员中英语说得最流利的队员便会代大家解释，说他们与撤退的大部队被德国人的进攻冲散了，现在要赶回部队。在前往马斯河的途中，这些人尽可能地破坏沿途的设施：剪断电话线、拔掉路牌、伏击与大部队失去联系的零星盟军、截杀盟军通讯兵，冒充交通管制人员或调换路牌指示来制造交通混乱和拥挤。

第五节
制造混乱的"格里芬行动"

格里芬突击队的疯狂活动，让美军后方乱成一团。装甲部队按标记小心翼翼地绕过雷区，却闯入了没有任何标记的真地雷场；运送燃料弹药的车队根据值勤人员的指挥行进，却发现正好落入德军装甲部队的口袋阵中，因为在路口指挥车辆的值日官是操英语、穿美军制服的党卫军。奉命增援的美军第101空降师其中一部由迪南启程，前往巴斯托尼解围，却陷入德军摆下的路标迷魂阵中，以致南辕北辙，贻误战机，而德军主力，却乘美军混乱之机，一举实现突破。德国坦克群迅速冲过格里芬突击队抢占的各个重要桥梁要隘，向纵深发展。在突击队配合下，阿登地区的德军几天之内，就撕开美军防线，向西突进近100公里。盟军300万大军，面对区区20余万德军，一时竟束手无策。

混乱局面持续了几天，一支美国侦察车队在前线截住了一名德军传令官，从其公文包里搜出一份标有"格里芬行动计划"的绝密文件，从中了解到美军混乱皆由斯科尔兹尼上校及其指挥的几千名德军突击队员所造成。美军统帅部根据缴获文件，下令立即组织力量，消灭这支格里芬突击队，但这道命令却引起了百万盟军更严重的混乱。

美国一直以移民国度著称，很多美国人带有日耳曼人血统，从外貌看，德国兵和美国兵一样，凹眼高鼻，身健腿长，泛红的皮肤上生长一层白毛，因而很难加以区别。

要在百万穿美军制服、操英语的美军中，搜出几千名假美国兵，无异于大海捞针，更何况他们并不知道"格里芬行动"中，担任先遣破坏任务的只有区区几十个人。

几天之内，阿登战线上的盟军各部队均接到了关于"穿着美国军服的德军"的报告，各种传言也在盟军中不胫而走，并且不断夸大，一时间盟军中几乎谈之色变，"欧洲最危险的男人"成了盟军中谈论最多的话题。美军被格里芬突击队造成的混乱吓怕了，巨大的恐慌带来的后果就是驻守在几百公里战线上的百万美军相互盘查，人人自危，美国大兵每逢在路上互相遭遇时简直如同猫见了耗子一般，大眼瞪着小眼，互相怀疑。

各部队开始严格警戒，认真盘查过往车辆和人员，即使穿戴整齐、出示过完整的军阶、证件，也免不了各种奇怪的盘问。除要求对方回答口令外，还会询问一些美国的风土人情，如橄榄球队的比分或棒球明星的名字等，一旦认为回答可疑便立即扣押。

甚至连威名远扬的美军第12集团军群总司令布雷德利将军也在一天之内受到美军岗哨的三次严格盘查，每次盘查他都必须回答关于美国社会生活的三个不同问题。

其中一次，将军遇到的三个问题分别是：伊利诺斯州的首府所在地；美式橄榄球的规则；一个美国女影星三任丈夫的名字。布雷德利将军答对了前两个问题，对第三个问题却一筹莫展。眼见要被哨兵隔离审查，幸好有几个过路士兵认出了他是集团军群总司令，他才没有受到进一步刁难。

在这同一天，全线有几百名美军官兵因不能正确地回答关于美国社会生活的各种怪问题而被临时拘捕，其中不乏身负紧急使命的高级军官，甚至一名陆军上尉仅仅因为穿了"可疑"的长筒靴就被宪兵不由分说地逮了起来，经过仔细审查，几百名被拘押的官兵中没有一个是德国突击队员。

更令盟军情报部门感到担心的是，根据缴获的情报，"格里芬计划"中，还有相机刺杀盟军高级将领的要求，特别是盟军最高统帅部司令艾森豪威尔将军，甚至还有计划的细节。这引起了盟军司令部和各级保安部门的恐慌，盟军各级司令部因而大大加强安全警卫措施，对陌生人进出严加盘查，对高级司令官的出行严加保护。

艾森豪威尔将军的安全瞬间更是成了盟军最担心的问题，盟军司令部

风雪鏖兵 阿登战役

1944年，欧洲盟军司令艾森豪威尔（右三）看望士兵

里也一度人心惶惶，甚至草木皆兵。统帅部的安全人员立即将司令部布置成要塞一样，到处都设置了铁丝网，甚至还停放了数辆坦克，屋顶上也架起了机枪，卫兵也增加到平时的两倍、三倍、四倍……一听到汽车发动机的声音，各办公室就会立即紧张起来。将军的住宅四周，更是岗哨林立，如临大敌，房顶上同样架满机关枪，将军外出受到严格限制，如非外出不可，也必定前呼后拥，一长列警卫车队随行，严密保护。

甚至连艾森豪威尔将军本人也频频接到各界的电话，询问将军是否安在……最后不厌其烦的艾森豪威尔不得不离开当时居住地——离盟军最高司令部不远的一栋别墅，因为几年前这里曾是龙德施泰特元帅的司令部，德军对这栋建筑的一砖一瓦都了如指掌。

即便艾森豪威尔转移到凡尔赛附近，出入总有一个中队的卫兵跟随，活动范围也大大受到限制，这种形同软禁的状况持续了数周时间，令他大为头痛和不耐烦。

盟军的大规模清查行动也不是没有什么结果，这些假冒的美国士兵很快被盟军注意到，美军及时更换了口令并在各部队发出警告，大批军事宪兵在交通要道开始检查身份；而突击队员自己本身所犯的错误也加剧了自己的暴露：他们四人一组，一到夜晚便将吉普车前灯罩起来以免招人注意，这与美国士兵的习惯格格不入，这个疏忽至少造成两组突击队员被俘，而其他潜入敌后的格里芬突击队员也没有一组能到达他们的目的地——马斯河。

1944年12月17日，阿登战役开始后的第二天，在阿瓦伊检查站的美国军事宪兵俘虏了几个秘密潜入，但又说不出正确口令的美国士兵，接下来的一周内，格里芬突击队员冈特·比林、阿尔弗雷德·伯那斯和威廉·施米特经过审讯，被美军军事法庭以间谍罪判处死刑。

相对于造成盟军巨大混乱的突击队先遣队伍，斯科尔兹尼的主力部队——第150装甲旅却处在了极为尴尬的境地。

1944年12月16日，炮击开始之后，按照原定计划，突击队员匆忙脱掉罩在美军军装上的德国伞兵制服，启动美式吉普车，冒充美军尾随装甲部队向前突进。

但是令所有人都意想不到的事情发生了！

堵车！严重的交通堵塞！

德军庞大的坦克纵队和装甲车辆拥挤在狭窄的道路上，将150装甲旅大部分突击队员堵在路途当中，前进在坦克集群前的突击队员又有相当一部分夹在美军抵抗部队和德军进攻部队之间两面受敌，动弹不得。

直到反击开始两天后，1944年12月18日，党卫军第1装甲集群才抵达进攻出发点，该集群提供给第150装甲旅的美国坦克和卡车的数量尚不及所需的零头，不足之数必须以伪装的德国车辆来充数，而且德军在第150旅待命的地区又始终不曾有明确的突破，因此其推进时间一再拖延。

在无法执行使命的情况下，斯科尔兹尼最终不得不放弃了既定的作战计划，决定取消"格里芬计划"，并同意陆军第6装甲集群将其部队当作常规军使用，第150装甲旅的三个作战团被整编为一个步兵师，任务是保卫马尔梅迪（Malmedy）公路交会处的安全，以使党卫军第1阿道夫·希特勒警卫旗队师和第12希特勒青年装甲师可以继续移动。

12月23日，阿登战役发动后的第7天，德军的突击部队在巴斯托尼附近被美军第101空降师牢牢缠住，巴顿的坦克集团军正从德军突击部队的侧翼拦腰杀来，事实上，德国总参谋部的将军们已经清楚地认识到阿登的反扑已经失败，而就是这一天清晨，在比利时的亨利－夏佩尔的一个军营里，被俘的3个意志坚决的纳粹突击队员被蒙上眼睛绑在木柱上，胸前挂上了白色的圆盘当作靶子。就在执行的6个美国军事宪兵扣动扳机之前，一个格里芬突击队员突然高呼了一声："我们的元首希特勒万岁！"

无论这次计划以及计划制定者背后的含义是否正义，仅仅就参与这次行动的突击队员所表现的英勇和无畏而言，每个格里芬突击队员都是当之无愧的战士，只是他们似乎生错了地方。

第四章

猝不及防的打击

阿登战役

第一节
时间定格在 12 月 16 日凌晨

1944 年 12 月 15 日,蒙哥马利写了一封信给艾森豪威尔,说他愿意在下次对莱茵河发动大攻势之前在家里度过圣诞节。他又附上一张 5 镑的账单以示向艾森豪威尔索取赌债,因为在一年以前,艾森豪威尔曾和他打赌,战争将在 1944 年圣诞节以前结束。这个玩笑开得并不漂亮,因为仅仅在 14 天以前,他曾经写过一封使艾森豪威尔心里非常不舒服的信——在那封信中他刻薄地批评艾森豪威尔的战略,以及他未能解决德国人,甚至于还暗示艾森豪威尔应该交出他的指挥权。

艾森豪威尔除表现惊人的忍耐力外,还故意把蒙哥马利的第二封信当作是一种玩笑而不是讥刺,他在 12 月 16 日回信时曾这样地写道:"我还有 9 天的时间,虽然你似乎是赢定了,但你必须要到圣诞节那一天才可以得到那 5 镑的意外之财。"

作为盟军最高统帅艾森豪威尔和陆军指挥官蒙哥马利两位名将,以及他们下面的各级指挥官,都不认为敌人还有干预他们执行攻击计划的可能性。在这一天,蒙哥马利所颁发给其第 21 集团军群所属各部的最近情况判断中,如此信心十足地说:"敌人目前在所有各战线上都在打防御性的仗,其情况即为他们还不能够发动大规模的攻势作战。"在阿登前线指挥第 12 集团军群的布雷德利也有此同感。

1944 年 12 月 15 日夜,20 万西线德军士兵接到了元首的作战行动命令:前进!越过马斯河!目标安特卫普!

第 6 装甲集团军司令迪特里希同样发出了战前动员令:"第 6 装甲集团

军的将士们，我们的家园遭到了令人恐怖的轰炸，我们的国土即将遭到敌人的践踏，一个伟大的时刻即将诞生，这是一场生死攸关的战斗，我们家乡的亲人正在注视着我们，我们要出其不意地突破马斯河，斩断敌人的生命线，我们绝对不会让他们失望的！"

对于希特勒来说，1944年12月16日至17日是他生命中最难熬的24小时。就在这一天，希特勒为了扭转西线战局，将德军仅存的精锐部队从战事紧张的前线抽调出来，甚至不惜把与苏联对抗的东线战场拉回到西线，他们要从阿登山区对盟军展开凶狠的反击，这次反击是希特勒最后一次豪赌，也是纳粹德国在崩溃前最后一次挣扎。

这是希特勒砸锅卖铁搜罗出来的最后力量，准备出征的德国国防军和武装党卫军部队已经是德军最后的战略预备队了，但是他们依旧非常的强大。第5装甲集团军由冯·曼陀菲尔上将指挥，武装党卫军则是在大将迪特里希的第6装甲军团指挥下直指布鲁塞尔，这两支部队却是德军精锐部队，共拥有1500辆各种装甲车辆，其中就包括当时强大无比的虎王坦克、首次加装夜视系统的豹式坦克以及各种猎豹坦克歼击车。

出征前，德军还有四个顾虑：此次进攻必须出乎盟军的意料之外；这次行动的成功与否，完全取决于恶劣的天气能够持续多久，一个恶劣的天气将是盟军所向披靡的空中力量最大的敌人；德军的油料也非常短缺，德国装甲部队计划的是夫马斯河畔夺取美军的油库之后再抵达布鲁塞尔和安德卫普，这已经是非常疯狂的想法了；进攻必须迅速，最好在四天内拿下马斯河。

然而这所有的顾虑都有待于解决，只是德军前线的最高指挥官们似乎看不到这些顾虑得到解决的迹象。

1944年12月16日早上5点30分，夜黑风高，迷雾重重，大地一片沉寂。炮弹的呼啸声撕开了严冬的空气，德军1600门火炮开始了持续90分钟的炮击，无数的炮弹落在了毫无防备的美军阵地之上，数百公里长的战线上，美军前线的弹药库、通讯站、燃料库瞬间化为火海，几乎所有的通信线路被猛烈的炮火毁于一旦，数百部探照灯将美军阵地照得如同白昼一样，大地在颤抖，火光把夜空映照得异常通明。

紧接着，德国地面部队分成三路对盟军第8军薄弱的防线发起大规模进攻，突击队首先出动，等他们撕开防线之后，德军强大的装甲部队就会乘势而入，冲击美军防御的纵深，步兵则跟随在装甲车后面，潮水般向美军阵地涌来。面对茫茫迷雾，从睡梦中惊醒的美军全然不知进攻敌人的情况，空军和炮兵也无法提供有效的支援，美军立即阵脚大乱。

1944年12月16日凌晨，被德军命名为"莱茵河卫兵"的阿登反击战正式拉开了大幕。

相对于战场上浴血奋战的官兵们，盟军最高统帅部同样也一头雾水。四年之前，德国人就是选择这个地区发动闪击战，结果造成1940年的法军西线总崩溃，整个欧洲都陷入了德军的铁蹄之下，然而盟军的将领们似乎没想到希特勒会在同一地区重施故技。

12月16日下午，盟军最高指挥官艾森豪威尔将军正在跟第12集团军群司令官布莱德雷商讨如何解决前线兵员短缺的问题。就在这个时候，盟军的情报部长斯特朗将军突然闯进了会议室："将军阁下，紧急情况，今天早晨，第1集团军和第3集团军交界区域的前线遭到了德军炮击和进攻，进攻的规模和范围还在汇总当中！"

"是什么方位？"

"是阿登山区！目前驻扎在那里的第5军的99师、第8军的106师、28师、第12军的第4师均遭到了进攻！已经辨明的德军番号超过了20个师！"

布莱德雷将军不由得口出粗话地惊呼着说："希特勒这个混蛋是从哪里搞来这样多的部队？"

然而实际情况远比他在指挥所中所知道的还要坏，德军的装甲矛头早已突入达到20英里的深度，其中一部分已经达到斯塔佛洛（Stavelot）。直到此时为止，美军第1集团军司令霍奇斯还尚没有重视德军的攻击，而一心还想要继续推动向北进攻鲁尔水坝（RoerDam）的作战。

虽然布莱德雷将军对于齐菲格防线深恶痛绝，希望德军能够走出这道坚固的堡垒与美军面对面干一仗，他没想到希特勒真的如他所愿这么干了，而且这个"礼物"实在是有点儿太大了。

现在眼看盟军的防线就要被击破，盟军必须立即做出反应，否则后果不堪设想，现在盟军在阿登地区的装甲力量只有第9装甲师的部分兵力，面对德军疯狂的进攻，这点儿兵力根本就是杯水车薪。

第二节
盟军的临阵反应

眼下最重要的是顶住德军的进攻,"闪电战"可不是闹着玩儿的,一不小心盟军整个防线就可能崩溃,艾森豪威尔立即命令北面辛普森的第9集团军立即派出第7装甲师挥师南下救援圣维特。

不过,仅仅靠一个第7装甲师是远远不够的,艾森豪威尔立即让布莱德雷命令南边小乔治·巴顿的第3集团军调集第10装甲师北上增援,保护第8集团军的南翼安全。

布莱德雷一脸苦笑地对艾森豪威尔讲道:"我想,巴顿不会听我的命令

巴顿将军在战场上指挥作战

的，他现在正在一心进攻萨尔地区，这个时候抽调他的第10装甲师，他绝对不会干的！"

艾森豪威尔立即吼道："告诉巴顿，就说是我在指挥这场该死的战争，而不是他！"

布莱德雷立即将艾森豪威尔的话传达给了巴顿，脾气暴躁的巴顿果然不干，发着牢骚讲道："我已经告诉你们，第8军的情况危险，你们不听，这是你们的错误，才让我们遇到了如此危险的局面，你把我的一个装甲师抽调了，这是釜底抽薪，我还怎么打仗啊？"

布莱德雷知道自己劝不动巴顿，把巴顿的回复告诉了艾森豪威尔，艾森豪威尔知道在电话中劝不动巴顿，立即让他前往盟军总部。

艾森豪威尔见到巴顿之后用一种沉重的语气讲道："我知道之前我们没有采纳你的建议，可是现在事情已经发生了，你的行动关系到整个战局，如果是我的话，我一定会交出这一个装甲师的！"

巴顿没有吱声，只是抬着头一言不发。

艾森豪威尔知道巴顿的脾气，这家伙是属顺毛驴的，不能硬来，他眼珠子一转，拉了一把椅子坐在巴顿跟前。

"乔治，你还记得去年（1943年）在北非突尼斯卡塞林隘口的作战吗？"

巴顿点点头："我自然记得，你那个时候刚刚升任四星上将就遭到了德国人的进攻！"

艾森豪威尔竖起大拇指讲道："好记性，那次是你的奋战，是你帮了我的忙，击退了隆美尔的进攻，乔治啊，真是巧合，昨天我刚刚接到华盛顿的消息，国会已经通过晋升我为五星上将的命令，但是又遭到德国人的进攻了！"

巴顿笑了，他看着艾森豪威尔讲道："你是不是还要我再帮你一次，为你这位五星上将再保一次驾？"

艾森豪威尔见状，知道巴顿已经松口了，他也笑道："Why not？（为什么不可以呢？）老朋友，再帮帮忙吧？"

巴顿向艾森豪威尔伸出一只手："好吧，我即刻命令第10装甲师救援米德尔顿的第8军！"

有了上下两路援军，艾森豪威尔总算松了口气，但是他不知道德军的进攻在今后几天里多么疯狂，对盟军造成了多大损失。

16日凌晨，希特勒寄予希望的阿登反击正式开始之后，德国3个集团军20余万人齐头并进穿过阿登地区，迪特里希率领的第6装甲集团军为突破列日向罗谢姆狭口和艾森伯恩山脉进攻；中路曼托菲尔率领的第5装甲集团军向巴斯托尼和圣维特这两个有极重要战略地位的道路汇集点进攻。在南部，布兰登贝尔格的第7集团军也向卢森堡推进以保护侧翼不受盟军攻击。

担任最主要攻击任务的第6装甲集团军的首要目标就是列日，在列日、韦尔威尔和斯帕三座城镇构成的三角地带是整个盟军最为重要的补给区域，这里拥有美军最大的补给中心列日，储存有超过200万加仑汽油储备的军需品供应站，还有霍奇斯将军的美军第1集团军司令部。

如此重要的位置，盟军自然不可能放松警惕，美军第99师驻守在前方艾森伯恩山脉保卫着后方的安全，防止德军的进攻。该师既没有"大红一师"（美军步兵第一师）的勇悍，也没有骑一师的装备，可经验老到的第99师官兵充分利用这里复杂的地形设置了大量的雷场、铁丝网和壕沟，还有大量的地下隐蔽所用来防备德军的炮击。

16日清晨，德军的炮火大规模覆盖了美军在霍芬的阵地，这里是第99师的北翼支撑点，也是整个阿登战役最北边的战场，这里的地理位置相当重要，霍芬控制着前往欧本的蒙绍公路，而美军第5军的军部就在欧本。

按照计划，德军要进攻到欧本，堵住来自北面的美军增援部队南下，保障装甲部队尽快冲向马斯河，所以，这里也是第6装甲集团军的重点进攻地段，在炮火的猛烈袭击下，驻守此地的美军395团阵地上几乎所有的电话线全部被炸断，甚至连无线电装置都损失大半，好在地下隐蔽所保护了大多数步兵的安全，保存完好的还有后方的野战炮和反坦克炮。

德军的进攻在炮火减弱之后立即展开，由于美军前线步兵的通信被炸断，德军的进攻非常顺畅，很快就突破了美军的前沿阵地，将大部分的散兵坑纳为己有，美军开始缓慢地交替掩护撤退，同时紧急派出人员抢修通信线路。

已经发觉德军进攻的美军炮兵很快得到了消息，立即展开了反击行动，利用迫击炮和榴弹炮发动了猛烈的压制性射击，开阔地带的德军死伤惨重，美军趁机展开反击，重新夺回了丢失的阵地，德军的首次进攻受挫之后，立即展开了第二次进攻，然而美军在严密的炮火掩护下，让德军受到了惨重的损失，仅仅在第99师的蒙绍防区，进攻的德军第326国民掷弹兵师就已经损失了超过20%的战斗力。

在395团与德军交火的同时，在他的侧翼是斯科特中校的393团，同样，393团也从混乱中清醒过来，进入防御阵地严阵以待，他们同样控制着一处战略要地——双子镇，双子镇不仅是两条森林公路的交汇点，还是395团和393团以及后方的美军第2师的补给线和通信线路都在这里通过。

在受到最北边美军的阻滞之后，迪特里希决定避免与北边的美军进行纠缠，将装甲部队的突击方向放在南边，令所属第277国民掷弹兵师突破美军的防线，打开通往双子镇的公路并占领双子镇，阻击来自美军的进攻。

德军对美军阵地进行了猛烈的炮击，造成了驻守此地的美军第393团通信线路全部损失，德军同样趁机占据了美军的阵地，驻守前沿的K连除了一个排之外全军覆没。

美军立即展开反击，然而德军的进攻力量非常强悍，增援的数个排也没有任何战果，两个小时之后，德军已经逼近美军的前沿指挥所，尽管德军已经切断了美军前沿和后方的补给线，驻守前沿的第393团3营依旧坚守阵地，并且在德军试图突破一条800米长的开阔地带时给予炮火覆盖，德军死伤惨重。

德军果断地派出了一个团的预备队，拼尽全力突破了美军的封锁，将3营包围。在这个危机的时刻，393团派出了仅剩下的增援力量，包括40名后勤和直属人员组成的突击队发动了敢死冲锋，终于打通了与3营的联系，建立了一条并不算稳固的防线。

中午时，美军第 393 团投入的预备队已经损失殆尽，残存的部队也伤亡惨重，好在榴弹炮连保住了，炮兵利用这里复杂的地形，对德军的一条必经之路进行了猛烈的炮火覆盖，这次轮到德国人品尝同样滋味了。

趁着炮兵对德军造成巨大损失而赢来的宝贵时间，393 团趁机重新建立了防线，虽然很薄弱，也总算挡住了德军的猛烈进攻，傍晚时，驻守在第 99 师后方的美军第 2 师的增援部队终于抵达，德军前进路线上的大门被狠狠关上了。

第三节
小队伍也有巨大功绩

12月16日,当德军对美军展开猛烈的炮火袭击时,美军第99师394团的官兵还以为自己遭到了友军的误伤,可持续的炮击进行了一个多小时,他们才意识到战况有些不同寻常,当阵地上出现德军进攻士兵的时候,他们还以为这是德军一次师级规模的反击作战。

由于之前美军士兵在树林当中设置了大量的铁丝网,还布置了规模不小的雷区,德军士兵的进攻有些缓慢,后方的装甲部队按捺不住了,立即在烟雾的掩护下冲向美军阵地,可是茂密的丛林根本就是反击坦克手的天堂,美军的炮火随即覆盖了德军的坦克,而德军步兵也被美军的机枪阵地挡住了,双方似乎陷入了僵持当中。

进攻受挫的德军立即调转方向,全力进攻394团的右翼,这里是第99师与第14骑兵群的连接地段,一个名叫兰茨拉特的小村庄,是整个北部战线中最薄弱的环节,如果此地被突破,整个第99师的侧翼将完全暴露在德军装甲部队的炮火当中。而且它的重要性还在于它位于一条重要公路交叉路口以南仅300英尺处,而这条公路正是德军第6装甲集团军即将争夺的一条公路,是德军前往列日的一条最佳路线。

驻守兰茨拉特村的是394步兵团的一个只有18个人的情报侦察排,他们担负的任务是394团乃至第99师与南侧的友邻部队第14骑兵群的联络。他们是12月10日开进阵地的,头一个晚上还挺警惕,全排没有睡觉。后来,见平安无事,士兵们便放下心来,晚上轮流睡觉,白天则上山打猎,眼见就要到圣诞节了,这里有野鹿,他们准备过圣诞节时摆一桌鹿宴。

12月15日，后勤部门送来了过圣诞节的物品，甚至还有法国葡萄酒，在送来的物资里面还有一挺50毫米重机枪和充足的弹药，这是侦察排排长鲍克中尉特意要求的。

16日清晨，大家还在沉睡当中。突然，大地如同地震般抖动了一下，整个天空出现了一片红光，上千门德军大炮把成吨的炮弹倾泻过来，炮击的火光中映照出德军士兵岩石般挺立的身躯。

德军的炮火袭击持续了一个多小时。在临近天亮的时候，山谷里还笼罩着薄雾，德军开始发起地面进攻。

一个个黑色的身影从山谷中鱼贯而出，漫山遍野地涌来，幸亏鲍克中尉的先见之明，侦察排的美国大兵们此刻正躺在厚实的隐蔽所内，巨大的爆炸声虽然将他们惊醒，但坚固的隐蔽所好歹保护了士兵们的性命，大家并没有在炮火中受到太大的伤害。

鲍克中尉立即向团部打电话，可是通信线路却时断时续，根本无法将情报传送出去，鲍克中尉立即命令所有的士兵进入战壕，准备阻击即将进攻的德军。

似乎对自己的炮火打击非常有信心，以为已经没有威胁的德军排成了两列纵队展开，一边前进，一边还唱着歌，看似非常悠闲的样子。

鲍克中尉等到德军大摇大摆地靠近自己的阵地，已经处在近距离射击范围之内的时候，一声清脆的开火命令响起，侦察排的火力全开。

顿时，绵密的子弹如同冰雹一样扑向敌人，雪地上瞬间横七竖八地躺下了一片德军尸体与伤兵，遭到突然打击的德军立即散开，而后发起了正面进攻，可是他们没有人知道这些美国人到底藏在什么地方，而且在他们进攻的路线上，一道坚固的农庄栅栏阻挡着他们前进，栅栏前的德军还没有来得及翻越，50毫米重机枪的火舌立即吞噬了他们，这比打靶训练都容易，鲍克中尉不禁为自己的先见之明感到由衷的自豪。

德军几次进攻受挫之后，立即呼叫炮火支援，而后再次发动进攻，到中午时分，侦察排击退了敌人的数次进攻，鲍克不断向团部呼叫，要求炮

雪壕中的美国士兵

火支援，却没见一发炮弹打过来，而侦察排得到的命令是不惜一切代价坚守阵地，并且联络附近的友邻部队第14骑兵群。

战斗又持续了整整一个下午，人单力薄的侦察排已经疲惫不堪，子弹也几乎打光了。美军有一不成文的规定，如果子弹打光，部队即使没有接到后撤的命令，战场指挥官也可以根据情况下令后撤。所以，鲍克带领他的士兵们一步步向后面的森林撤退。

可是，后面的退路早已被包抄的德军切断了。

"排长，我们怎么办？"

全排只剩下10名士兵，均带伤挂花，突围已是无望。鲍克想了想，低沉地说道："交出武器投降，我们已经完成了应该承担的任务，剩下的事情由艾森豪威尔将军去做吧！"

这个侦察排的功绩是巨大的，因为如果他们的阵地在凌晨就失守的话，整个394团阵地，第8军的南翼，乃至整个美军北部防御就会全面崩溃，而这个意外战绩的取得很大程度上取决于鲍克排长的高度警觉，并及时补充了全排的武器弹药，而与此同时，其他地区的战斗也在激烈地进行着，但是情况却非常堪忧。

16日中午，394团得到情报侦察排发来的仅有的几次通畅联系，报告称他们侧翼的第14骑兵群已经在猛烈打击之下仓皇撤离，且德军方面已经出现了装甲部队，自己凭借一个侦察排的力量根本无法阻挡德军的进攻，而第14骑兵群的这一举动将394团陷入了困境当中，他的侧翼已经完全暴露了，394团立即派出一个营的兵力构筑阵地阻挡来自兰茨拉特的德军，虽然勉强抵挡住了德军进攻的势头，可是整个394团阵地的左右两翼已经出现了德军，而且在德军猛烈的进攻当中，自身的损失也非常大，394团向美军第2步兵师发出求援信号。傍晚时，一个配备了坦克和反坦克炮的加强营前来增援，暂时稳固了一条并不算坚固的防线。

　　虽然美军遭到了突然的打击，但美军第99师还是用自己的实际行动让德军尝到了苦头，虽然美军的多处阵地被突破，但在美第2师的增援下，第99师还是顽强地守住了洛西姆格拉本这一极为重要的战略要地，死死地将第6装甲集团军的坦克拦在了这里，德军无法通过这里进入通往马尔梅迪的主要公路。然而德军还是突破美军第99师和第14骑兵群接合部的薄弱地段，从394团防线的南侧包抄过来，美军前沿防线的崩溃似乎就在一瞬间了。

第四节
战果辉煌的曼托菲尔

在第6装甲集团军的进攻无奈受挫之时,在三路出击队伍当中最舒服位置的第5装甲集团军同样开始出击了,如果第6装甲集团军是希特勒的亲儿子的话,那么第5装甲集团军就是希特勒的后儿子,虽然他们的司令是深受希特勒喜欢的曼托菲尔,不过,好歹也是"儿子",总比没有人待见的第7集团军要好一些,第5装甲集团军的主要任务是撕开米德尔顿的美军第8军的防线,掩护侧翼并担任主要进攻任务的第6装甲集团军。

两支强大部队进攻的分界线同样也是美军第8军和第5军的防区分界线,具体到美军前线上就是美军最具有战斗精神的侦察排驻扎的兰茨拉特和美军第14骑兵群在艾弗尔高原的洛西姆缺口,德军第5装甲集团军进攻的北端就是美军第14骑兵群。

作为配属给第106师的第14骑兵群本身实力也不弱,它的右侧是第8军106师,左侧是第5军99师,后面还有强悍的号称"永远不是第二"的美军第2师。

106师和配属的第14骑兵群的防线在实际部署当中非常长,足足有50多公里,而且这里地形复杂、道路崎岖,河谷与沟壑到处都是。

宽大的防区让第14骑兵群有些捉襟见肘,大部分的部队都分散在几个村子当中,甚至与相邻的第99师友军之间还有几公里宽的"真空地带",与自己另外一侧的第106师422团之间也有一公里的地带无人据守,整个骑兵群的防线简直就是千疮百孔、不堪一击,骑兵群的重火力也少得可怜,整个阵地只能靠一些铁丝网和他们也搞不清楚数量的雷场来支撑门面，这样的布置在德军的猛烈打击下甚至连拖延时间都不一定能够维持。

其实，这也不是骑兵群的错，第106师本来就是刚从国内开过来的"菜鸟"，毫无经验可言，基本上一枪都没放过。

好在第106师的阵地原来是美第2师的防区，第2师撤走之后，给他们留下了准备齐全的阵地，连重机枪和迫击炮都原封不动地留给他们了，当然还有在寒冷的阿登山区最紧缺的木床和温暖的火炉子，更重要的是第2师留下了庞大的通信网，还有第2师官兵自制的"报警器"——挂满空罐头盒子的铁丝网，第2师的老鸟们告诉这些新兵，只要德军想要摸进阵地，这些罐头盒子就会响起来，只是这些罐头盒子在阿登山区的狂风中不分时间地响，让这些菜鸟新兵非常苦恼，对老鸟的话也是不置可否。

相对于第6装甲集团军的迪特里希，第5装甲集团军的曼托菲尔是一个非常注重战术的将军，他甚至亲自侦察了美军防线的情况，在反击作战之前还着重地搜集了对面美军的情报，根据情报显示，他们所要应对的目标是菜鸟般的第106师，而该师中的薄弱点就是第14骑兵群。

16日清晨，当曼托菲尔的第一轮炮击展开时，第14骑兵群也开始警觉了，可是早已经被侦察得一清二楚的美军阵地，遭到了德军炮火的精确打击，其实，第14骑兵群还遭到了来自迪特里希的第6装甲集团军的炮火覆盖，谁叫他的防区正好在两个强大对手的中间线上，猛烈的炮火摧毁了第14骑兵群的防御，德军第3伞兵师的一个加强团开始强行突破美军的防线。

占据绝对优势的第3伞兵师在坦克的掩护下肆无忌惮地冲击着美军的阵地，前沿阵地的美军毫无风度地夺命而逃，各种车辆被司机们当作赛车一般疾驰，销毁文件的烟雾笼罩着整个村子。而第14骑兵群最前沿的第18骑兵中队开战初期就已经损失惨重。

第14骑兵群立即向第106师发出求援，106师同样没有做好准备，救援在短时间内不可能了，可是德军的进攻速度出乎意料的迅速，中午的时候，第14骑兵群已经中断了与北边第99师的联系，此时在兰茨拉特村的鲍克中尉正率领情报排跟德军拼死作战，通信自然也无从谈起。失去了侧翼情报来源的第14骑兵群心中有些胆虚了，而它的侧翼，南边的山谷中也发现了德军的身影，这是很明显的包围圈，已经损失了第18骑兵中队的第14骑兵群无奈之下只好向后撤退，准备在后方山岭一带重新构筑防线。

德军第3伞兵师连夜发起进攻，德军第18国民掷弹兵师的一部分也成功突破了美军的防御空隙，来到了第14骑兵群的后面，更令人恐惧的是，北面第6装甲集团军最为骁勇善战的"阿道夫·希特勒警卫旗队师"也掺和过来了，其所属的汉森战斗群因为被第99师的雷场困扰，干脆也挑了一个软柿子，直接南下准备通过第99师与第14骑兵群的防区空隙，这样一来，骑兵群的侧翼将直接面对装甲部队的攻击。

第14骑兵群危在旦夕！

能够拯救第14骑兵群的只有第106师了，只是此刻106师也深陷泥沼。

16日清晨，第106师423团反坦克连上报自己遭到了德军的弹幕袭击。他们并不知道，不仅仅是他们，整个423团都遭到了德军精确的炮火攻击，随后106师北侧的第99师和南侧的第28师同样传来了消息，他们都遭到了大规模的炮击。106师得到的报告与他们不同的是，阵地上没有发现德军的步兵。

然而，第106师的主官们并不知道，德军已经在炮击之前渗透进来了，106师前沿已经被德军突击队悄悄占领，而由于前沿通信遭到了严重破坏，106师师部并不了解这些。

第106师422团扼守艾弗尔中央高地，他们并没有像其他的部队一样遭到德军的进攻，在别人打得热火朝天的时候，自己除了一个工兵营有零星战斗之外，他们可能是整个战场上最悠闲的部队了，只是不知道为什么他们没有派出援兵去救援第14骑兵群，可能是他们的任务就是扼守艾弗尔中央高地，一旦这里被突破的话，估计整个106师就全线崩溃了。

只是，422团并不知道德军根本没想正面进攻422团，而是悄悄地迂回到了他们的侧翼和后方，毕竟一个占据了地利优势的部队还是很有威慑力的，温水煮青蛙的计策使得422团放松了警惕，当422团发觉德军已经出现在自己侧翼的时候为时已晚，此刻他们与第14骑兵群也失去了联系，好在他们还有侧翼的第423团。

423团所处的位置是交通枢纽，也是德军重点进攻的方向，第18国民掷弹兵师的一个团沿着公路线，将美军分散布置的阵地逐个击破，虽然通信变得非常混乱，但423团还是感觉到德军不小的威胁，只是没想到德军的进攻速度非常快，反坦克连、加农炮连尽数落入敌手，不过，两个步兵营依旧没有太大的损伤，战斗力依旧存在。

同样遭到德军第18国民掷弹兵师打击的还有南边的第106师424团，德军在轻微的炮火袭扰下，成功地渗透到了美军阵地当中，双方立即展开了混战，德军接连突破美军阵地之后，424团获得了一个营的预备队增援，及时地顶住了德军的进攻，其他后撤的部队立即在后面重新建立了一条新的防线，424团的抵抗成功地阻滞了德军的进攻，也粉碎了德军从侧翼包围南翼第28师112团的阴谋。

遭到猛烈抵抗的德军立即增派了一个团的兵力对美军发动大规模进攻，424团虽然对德军造成了大量杀伤，但自身的损失也是巨大的，预备队已经用完，所属野战炮营甚至打光了将近3000发炮弹，德军凭借优势兵力成功地切断了424团与112团的联系。

16日下午，当第14骑兵群撤离之后，大量德军已经完全将原第14骑兵群驻守区域和422团分割来开，106师北翼完全暴露在德军的面前。

从目前来看，美方战况似乎还不算太糟糕，除了第14骑兵群之外，106师也只是丢失了一点点前沿阵地，德军也只是渗透到了422团的侧后，但是422团后背还有423团作为依靠，最南边424团虽然打得很艰难，但德军也没有占到多大便宜，更何况整个106师的主力依旧还在，一切似乎都在美军的掌控之中。

在第106师的各个团与德军交火的时候，他们的南侧，美军第28师112团也陷入了苦战当中。第28师是一支经验丰富的部队，只是刚刚经历了血战，全师伤亡了6000余人，好在经过兵源补充，部队基本上完成了整训，而112团不同于28师其他的两团，它守卫着28师的北翼防线，与巴斯托尼附近的两个团没有太大的联系，倒是跟 106 师隔得比较近，只是两支部队隶属不同，所以，112 团只能独自作战。

当德军炮火袭击的时候，112 团的阵地遭到了德军两个国民掷弹兵团的攻击，112 团的阵地大部分是德军遗留下来的，也省却了他们不小的麻烦，美军随即在阵地上设置了大量的障碍物和机枪工事，甚至将防空用的四联装 12.7 毫米高射机枪充任防御阵地，这东西打装甲可能不行，但是打人的话没有什么能够挡得住它疯狂的打击。

丰富的作战经验让 112 团增加了许多防御的砝码，德军的进攻遭受了惨重的损失。美军阵地上遍布着德国人的尸体，那些渗透到防线内部的德军也遭到了美国人的清剿，甚至有的连队声称："德国战俘太多了，简直都盛不下了！"

德军面对 112 团的激烈抵抗，留下一部分掩护部队之后，立即调转方向，扑向了 112 团和 110 团的接合部，并且成功建立桥头堡，只是这里的桥梁破坏严重，道路也被树木和地雷所阻塞。

16 日傍晚，112 团的阵地依旧坚强地挺立在奥尔河的东岸上，而且损失也不算很大，还将师部派给他们的一支轻型坦克连支援给了 110 团，整个 112 团在第一天的战斗表现英勇，德军的损失超过千人，甚至损失了 6 辆坦克，只是该团的两翼都没有能够得到友邻部队的保护，来自两侧的德军的威胁也越来越大。

面对第一天进攻受阻的情况，德军立即加强了攻击力度，两个装甲掷弹兵团全力进攻，并且由精锐的年轻军官担任突击队，豹式坦克营在后方提供火力支援。112 团承受了巨大的压力，但是他们还是凭借有利的地形对德军进行了反击，特别是 105 榴弹炮的猛烈炮火，将德军坦克阻挡在了阵地之前，而担任防空任务的四联装 12.7 毫米机枪也再次发挥了"切肉机"的作用，坦克后面的德军顿时人仰马翻。

由于德军占据了太大的优势，再加上两翼的暴露，112 团请示师部发动攻击，并且得到了第 8 军军长米德尔顿的同意。在剿杀对方之后，交替掩护撤出了阵地，渡过奥尔河，在河对岸再次建立了一条稳固的防线，以阻止德军渡河。

112团的顽强阻击和糟糕的路况让德军转移了进攻方向，德军绕过112团的阵地直接南下，让112团的布防落空。

在112团的炮火猛烈轰击德军的时候，南侧的110团则是陷入了苦战当中，110团扼守着28师的中央地段，团长是与第8军军长米德尔顿一起打过"一战"的老兵，跟28师其他的团一样，110团也是刚刚才补充完毕，只是他的一个营作为28师预备队，整个110团只有两个营的兵力可以调动，这些人把守15公里的防线的确有些难以维持，110团只得沿着奥尔河和通往圣维特的公路设置防线，好在这里的地形蜿蜒曲折，加上冬季道路湿滑，美军设置的支撑点可以有效地控制德军的进攻路线。

只是他们没有想到这里是通往阿登地区交通枢纽巴斯托尼的重要通道，德军派出了第47装甲军来清除这里的一切障碍，第47装甲军拥有高达17000人的编制，无论是军官还是士兵都是训练有素的第26国民掷弹兵师，以及声名显赫的第2装甲师，这是德国最早建立的装甲师之一。作为预备队的则是国防军第130装甲教导师，这是战争后期德国最强大的装甲师，与大德意志师一样装备有最为强悍的虎式坦克，只不过这支部队刚刚与巴顿的第3集团军交过手，损失的大部分装备还没有补充完毕，战斗力降低不少，但是如此庞大的队伍进攻一个步兵团，简直就是高射炮打蚊子啊！

德军第26国民掷弹兵师率先冲入了美军阵地，而后，第2装甲师的先头部队在肃清公路上的美军之后，开始架设浮桥。

人数上占据劣势的美军依靠炮兵强大的火力压制顽强抵抗，美军第28师师部知道110团处在全师最为危险的地段，可是28师的预备队也少得可怜，只能派出两个坦克连的援兵用来清除渗透美军后方的德军。

随着时间的推移，110团各处阵地出现了弹药短缺，而且眼看夜幕即将降临，到了黑夜，占据绝对优势的德军会一口口吃掉美军散落的阵地。

关键是德军很快在奥尔河上架设了两座能够承载60吨的桥梁，德军的坦克和突击炮成功地越过第一道屏障，这给予依旧坚守东岸阵地的美军沉重打击。

当德军装甲部队渡河之后，留在河对岸的美军遭到了猛烈的攻击，已经不再对德军构成威胁。在强大的攻击力下，美军的抵抗明显减弱了，第2装甲师的坦克快速推进，一路上几乎是势不可挡。

110团扼守通往巴斯托尼的必经之路，第28师决定除了一个连前往保卫师部之外，派出所有的预备队会同110团剩余力量对德军展开反击，甚至连112团防区内的轻型坦克连也南下进攻德军。然而28师的官兵并不知道他们所面对的是怎样的敌军，德军第2装甲师以重型坦克为首的装甲纵队毫不畏惧110团的反击，德军步兵则是在坦克和突击炮的支援下轻松地压制了美军的反击，美军接连几次的反击都以失败告终。

仗打到这个地步，110团的情况越来越糟，一个营被消灭，另外一个营也被德军压制得动弹不得，前来支援的坦克和反坦克炮尽数被德军击毁，预备队也损失惨重，110团已经濒临崩溃了。

德军第2装甲师肃清整条公路之后，越来越多的德国装甲部队和步兵随后而来，这成为压倒110团的最后一根稻草。

17日傍晚，110团团部被德军攻占，团长率领残余人员准备撤往师部，最终被德军截住，非常无奈地当了俘虏。

虽然拥有超过3000人的110团在此次战斗中损失了将近2800名作战人员，损失了几乎所有的重型装备，甚至连临时配属的5个坦克连也未能幸免，可是他们面对的是一个强大的装甲师和一个上万人的国民掷弹兵师，他们的英勇作战成功地消耗了第2装甲师的宝贵时间，为其他增援部队的到来赢得了时机，这支诞生于南北战争时期的部队在血战中尽了自己最大的努力，如果没有110团的浴血奋战，德军肯定会率先拿下巴斯托尼，到那个时候，盟军的处境将会非常困难。

110团几乎被全灭之后，后方的28师师部立即暴露出来，为了增援110团，师部几乎将所有的力量都派出去了，只剩下一个临时组织的暂编营，几辆自行火炮和轻型装甲车，第8军军长米德尔顿也派出了一个营增援这里，可是他们所面对的对手则是赫赫有名的130装甲教导师，虽然装甲教导师装备损失严重，可瘦死的骆驼比马大，装甲教导师毫不客气地冲向了第 28 师师部所在地威尔茨。

到了深夜，威尔茨已经布满了德军的士兵，虽然 28 师师部已经转移，可是没有了 110 团和 112 团，米德尔顿再也没有什么力量能够阻止德军冲向巴斯托尼，西去的大门终于向德军敞开了。

第五节
不受待见的德军第 7 集团军

对于希特勒发动的这场规模巨大的反击作战，在战术布置上用一句有趣的谚语可以概括：龙头狼腰蛇尾巴，最北边的是龙头希特勒的"亲儿子"第 6 装甲集团军，拥有的 4 个党卫军装甲师，全都装备精良，拥有超强的攻击力；中间的狼腰是"后儿了"第 5 装甲集团军，虽然没有党卫军犀利的攻击力，却拥有德军第 2 装甲师和国防军第 130 装甲教导师这样的强横所在，还有第 26 国民掷弹兵师这种超级庞大兵力编制；剩下的蛇尾巴就是不受待见的第 7 集团军，虽然无论是曼托菲尔还是老帅龙德施泰特都多次劝谏希特勒好歹给第 7 集团军增加一点儿部队，哪怕一个装甲师也好，可是希特勒的脾气上来了谁也不听，他坚持只给第 7 集团军 4 个步兵师，这简直就是无视美军第 3 集团军的存在，那可是脾气暴躁的小乔治·巴顿啊！

尽管布兰登贝格尔手中只有可怜的 4 个师，希特勒还是对他充满了不切实际的希望，面对自己侧翼来自南部美军第 3 集团军的进攻，自己能否坚持下去都是一个问题，好在希特勒的主要目标在最北边的安特卫普，对于南边是否有太大的问题倒是不在意，而且自己面前的美军也比较薄弱，他所要担心的就是巴顿的美军第 3 集团军。

第 7 集团军面对的美军是第 28 师所属的 109 团，也是整个 28 师最南侧的一支部队，与 28 师的其他部队一样，109 团同样也是充斥着缺乏经验和训练的补充兵，好歹人数上能够让人欣慰一点儿。

109 团为了防备德军的突袭，将大部分的兵力都布置在奥尔河和绍尔河三角洲高地上，并且构筑了坚固的环形防线，从这里可以监控向西的道路，在环形防线的后方还有一个榴弹炮营提供火力支援，德军的正面位置上还设置了不少观察哨，以监视奥尔河对岸德军的动向。

这样的布置固然没有什么问题，可是谁也没有想到的是，德军第7集团军竟然动用了四个步兵师的力量全力进攻这一区域，其中第5伞兵师和第352国民掷弹兵师负责进攻109团，德军第276国民掷弹兵师和第212国民掷弹兵师负责进攻109团南侧的美第4师12团，他们一起构成整个阿登战场当中最南翼的攻势。

由于德军第7集团军重武器极为缺乏，除了少量的突击炮之外，大部分的大炮需要用马匹来运输，弹药也少得可怜，16日，当大部分德军已经开张的时候，第7集团军也不能落后，300门大炮也发出了怒吼，将109团防御纵深的目标扫了一个遍，不过，他们的攻击似乎没有太大的效果，大部分炮火都没有打中重要目标，而且不一会儿就变得稀稀拉拉了，这可能是阿登战场上炮火最为稀疏的区域了。

炮火之后，在夜幕的掩护下，德军的突击部队立即开始强渡奥尔河，特别是第5伞兵师的快速移动，将一些美军孤立的哨所远远地甩在了背后，大部分的美军前沿哨所都被优势兵力的德国伞兵消灭，直到天亮之后，109团部还没有得到德军进攻的准确情报。

德军第5伞兵师的先头部队很快就拿下了美军109团和110团的接合部，直接威胁到了109团的北方防线，只是不知道为何德军并没有巩固战果，彻底切断109团和110团的联系。

与此同时，德军第352国民掷弹兵师也快速出击，甚至毫发未损地突破美军在奥尔河的防线，像一把利刃一样插入了109团2营和3营之间的空隙。美军的警戒人员发现移动中的德军在雾气笼罩下进入了自己的阵地，他们以为是自己人，并没有开枪。直到中午，109团才发现两个营已经处在危险当中了，团部立即派出了自己的装甲力量——仅有的一个坦克排，还有两个连的步兵，来阻击德军前进的步伐。

但是，德军占据了兵力优势，而美军有坦克掩护，双方在树丛和沟渠当中对射，整整一个下午的时间，交战双方都没能从对方那里占到多大的便宜，好在3营的阵地保住了，借助3营居高临下的有利地形，德军前进的步伐终于停止了，并且在猛烈的炮火袭击下，德军想要突破绍尔河防线，困难就大大提高了。

109团目前的状况还在接受范畴之内，德军虽然已经突破了几处阵地，不过，大部分的战略要地还在自己手中，而且这些进攻的德军火力支援很弱，虽然人数众多，暂时拥有炮火优势的109团还能够承受这样的压力，只是现在28师所有的预备队都集中在受到德军重点打击的110团身上了，师部没法给他们任何支援，他们只能靠自己，好在109团拥有绍尔河坚固的防线，能够巩固自己右翼安全，只要将优势兵力集中在左翼，基本上就可确保无虞，而且团部还有至少2个连的预备队和坦克可以随时派上用场。

事情的发展总是被战场的局势所左右，17日凌晨，第28师师部突然给109团发来命令，要求调动他的预备队，因为德军第14伞兵师的先头部队已经横穿了28师的防线，死死地掐住了28师的咽喉，110团腹背受敌，110团的一个反坦克连正在拼死抵抗着，109团赶紧派出了一个坦克排搭载一个步兵排增援110团守军。

109团的主阵地上，由于德军进攻未果，立即改变战术，利用小股部队不间断地袭扰，令本来就兵力不足的美军苦不堪言，当德军在奥尔河上架设桥梁成功之后，大批部队源源不断地开来，一些重型炮火也缓慢地渡河，109团承受的压力陡然而升。很快，德军在兵力上的优势显现出来，为109团提供巨大帮助的榴弹炮营陷入了困境当中，在友邻部队的拼死帮助下，炮兵们总算逃脱了被消灭的危险，只是很难再像以前那样提供有力的火力支援了。

德军第352国民掷弹兵师全力猛攻占据有利地形的109团3营，而且首次动用了重型火炮进行掩护，3营在德军的猛烈攻击下防线被突破，两个连失去了联系，阵地中没有一个活着的美国人身影，3营残余部队立即收拢占据后撤的交通要道，防止被德军包围。

面对急剧恶化的战场形势，109团向师部发出撤离请求，此刻德军第

第四章 猝不及防的打击

· 85 ·

5伞兵师已经不再纠缠109团，而是全力挥师西进，进攻第28师的师部所在地威尔茨，28师师部已经无力支援109团，立即同意他们放弃绍尔河防线撤离。

109团剩余部队交替掩护撤离原有防区，在后方的迪基尔希重新构筑了一道弧形防线，临走的时候，最后撤离的3营工兵炸毁了防区内绍尔河上所有大桥。

美军第4师是整个阿登战场上最南边的队伍，他们同样也是因为在不久前的血战中伤亡惨重，战斗减员5000余人，非战斗减员2500余人，全师的士气低落。无奈之下，盟军统帅部将其调离，驻守被称为"疲惫之师的安静天堂"的阿登山区，这里已经属于卢森堡境内了，沿着绍尔河和摩泽尔河，第4师的3个团分层次部署，除了12团位于德军可能进攻的路线上，8团位于中央位置，22团则是在美军第1集团军和第3集团军的接合部上。

如同其他驻扎在阿登山区的部队一样，没有人相信德军会大规模地进攻，进入驻地之后，第4师立即进入"放假休养"状态，不仅可以回到巴黎，甚至还可以回国度假，就连战斗部队都可以轮流到附近的卢森堡城喝啤酒、吃冰淇淋，至于损失的兵员，补充的速度也是缓慢的，有的步兵连甚至连一半儿的兵员都不够。

虽然第4师的日子比较逍遥，但他们还是知道自己在打仗，在德军对面的区域中布置了一些警戒部队，而且按照美军的惯例，每个团保留一个营作为机动预备队，至于炮火上的预备也不差，三个105榴弹炮营配属在每个团上，师部还有一个155重型榴弹炮营和一个野战炮兵群随时可以提供火力支援。

看似第4师的力量不弱，可是他们面对的却是悄悄进驻的德军第212国民掷弹兵师，这支部队之前并没有与美军交过手，而是在东线跟苏联人打了三年恶战，整个部队的军官和士官都是经验丰富的老兵，而且士气非常高昂，被第7集团军司令布兰登贝格尔视为手中最精锐的部队，所以，他将这支部队放在了第7集团军的侧翼，保护整个阿登战场的南翼安全。

由于德国和卢森堡之间的边境线非常稀松，美军阵地的情况早就在德军的掌控之中，当 16 日战斗打响之后，德军看似并不猛烈的炮火极为精准，美军阵地上的通信、弹药尽数丧失殆尽。特别是要求保留预备队的命令，让本来就捉襟见肘的兵力部署更是漏洞百出。

德军担任突击任务的两个团在夜幕的掩护下乘坐橡皮艇越过绍尔河，悄悄地摸到美军阵地的前沿，警戒观察哨几乎尽数落入德军手中，德军还顺势切断了通往卢森堡城的交通要道，这是附近最好的一条公路了。由于第 4 师防御正面宽大，大部分的炮兵都分散部署，能够给正面的 12 团提供火力支援的只有不足 20 门火炮，而且由于德军兵力占据绝对优势，加上美军的通讯被破坏，炮兵无法提供精确的火力支援，好在德军的数量多，炮兵们也获得了一些"额外的好处"。

中午时，战况已经开始明朗了，来自第 8 军军长米德尔顿的情报也显示，这不是德军的一次简单的火力侦察或者是袭扰，而是大规模的反击袭击，第 4 师师长巴东将军立即派出了团预备队一营增援 12 团，而且还将手中唯一的坦克营中大部分力量派出，这支由 18 辆坦克组成的部队会同一营增援各处遭袭的连队。

12 团各个步兵连严重缺员，而且布置分散，这给了拥有优势兵力的德军各个击破的机会。虽然第 4 师得到的情报显示，只有 12 团的阵地遭到了德军的进攻，其他的防线都没有德军明显的活动迹象，但巴东将军也不敢贸然从其他的两个团中抽调兵力支援 12 团，天知道德军是否派出了全部兵力，贸然行动的后果实在是太大了，他只能依靠调动预备队来维持 12 团的防线。

第 4 师立即严令各团加强警戒，做好战斗准备，防止德军的袭击，另外，22 团预备队再次增援 12 团，3 个 105 榴弹炮营和 155 重型榴弹炮营也从各处调来，全力以赴地为 12 团提供火力支援，作为师预备队的工兵营和骑兵连也开始在 12 团后方集结。第 4 师已经做好了最坏的打算，已经了解德军实力的巴东知道自己必须要在德军的突袭下守住阵地，他的南边就是凶悍的美军第 3 集团军主力部队，虽然巴顿的脾气不好，可是他的部队战斗力却是一流的，只要巴顿前来增援，德军就没有任何的机会了，可一旦战线崩溃的话，即便援兵到了也无济于事。

德军的进攻果然异常凶狠，德军第212国民掷弹兵师几乎全员出动，疯狂地进攻12团的阵地，第4师的炮兵此刻发挥了重大作用，将德军刚刚架设在绍尔河上的桥梁击毁，虽然冬季的阿登山区大雪纷飞，可是许多河流并没有冰封，这些看似狭窄的河流却成了一道道的鸿沟，德军进攻的势头稍稍降低了一些。

虽然德军占据了兵力上的优势，美军数量众多的火炮却抹平了这个优势，而且巴顿的第10装甲师已经向这里开来，到时候德军会面对更多的炮火袭击，面对这种情况，德军知道缺乏坦克的他们根本无法从正面攻破美军防线了，巴东将军破釜沉舟般的布置起到了效果，唯一要担心的就是自己的侧翼安全了，德军想利用突袭战术攻破第4师防线的计划破产了，最为关键的是主攻的第212国民掷弹兵师没有装甲部队的掩护，面对第4师配属的坦克，步兵们只能依靠手中的反坦克武器来应付，还要提防空中飞来的榴弹炮的袭击。更令德军崩溃的是，第4师的增援部队到了，美军第3集团军的第10装甲师拼了老命前来增援，装甲部队的到来成为阻挡德军前进步伐上的沉重脚镣。

先天不足的第7集团军最有希望的进攻被美军阻挡在了绍尔河畔，除了进攻威尔茨的第5伞兵师还有所建树之外，其他部队攻击似乎都停滞了。如果，仅仅是如果，希特勒给布兰登贝尔格一个装甲师的话，无论是第4师还是第28师109团都无法阻挡德军的进攻，即便巴顿的第10装甲师抵达，那个时候德军已经完全占据了美军防线，鹿死谁手还未可知，巴斯托尼估计也不会短时间内解围，整个战场就会出现意想不到的变化，但是这仅仅是一种假设，从历史的角度看，希特勒的灭亡是不可回转的，一系列的错误说明"上帝也不喜欢他"！

· 第五章 ·

党卫军精锐的覆灭

第一节
娃娃兵对阵菜鸟

武装党卫军第12"希特勒青年"装甲师是党卫军最后编成的装甲师，也是最特别的部队。这支部队的士兵平均年龄只有十七八岁，他们均穿潜艇成员的黑皮制服，并且别具一格地将女朋友的名字漆在坦克上，队员年龄虽轻，但狂热勇猛的作战精神却胜过其他武装党卫队士兵。该师于1943年7月正式成立，结训后于1944年4月被调到法国。

希特勒青年师的标志是1943年11月在全师内举行的师徽征集比赛中的获胜设计方案，设计者是一名叫弗兰兹·朗（FranzLang）的参谋军官。中间类似闪电的标记（北欧古字中代表胜利）是希特勒青年团团徽，钥匙代表由第一党卫军"阿道夫·希特勒警卫旗队"装甲师派遣到该师的军官和士官们，下面的橡叶表示当时的师长弗里兹·维特是橡叶骑士十字勋章获得者。

1943年初，党卫军开始筹建其第十二个师。与其前头的诺德、诺德兰等师不同的是，这个师没有征用一个外国人，仗打了三年，人员早已短缺，党卫军疯狂地从年轻人中挖掘兵员，这就是青年师的由来——纳粹童子军！

征兵工作始于1943年春，入夏后新兵被集中到比利时的训练基地贝弗洛（Beverlo）。这些志愿兵大多出生于1926年，到1943年止都仅有十六七岁。这个新师的军官主要来自党卫军第1师"阿道夫·希特勒警卫旗队师"和党卫军的其他师，另还有50余名军官来自国防军，但军官数量仍然不够。于是有一些志愿者被破例送到设在劳恩堡的党卫军军官训练学校，或者索性在部队里学习指挥课程，学成后直接担任指挥官。

在法莱斯战役中，该师和帝国师表现最为抢眼，在面对美军英军强大的攻势面前硬是撕开了一个6公里宽的缺口，掩护了诺曼底的德军主力撤退，著名的"二战"RTS游戏英雄连的"法莱斯包围战"任务就是以该师为原型制作的，也是公认的最难通关的任务，可见该师当时战斗的残酷。

但是经过法莱斯之战后，最开始的精英损失殆尽，虽然战斗意志高涨，但是军事素质却下降不少，到了阿登反击战时只能算是二流装甲师，空有一个"希特勒青年团"的称号了。

阿登反击战开始之后，青年师走的路线是ABC路线，不过，他们重点要走的是C路线，这条路大部分都是2级公路，条件也好一些，显然这是照顾这群孩子们，而他们所要进攻的对手是美军第99步兵师，这个师是国内刚刚组建不久的步兵师，11月刚刚抵达欧洲，还从来没有经历过战斗，可谓是一群新手，但是青年师的精锐已经在诺曼底损失一空，以新补充兵为主的青年师也不过是一群菜鸟罢了，很显然，这是一场菜鸟对菜鸟的战斗，只是不知道谁更菜一些而已。

当时青年师是第6装甲集团军最北面的装甲师，担负掩护警卫旗队师、帝国师两个主攻师北翼的重任，而在通往马斯河的路上，双子镇克林科尔特和罗切拉特是必经之路。

在16日最初的攻击中，第6装甲集团军还算顺利，在中路突破的派普战斗群一路砍瓜切菜，攻克了小镇布林根，当时美军第2师和第99师的师部就在布林根西北不远处，而且当时在罗切拉特只有少许兵力驻守，如果派普当时选择的不是向西南方向而是西北方向突击的话，估计第一天就能敲掉美军两个师的指挥系统，还能迂回到99师后部，可惜的是派普当时在这个向左走还是向右走的问题上犯了错，冲向了西南的方向，阿登反击战的胜败其实在第一天就已经注定了。

在经历了初期的混乱后，德军突破了美军防线，导致整个99师选择全面收缩防线，393团和394团在16日晚上撤退到了罗切拉特镇，而且在二线的美军精锐第2步兵师239团和七个炮兵营在17日上午火速开到了布特根巴赫和双子镇一线，随着这一批美军的精锐开到，青年师想要舒服地冲过双子镇是不可能的了，只能正面强攻了。

关于双子镇，这个坐落在阿登高原北部的小城由两个挨着的小镇克林克尔特和罗切拉特镇组成，是北部所有公路的交汇点，战略位置不言而喻，开战前这里应该是由德军第277国民掷弹兵师于16日攻占这座小城，结果主力被从北面前来增援的美军第78师阻击，他们没有及时完成任务，眼下只能靠青年师来干这个活儿了！

第二节
鏖战双子镇

17日上午，美军99师393步兵团3营在罗切拉特镇以东的阵地遭到了青年师第277国民掷弹兵师的攻击，3营士兵第一次见到德国人的豹式坦克，他们手里的57mm反坦克炮打上去根本没有任何效果，虽然打断了其中一辆的履带，但是剩余的坦克依旧在阵地上横冲直撞，吓得美军丢下武器就逃，这个营逃到双子镇内清点，一个营的美军的重武器居然只剩两挺重机枪，其他全部丢给了德国人。

初战告捷，17日下午，青年师的大孩子们志得意满地向双子镇挺进，不过，这个时候在双子镇东2.5公里处，99师393团1营的菜鸟和第2步兵师23团3营的精锐已经构筑了一条良好的防线，23团3营的营长保罗·塔特尔接到的命令是死守这条防线，绝对不能重演上午的溃退。下午5点，青年师的豹式坦克隆隆驶来，缺乏有效反坦克武器的美军又一次遭受了蹂躏，不过，精锐就是精锐，23团3营死战不退，部署在左侧的I连几乎被全歼，K连也有一个排被德军全歼，就在这个关键时刻，美军第741坦克营的一个谢尔曼排及时赶到，随即与青年师的豹式坦克展开近距离肉搏，结果就是德军和美军各有两辆坦克被击毁。

在23团的防线被突破之后，后面还在构筑工事的是刚刚从双子镇出来的293团3营，这些家伙见状，再次发挥了撤离的强大技术，再次向后撤退了400米，这时，他们遇到了掩护第2师主力撤退的第9团1营的巡逻队，两家的部队合在一块，提着的心总算安定下来了。

晚上19:00，天色暗了下来，在风雪交加的夜色掩盖下，青年师的主

风雪鏖兵·fengxueaobing·

阿登战役·adengzhanyi·

力浩浩荡荡地开向双子镇这个阿登山区北侧的交通要点。

先头部队的4辆坦克歼击车掩护着一个掷弹兵排大摇大摆地沿着公路来到第9团1营的阵地，美国人在夜幕中根本看不清对方是谁，就这么放德国人过去了，德国人见状毫不客气地派出了大部队。

不料，这些人并没有先头部队的运气，结果在黑暗中两辆四号坦克歼击车触雷受损，另外两辆也被反坦克炮击毁，美军的野战炮营也向公路猛烈开火，青年师的掷弹兵见势不妙赶忙退了下去，一个小时后，这群少年兵卷土重来，5辆坦克歼击车在远处精准的点射敲掉了一个又一个的美军火力点。

随后这群少年兵很快攻占了美军第一道防线，后方的美军立即用巴祖卡阻击德军前进的脚步，后方的野战炮营也开始发威，德军丢掉几辆受损的坦克歼击车退了回去。一个小时之后，德军卷土重来，这次他们改变了战术，利用坦克歼击车的炮火优势，将美军防线上的火力点挨个清除，他们这次贴近了美军的散兵线，使得美军炮兵恐怕误伤而无法发挥威力。

当德军以碾压的态势扫过整个美军防御阵地的时候。在后方艾尔森波恩岭上监视布林根派普战斗群的美军7个炮兵营的112门火炮发言了："打派普够不着，打你还是够数的！"将装甲部队后方的步兵阻隔在后面，损毁了3辆坦克歼击车和大批步兵的德军将先前的战果交了出来。

战场就是这样，不知道什么地方就会出现疏漏，就在主力部队被美军炮火阻挡在镇外的时候，17日黄昏，第2步兵师38团1营在第37野战炮营的掩护下也接近了双子镇。

眼看到自己人已经在跟前晃来晃去

德军一个战斗群的指挥官——约阿希姆·派普

了，这些家伙立即放松了警惕，当他们来到罗切拉特以北 900 米的时候，立即被德军的炮兵观察哨盯上了，先头连安全通过之后，无数的炮火立即覆盖整个后续部队，整个营立即乱成了一团，先头连则是被这猛烈的炮火吓得屁滚尿流，直接穿过了双子镇，冲进了德军的阵地，目瞪口呆的德军用一挺机枪又把这群家伙好似狗撵兔子一般赶了回去。德军似乎看中了倒霉的 1 营，回过神的先头连跟后来逃命回来的 B 连立即修筑工事，还没等散兵坑挖出来呢，青年团的孩子们便开着坦克从上面疾驰而过，拿着铁锹的美军毫无反抗能力，直接被碾压。

青年师就这样戏剧般的冲进了双子镇，之后在镇内毫不客气地四处开火，3 辆美军坦克在混战中被击毁，而美军步兵完全被打乱了建制，38 团的一个营长发现自己竟然指挥了 16 个不同单位的士兵！

兔子急了还咬人呢，德军的肆无忌惮激起了美军的斗志，他们找到所有能用的武器射向德军坦克，手雷、曳光弹在镇子当中飞蹿，整个镇子陷入了一片混战当中。

然而，德军犯了一个致命的错误，他们把本来就不多的兵力分散了，给了美军可乘之机，大部分进入镇子的德军全被消灭，一个连的掷弹兵最后只剩下二十几个人了，由于青年师没有跟第 277 国民掷弹兵师配合，刚刚到手的鸭子被抢走了。美军也是伤亡惨重，好在美军依旧掌控着整个双子镇和周边路线上的区域，随着北面的部队回撤，整个双子镇的美军力量得到很大的加强，无论是步兵还是反坦克力量都有了很大的提升，更重要的是，美军第 2 师师属炮兵部队以及配属的炮兵营已经在艾尔森波恩岭上构筑阵地，还有第 99 师的炮兵营和第 5 军的军属炮兵营都赶到了这里，艾尔森波恩岭的地势可以覆盖整个战区，并且溃退的美军也在这一区域构筑了新的防线。

18 日清晨，德军第 277 国民掷弹兵师动用了超过一个营的兵力开始进攻双子镇的前沿阵地，青年师的十多辆坦克负责掩护，两个队伍终于知道如何配合了。

美军利用德军坦克视线不好的空当，用猛烈炮火袭击后方的步兵，再用巴祖卡打德军坦克的屁股，刚开始效果还不错，但是德军立即改变策略，把坦克当作突击炮使用，掩护步兵进攻，双方都是损失惨重，美军的两个连全军覆没，双子镇再次出现了德军的身影。

在德军坦克直瞄火力的压制下，美军进退两难，直到美军一个谢尔曼坦克排过来解围，才勉强将残余美军救了出来，镇内的美军损伤超过三分之二，其中393团3营已经丧失战斗力，损失了全部的重武器，连一挺机枪都没剩下来，剩余人员被整合前往后方的艾尔森波恩防线休整。

攻下罗切拉特之后，信心大增的德军立即朝着科林克尔特进攻，立即遭到了美军38团2营的顽强阻击，青年师的孩子们依旧高傲地不肯放下架子把坦克当作突击炮使用，不但没有给步兵火力支援，还自己冲上去，却被美军的巴祖卡反坦克小组挨个点名，战斗持续到18日夜间，德军依旧没有冲进克林克尔特，罗切拉特也没有完全控制住，只能眼睁睁地看着美军从克林克尔特源源不断地增援威尔茨菲尔德。

本来以为只有美军第99师这个菜鸟驻守双子镇，德军没想到美军精锐的第2师也出现在这里，虽然在青年师的帮助下，有了一些战果，可是对方已经成功建立了一条稳固的艾尔森波恩防线，虽然有能力，但是现在已经没有时间来歼灭美军第99师和第2师了，攻占艾尔森波恩防线实在太过于耗费德军宝贵的时间。

迪特里希立即命令青年师不用管双子镇的美军了，马上南下在第12国民掷弹兵师一个战斗群的配合下进攻布特根巴赫，双子镇的活儿交给第277国民掷弹兵师和第3装甲掷弹兵师的先头部队来做。

19日凌晨，德军步兵再次向双子镇发动进攻，美军的炮兵又一次告诉他们炮弹的味道不是那么好享受的，上午10:00德军立即派出了经验丰富的老兵，并且放出了大批的狙击手，前沿的美军根本抬不起头来，与此同时，青年师转移时的巨大车辆声给了美军一个德军准备大规模突袭的假象。

在德国坦克的威慑下，美军最终下令双子镇所有部队交替掩护撤离，退往艾尔森波恩防线，所有的撤离都是在夜间悄无声息中进行的，直到20

日清晨，德军才恍然大悟，可是为时已晚，美军将双子镇一座空城交给了德军，自己则是成功地保存了实力，构筑了一道坚固的防线，就此将德军死死地钉在了这里。

在双子镇4天的战斗中，无论是美军还是德军都遭到了惨重的损失，先前遭到突袭的美军第99师和第2师伤亡均超过3000人；德军也好不到哪里去，特别是青年师没有与步兵进行很好的配合，不断遭到美军反坦克小组的袭击，最主要的还是美军设置在艾尔森波恩防线上的重炮起到了决定性的作用，面对155毫米重炮的轰击，德军坦克再强悍也被打成了零件儿，更重要的是，青年师已经浪费了宝贵的时间，没有及时地打通道路，最终造成了攻击矛头"警卫旗队师"派普战斗群的灭亡。

第三节
超级豪华阵容

在阿登反击战的时候德国还有精锐吗？

有的，虽然这个时候的德军已经在崩溃的边缘，就差把人民冲锋队都往上填了，跟东线1941年和1942年的德军比，就是一群无能之辈而已。然而就在这些渣渣当中，还是有一支被希特勒寄予厚望的部队的，那就是新组建的第6装甲集团军。

这个装甲集团军拥有四个身经百战的党卫军装甲师：警卫旗队装甲师、青年团装甲师，以及该集团军的进攻矛头帝国装甲师和霍亨施陶芬装甲师。

警卫旗队装甲师是该部实力最强的装甲师（不仅包括本部的装甲团，还加强了党卫军第501重装甲营的虎王坦克），理所应当被排在进攻的最前列，目标是在前方的两个国民掷弹兵师撕开美军战线后实行装甲突破，一鼓作气直冲马斯河，马斯河是比利时境内最大的河流，突破这条屏障就可以将美军第1集团军包围，整个西线战况就可以改写，这也是希特勒最希望看到的结果。

担任该师矛头的依旧是胆大勇猛的约阿希姆·派普中校，这位指挥官在哈尔科夫获得了骑士铁十字勋章，并在日托米尔因为连续击溃苏军四个师而荣获了橡叶饰勋章，在诺曼底他更是以其一贯的英武袭击了英加联军的坦克群并予以重创，以其装甲团为核心的派普战斗群随之重新组建（其实，派普战斗群东线已存在）。

派普战斗群旗下辖党卫军第1装甲团1营，党卫军第2装甲掷弹兵团

3营，党卫军第501重装甲营，党卫军第1装甲炮兵团2营，党卫军第1装甲工兵营3连，此外，空军的第84高炮营也归他指挥，几乎集中了警卫旗队装甲师的大部分精华！

党卫军第1装甲营的4个装甲连都配备了满编的17辆Ⅳ号或者豹式坦克，501重装营满编45辆虎王，装甲运兵车100辆以上，自行火炮，工兵战车，自行步兵炮，突击炮，火炮都是一应俱全！

而为了配合主角派普，以身经百战的马克斯·汉森的党卫军第1装甲掷弹兵团为核心的战斗群也随之组建。汉森虽然没有派普那样彪悍的作战风格，却也是一位顽强多谋的战地指挥官，在1941年夺取乌曼时通过奇袭夺下了戒备森严的大桥。1941年冬季，他被授予德意志金质十字勋章，以表彰他在乌克兰、亚速海、米乌斯和罗斯托夫等地战斗期间所立下的功勋。在春季米乌斯的防御战中，汉森受伤，这是他在东线战争开始后第三次受伤，他不得不离开自己的老部队去养伤，直到警卫旗队装甲师被送到法国去整修。由于汉森在哈尔科夫战役和随后夏季中的库尔斯克战役里随同师的掷弹兵和坦克搏斗，积累下如此之多的近战日，以至于1943年9月，这位军官名下被证实的近战日数目让他跳过铜质近战勋饰而被直接授予银质近战勋饰。

这位精通步兵作战的指挥官的战斗群同样以步兵为主，但为了提供支援，迪特里希上将也特地把党卫军第1装甲歼击营的Ⅳ号歼击车交给汉森指挥，于是他立即把这些笨重的玩意儿当突击炮使。

而同样给主角配戏的还有鲁道夫·桑迪西的党卫军第2装甲掷弹兵团为主的桑迪西战斗群，作为一位老资格的军官，桑迪西很不爽时任师长威廉·蒙克将军的安排。

"我好歹也是个团，为何让我给那两小鲜肉打下手？"

蒙克微微一笑："因为你的团少一个营，兄台。"（桑迪西的第3装甲掷弹兵营一直被派普挪为己用，这次也不例外。）

看见师长滑稽的表情，桑迪西也无可奈何地表示："我服从命令！"

最后的战斗群则是以年轻的侦察营营长科尼特尔的侦察营为核心组建

的科尼特尔快速战斗群，该部下辖的数十辆重型装甲车和几十辆运兵车使该部的机动火力大大提升，但是同样，该部也被缺油缺人的危机所困扰。

接下来，希特勒的"莱茵河卫兵"的重头大戏就准备开演了，这四位可是当仁不让的一、二、三四号主演。

派普战斗群的老兵们大多在东线跟苏联人作战，这次回到西线，迪特里希特意在战前调派普去清除遭到盟军轰炸的一个村镇。废墟中的景象让经过东线残酷洗礼的党卫军老兵也目瞪口呆——他们不得不把平民的残肢从墙壁上刮下来，悲惨的场面让许多党卫军老兵也怒火中烧。

"任何人做出这样的劣迹，我都可以用碎玻璃把他剐了！"派普后来如此回忆。

这样的愤怒也在大多数警卫旗队装甲师官兵中流通，他们在这时就下定决心，要在接下来的战斗中教美国佬如何做人。

由于保密的需要，四位指挥官直到攻势开始前两天才知道进攻的详细方案，可以再次"表扬"一下希特勒的血腥独裁政策，阿登反击战是德军所有计划中保密最好的一次。

根据进攻计划党卫军第1装甲军确定了A—E五条行军路线，青年师走A、B、C三条路线，而警卫旗队装甲师分配到了最靠南的D、E两条行军路线，派普战斗群走D路线，这条狭长的路线从洛西姆（Losheim）和克林温克尔出发经斯塔弗洛（Stavelot）、韦尔伯蒙（Werbemont）最后到达位于伊（Huy）附近的马斯河渡口，而E路线则交给了汉森战斗群，最后，党卫军第1装甲军的战线将构成整个德军在阿登攻势中的最北端也是最为重要的进攻路线。

在进攻打响前夕，已经不知道把行军路线研究了多少遍的派普应集团军参谋长克莱默少将的要求亲自开着坦克在夜间跑了80公里路，以检验在无任何阻碍的情况下用一天时间能否冲到马斯河畔，最后，当派普仔仔细细地研究完整个进攻计划后得出结论——司令部分配给他的作战任务是非常不切实际的。一想到过几天就要带着一个全副武装的团队对着行军线路上要通过数不清的桥梁和羊肠小道前进，派普当时多少已经能预料到他的战斗群的结局了。

随后，派普抱怨道："这些道路最多只能走自行车，绝不能用来开坦克！"

之后，为确保绝对成功，派普开始更进一步制定精确得到分秒的行军日程，越往下研究，他心中的不安就会加重一分。在出击前夜，派普再次会见了克莱默参谋长，前者希望后者能够多提供给他一些轻型和中型的坦克以保证行军速度，他提醒克莱默，按照现有的试车实际速度和行军日程，他的战斗群不可能如期完成计划，更别提整个师了，但克莱默此时也愤怒地对他说："我不管你怎样作死，只要你还有一辆坦克，你就有责任把它开到马斯河，我只要求这些！"

尽管参谋长本人也很无奈，因为这是希特勒本人的命令，但克莱默这番话无疑让派普伤透了心，此时心灰意冷的派普或许已经开始崩溃，没有什么可以让他发笑的。在他心目中也许当时地球上只剩下冷酷残忍的"千年帝国"，除此之外，他不知道还有其他的世界，更不知道在其他的世界里有什么其他角色可以让自己担当。在战争的第五个年头，派普可能想去死，但看着周围的老战友和部下们，估计也只有一句"吾之荣耀即忠诚"可以表达他内心的悲愤……

按照计划，派普战斗群以两个IV型坦克连为先导，后面跟着两个豹式坦克连，而从桑迪西那儿打劫来的装甲掷弹兵营的半履带装甲车队则夹杂其中，派普带领战斗群指挥部居中策应，为了防止笨重的虎王坦克在狭长的路上堵车，派普把党卫军第501重装甲营和炮兵、工兵部队留在了部队末尾。

第四节
疯狂的闪电——派普战斗群

12月16日,被希特勒寄予众望的"莱茵河卫兵"计划正式打响了,尽管在战前做了周密准备,但到了战役发起的当天,由于国民掷弹师笨拙的步兵突击未果,加上事先没修建前进道路上的桥梁,整支党卫军第一装甲军被堵在河东岸几乎动弹不得,整个派普战斗群显得无所事事。

当天下午15时,派普按捺不住怒火下令全队抢占了友邻部队的道路后,把第12国民掷弹兵师的火炮掀到了一边儿,整个战斗群才开始按照预定路线向前挪动,整个行军纵列长达24公里,当晚19时,战斗群终于抵达了预定突击出发地洛西姆,这比预定的时间表晚了整整12个小时。

跟派普战斗群一样,汉森战斗群也遭遇了雷场的困扰,令他哭笑不得的是,这个雷场还是自己人设置的;桑迪西战斗群更是可怜,被堵在集结地动弹不得,连大门都出不去;号称快速反应的科尼特尔快速战斗群也被堵在公路上进退两难;最头疼的还是执行"格里芬计划"的150装甲旅,他们被堵得不知道是执行原定任务还是随大流前进。

总之,整个德军装甲部队被堵得一塌糊涂,原因很简单,德军为了防备美军袭击设立的齐菲格防线布置了大量的防御工事和反坦克障碍,再加上本来就不好的道路又遇到糟糕的天气变得泥泞不堪,再加上德军先前后撤的时候炸毁了重点道路上的桥梁,他们以为美国人能把它们修好,天知道这些"懒惰"的美国人居然没工夫干这些活儿,这下好了,这些让希特勒寄予厚望的部队浪费了宝贵的最初12小时进攻时间。好在也是因为天气原因,盟军的飞机并没有起飞,否则的话,希特勒的这次反击估计在第一天的时候就已经结束了。

派普战斗群夺路而奔的情况立即给了汉森等人启发，老子也是党卫军，凭什么跟在这些国民掷弹兵的屁股后面？为了保持计划，汉森等人也纷纷效仿派普，全部抢占友军道路越过国民掷弹兵师的战线展开各自的攻势，这让其他指挥官大吐苦水。

为挽回失去的时间，派普决定连夜发起突击，由于前方的桥梁已被炸坏，加上工兵部队没有跟上来，派普决定走第3伞兵师的路线，部队前进路上遇到了雷区，派普采用了一种不常规且大胆的扫雷办法。由一辆豹式坦克推着一辆被炸坏的半履带装甲车前进，履带车被炸毁后再换一辆，直到清扫整片雷区。终于在17日凌晨，派普战斗群到了兰茨拉特。

在兰茨拉特，派普发现已经攻占此地的第9伞兵团居然躺在屋子里睡觉，甚至连巡逻队都没有放出去几个，更不用说去打开美军阵地防线了，派普立即冲入第9伞兵团的团部，被惊醒的伞兵们赶紧朝这些党卫军军官敬礼，第9伞兵团团长霍夫曼上校跟派普说前方有大量的美军隐藏，自己必须要等到炮兵到了之后才能行动。

派普几经调查，发现这个消息完全就是子虚乌有，跟霍夫曼大吵一架后，他请示军部，把霍夫曼属下的一个伞兵营打劫加入了自己的战斗群，以加强自己的步兵力量。随后，在伞兵和装甲掷弹兵的掩护下，派普的坦克经过短暂的战斗收拾了小股的美军之后于黎明时分兵临洪斯菲尔德。

洪斯菲尔德位于美军第99师后方，拥有一个休整营，附近还有两个高射炮营，按道理这种力量虽然不足以抵挡派普战斗群的攻击，可是阻滞一下、浪费一下德军最宝贵的时间也是可以的。

事实恰恰相反，整个镇的美军大部分都在睡觉，连个哨兵都没有设置，这似乎跟第9伞兵团一个德行，胆大的派普立即指挥几辆坦克混入美军的车队当中，借助夜幕的掩护开进了镇子。缺乏经验的美军甚至为德军指引了方向，当他们看清楚面前是德国人的时候，一切都晚了。

300余名美军成为德国人的战俘，只有40来人逃了出来，为德国人留下了大批的吉普车、卡车和火炮。派普毫不客气地收下了这些物资和装

阿登战役中，美军高射炮阵地

备，将伞兵营的主力留下肃清美军残余，等待后援部队的到来，自己带着一个连的伞兵继续向前推进。

此时，根据侦察报告显示，前方的道路路况非常恶劣，连绵的冬雨让整个道路泥泞不堪，坦克难以通行。

由于走C路线的青年师此时在罗切拉特—克林克特双子镇与美军陷入了苦战，眼下这条路线是空的，派普考虑之后，果断下令北上走C路线杀向了布林根。

第五节
胜利的十字路口

17日凌晨,美军第254工兵营配属给了第99师,奉命前往布林根构筑阵地。早上7:00,德军坦克出现,工兵们只能用自动武器攻击坦克,结果可想而知。

这个时候,一个意想不到的事情发生了,这件事情的后果可能是整个阿登战役中最为诡异的事情之一了。

德国坦克在追击美军的时候,冲向了布林根北方,在大概2000米左右的时候,遭到了反坦克火力的袭击,先头的一辆Ⅳ坦克中弹,随后又一辆坦克被击中。遭到接连损失之后,派普让队伍撤回布林根,他们在布林根发现了一个小机场,装甲掷弹兵们消灭了机场守卫,不仅摧毁了近10架飞机,最重要的是缴获了足足5万加仑的汽油,正好补充了先前的燃料消耗。

此刻派普并不知道自己已经站在了阿登反击战北部战线胜利的十字路口上了。

布林根的东北是双子镇,西北是布特根巴赫,通往这两个盟军重要补给地点的路上都没有强大的兵力部署,而这两个地方塞满了各类的补给物资,而且第99师的394团和392团正在朝双子镇撤退,第2师也在此处集中,如果派普将他们的后路截断,美军在失去补给和退路的情况下,除了在阿登山区的寒风中死去,只有投降一条路可走,更令派普没有想到的是,正北方,就在那辆刚刚被击毁的Ⅳ坦克前方750米就是威尔茨菲尔德,美军第2师师部和第99师师部的临时驻地就在那里,无论朝哪个方向进发，都会改变整个战役的格局。

可能是上帝也不愿意希特勒成功，把两位师长大人吓得够呛的派普走了一条不寻常的道路，他奔向了西南，他遵循希特勒的命令冲着马斯河奔去，不仅放弃了到手的胜利果实，还将自己的战斗群送进了死亡的深渊。

在派普战斗群放弃了唾手可得的战果之时，汉森等人则迅速打扫美军残部从 E 路线跟进，而桑迪西却在此时遇到了麻烦。17 日上午，美军的残兵于兰兹拉特的左翼在第 10 装甲师的坦克支援下牢牢地卡住了桑迪西的去路，缺少坦克支援的桑迪西被迫下令用"铁拳"和"战车噩梦"同美军坦克拼刺刀，却因此耽误至 18 日清晨才恢复前进。

而科尼特尔则依旧因油料的问题，待在汉森的后面……这的确是一个大问题！

第六节
马尔梅迪大屠杀

派普战斗群离开 C 路线，重新回到了自己的 D 路线上，在路过莫德希德的时候，他从美军战俘口中得知里格纽维尔（Ligeneuville）有一个美军旅级部队的指挥部，如果袭击成功，派普就能从美军将军身上获得大量有价值的情报。

这个诱惑还是很大的，德军对于美军的情报少得可怜，一个旅级指挥部当中，肯定有情报清楚地表明周边区域的美军兵力部署、后勤基地和防线上的漏洞。

派普随即带着战斗群指挥部连同装甲 1 营 7 连连长维尔纳·波舍克（Werner·Sternenbeck）中尉指挥的由 7 辆 IV 型坦克和一个装甲工兵排组成的战斗群先头部队从瑟埃蒙特（Thirimont）出发取捷径火速前往里格纽维尔。

17 日中午，正在沿着 N–23 号公路向南行进的施特纳贝克的部队与迎面开来的美军第 285 炮兵观测营 B 连的卡车车队在伯涅兹（Baugnez）路口不期而遇，德军的坦克将炮口指向了车队，爆炸声随即此起彼伏，手中只有轻武器的美军对于德军坦克而言毫无杀伤力，在坦克炮口的威慑之下，遭遇袭击的美军只好举手投降。

派普此时也听到了激烈的交火声，当他看到美军燃烧的车队时，不由得很是恼火，这群败家玩意儿，卡车上已经没有士兵了，难道不知道这些东西都能用吗？

但施特纳贝克为推开卡车残骸而放慢了脚步，愤怒的派普随即下令波舍克立即用手头的坦克群突向里格纽维尔，自己则换乘一辆半履带装甲车和装甲掷弹兵第11连的半履带车一起紧随施特纳贝克之后，不知道那里还有个美国将军等着自己去抓吗？

派普下令留下少量年轻的新兵看守投降的美军战俘，计划待到后续部队到达后再组织后送，被俘的美国人有113人，他们大多数都双手抱头站在一起，雪地里还有一些伤员正在接受医疗兵的救治，伤重不治的则放在一边。

在先头部队离开后，17日下午14时，看守战俘的党卫军官兵将美军俘虏圈禁在一块，突然，不知道发生了什么事情，只听到党卫军的怒吼和手枪的声音，战俘们乱作一团，而后党卫军的机枪向美军战俘扫射，整个屠杀持续了15分钟，有大约70余名战俘当场死在了党卫军的枪口下，其

纳粹对美军实施的马尔梅迪大屠杀

中大部分都是在党卫军集中开火的时候被打死的，只有躲进了路口附近的掩体中的极少数人活了下来，这些目击者后来"声称"党卫军官兵"有意"为之，仿佛是在进行一场预先准备好的杀人游戏一样，这就是阿登反击战中著名的"马尔梅迪屠杀"。

时至今日，这整个事件都是那么的扑朔迷离，虽然没有任何资料显示是派普亲自下达杀俘命令的，但这一事件让派普的后半生都笼罩在"马尔梅迪屠夫"的称号中。

不过，这并不是德军唯一一次杀害美军俘虏的事件，在洪斯菲尔德19名美军战俘被杀，布林根60余名美军战俘同样遭到了杀害，除了战俘之外，在斯塔弗洛附近，发现了共117具男人、妇女和儿童的尸体，他们全都是被小型武器射杀的。虽然没有直接的证据表明这场屠杀是派普直接下令的，他的战斗群一路向西，俘获的美军都是由少量的士兵看守，自己继续向前进攻，他也没有时间和精力来想这些事情，但是作为指挥官，他的部下一路上大开杀戒，他也难辞其咎，只是这并不是派普一个人的责任。

在战役开始之前，派普的顶头上司，"元首警卫旗队"师师长威廉·蒙克曾经问道："我们抓到的战俘怎么办？如何安置他们？"

迪特里希回答："战俘？你知道该怎么处理他们！"

这句话一出口，当时周围一片寂静，关于战俘的话题谁也没有提及过，也许在那种气氛之下，党卫军将领和军官们自然而然地理解这句话的含义就是：我们不需要战俘。

随后这个精神被传达到了各个部队，尽管战后党卫军将领和军官都坚持说自己没有直接明确地下令屠杀战俘，或者自己辩解说，这只是传达希特勒的旨意罢了。

屠杀发生4个小时之后，当美军调查人员抵达现场时，美军战俘的尸体还原封不动躺在雪地当中，这些不幸者的照片迅速地传回美国，立即引起了轩然大波，虽然美军射杀战俘的事情也曾经发生过，可是美国民众绝对没想到在战争即将胜利的时候，德军会对美军战俘大下杀手，其震惊效果可想而知。

这一事件激起了美军的战斗意志，而战后对纳粹德国的清算当中，马尔梅迪屠杀也作被作为德国无视战争准则的突出案例。

第七节
再次丢失唾手可得的战果

下午13：00，派普的先头部队终于杀到了里格纽维尔，美军正在乱哄哄地撤离，但是，派普看中的那条大鱼，却在10分钟前快速离开了，而且还留下了一句话："我们圣诞节还会回来的！"（这话听着挺耳熟！）

派普没有抓到将军只缴获了将军没有来得及吃的午餐和美味的葡萄酒，倒是波舍克在将军下榻的旅馆前遭遇了美军反坦克炮伏击，损失了一辆豹式坦克，差点丢了性命。

享用了将军的午餐之后，派普看着地图考虑自己下一步的行动方向，这次他可算是考虑了，要是在布林根他多考虑一下的话，估计就没有后面的事情了。

在里格纽维尔这个交叉路口，一条路通往斯塔弗洛，另外一条路通往马尔梅迪，虽然派普战斗群拥有随机应变的权力，可是希特勒要求夺取于伊的马斯河渡口是眼下最终目标。

在战前的作战分配上，派普战斗群所在的"元首警卫旗队师"和"青年团装甲师"被分成了两部分，"元首警卫旗队师"负责南边，"青年团装甲师"负责北边。

对于派普来说，只要向北几公里就是马尔梅迪，这里的公路直通美军第1集团军司令部所在地斯帕和列日，可是列日的进攻路线在党卫军第12青年团装甲师那里，派普不想多事，不过，他不知道"青年团装甲师"仍然在后面跟美军纠缠，不知道什么时候才能够上来，他只知道自己的北翼一直是安全的，他还以为第3伞兵师已经在后面保护他的交通线呢，而南边第5装甲集团军的第2装甲师也已经快速突破美军防线，大致上跟派普齐头并进。

可能是党卫军的思想在作怪，派普怎么也不会将进攻的矛尖拱手相让，他立即决定向西，前往斯塔弗洛。

地图上看，如果派普战斗群笔直向前，通过斯塔弗洛、特洛伊斯傍茨、奥菲一直到于伊，这段路程超过80公里，加上泥泞的道路，天知道他们最后能走多远。

还没走多远，派普就遇到了美军谢尔曼坦克的阻击，派普毫不犹豫地让反坦克炮和豹式坦克进行还击。战斗并没有持续多久，美军的两辆谢尔曼坦克和一辆坦克歼击车被摧毁，抓到了二十几个俘虏。

稍微停顿之后，派普战斗群继续上路，按照既定目标向斯塔弗洛（Stavelot）前进。

派普此时已经深入美军战线40多公里了，而汉森战斗群由于沿途美军的抵抗而稍稍落后，桑迪西刚刚解决了侧翼之敌，恢复了进军，整个警卫旗队师的矛头似乎出现了某种间隙，一个能够让美军趁虚而入的间隙，派普距离自己的目标——马斯河畔的于伊直线距离还有80公里，如果坦克油箱里的油料够且前进路线上的道路、桥梁状况良好，派普战斗群应该能很快完成任务，但事实上，这两方面是最难确保的。

17日下午4时，派普终于抵达了斯塔弗洛，这是一座小镇，坐落在昂布莱夫河的河谷当中，周围是林木稀疏的高山环绕，但部分建筑在河北岸的缓坡上，南岸只有寥寥几栋房子，对于步兵来说，渡过这些浅浅的河流并没有什么太大的问题，可是对于坦克而言，这条河就是一条坚固的反坦克防线，进入斯塔弗洛的通道就是镇上唯一的一座桥梁。

由于先头的坦克在桥梁前的雷区触雷受损，派普随后来到镇外的高地上侦察，他发现镇内停放着数百辆卡车，而在河对岸从斯塔弗洛到马尔梅迪的公路上同样是车水马龙。

如此庞大的车流让派普产生了怀疑，镇子当中可能驻扎有美军的重兵，加上唯一的桥梁前已经布设了雷区，部队已经奋战了整整24个小时，官兵们已经疲惫不堪，而且派普的快速前进，让后面的工兵和炮兵都落在了后面，而且手头上的步兵也很缺乏，先头部队中只有一个加强排而已，他考虑之后决定将部队留在镇外休整，而不是惯常地发起突袭。

只要派普一考虑，就要出问题。

派普并不知道，此时镇内的大规模美军卡车队其实是在转运佛朗科尚军需站里的汽油，如果派普连夜发起进攻，这批汽油肯定会落入他的手中，果真如此的话，派普和他的警卫旗队装甲师日后就不再为燃料问题发愁了，可以一口气冲过马斯河，然而历史没有如果。

休息了一夜的派普准备进攻了，斯塔弗洛的美军在担惊受怕中迎来了一支250人的援军，这是一个装甲步兵连和一个反坦克排，除了3英寸反坦克炮和57毫米反坦克炮之外，还有20挺机枪和数量不少的火箭筒。

尽管美军在夜间得到了增援，但仍旧挡不住党卫军的猛攻，派普用豹式坦克在前方开路，88毫米高射炮在后面压制对方的反坦克力量，在付出被击毁了几辆坦克的代价之后，仅仅两个小时，德军就冲进了镇内，所有的桥梁、道路完好无损地落入派普手中。

美军残余部队立即向马尔梅迪撤离，可是撤退过程中慌不择路，所有的反坦克装备都丢失了，在德国坦克巨大的攻击力跟前，美军在镇子上的临时指挥官索利斯少校想到了一个法子。

在斯塔弗洛镇外一条横断公路的深沟内，倒下了从佛朗科尚军需站取来的汽油，并将其点燃，巨大的火焰组成了完美的反坦克障碍，德军坦克无法冲过障碍，只得退回到镇内。

这是派普战斗群距离美军汽油储备站最近的一次，有了它，别说他这个战斗群，即便是"元首警卫旗队师"甚至整个第6装甲集团军都不用为燃料发愁了。

败家的索利斯为了他的临时路障，烧掉了整整12.4万加仑的汽油，这个场面也是蔚为壮观的，然而派普对此一无所知，当然也没有否则了。

在夺取斯塔弗洛的同时，派普调出一部分的坦克转向了特洛伊斯傍茨。

"特洛伊斯傍茨"的法文意思是"三座桥",所以,顾名思义,这个镇附近有三座渡过昂布莱夫(Anlbleve)河和萨尔姆河的桥梁。这里是扼守萨尔姆河和昂布利斯河交汇处的重要桥头堡,这些桥是派普战斗群的重要目标,因为它们是在向马斯河进军的N—23公路上少数可以让重型坦克通过的桥梁,只要渡过这两条河,他就可以一路向西,冲向马斯河。

第八节
桥梁破袭战

桥梁破袭战顿时打响！

交战双方：急于冲向马斯河的德军最为犀利的矛头——派普战斗群和执行炸桥任务的美军第51战斗工兵营C连。

地点：特洛伊斯傍茨。

1944年12月17日午夜，美军第51战斗工兵营C连刚刚从伐木场中抽调而来，他们并不知道特洛伊斯傍茨的重要性，还以为只是一次简单的守卫任务，全连带了8支巴祖卡火箭筒，还有10挺机枪，指挥官亚兹少校抵达特洛伊斯傍茨之后，立即下令在昂布莱夫河的桥梁上设置反坦克地雷，在附近的铁路线地下通道内也同样布置，准备用最简单的方法切断德军进攻的路线，随后一门57毫米的反坦克炮也随着斯塔弗洛的失散人员抵达这里，只是这门炮的穿甲弹对于德军的豹式坦克来说基本上没啥效果，小炮被亚兹少校放在了桥头的公路旁用来预警，说白了就是吓唬一下对方，让工兵们有充足的时间来反应。

小炮一共有四名炮手：布卡农、黑肯斯、贺伦贝克和麦卡林，虽然知道这个任务的艰巨，而且危险性巨大，但他们依旧毫不犹豫地将炮推过桥，架到路边，有工兵问他们："炮弹只有十发，够用吗？"

他们回答是："如果把七发炮弹都打光仍不能完成任务，就不会需要更多了！"

很显然，这种任务存在着巨大危险，估计根本无法打完这些炮弹他们就会阵亡。

中午 11：00，派普的先头部队足足有二十余辆的坦克已经冲向了昂布莱夫河上的桥梁，一辆豹式坦克充当先锋，美军设在路旁的反坦克炮随即发动进攻，57毫米反坦克炮的炮手知道射击豹式坦克的前装甲基本上没有丝毫的效果，所以就对准豹式坦克的履带射击，他们的第一发炮弹精确命中目标，德军的豹式坦克因为履带断落，无法前进而完全挡住了公路。

停止前进的豹式坦克毫不犹豫地打出了一发75毫米高爆弹，坦克炮同样命中目标，四位炮手壮烈牺牲。炮手们用生命作为代价稍稍阻滞了德军的快速推进，短短几分钟的时间给了桥上工兵们最宝贵的时机。

工兵们在反坦克炮提供的报警之后，立即撤离了大桥，而且没等德军坦克手们反应过来，一声巨响之后，工兵们当着德国人的面，将大桥炸毁，而且在剩余的桥面上留下了一个让派普目瞪口呆的"礼物"——一个足足占据了整个桥面，一米多高的地雷堆。

随后，美军工兵立即将剩余的大桥全部炸毁，在特洛伊斯傍茨的三座桥都被炸毁后，派普只得望河兴叹，用坦克炮轰击对岸的美军，表示自己的愤怒，但是当务之急是寻找能够让他渡河的桥梁，他将目光投向了北方，那边儿或许还有桥梁。

在此同时，美国工兵们也在盘算，哪一座桥会是德军的下一目标，大家猜测派普将会用舍努克（Cherieux）镇的桥渡过昂布莱夫河，不过，要派工兵去爆破这座桥肯定来不及，因为舍努克镇距离特洛伊斯傍茨有好几公里，而附近却没有美军工兵单位，但幸运的是，如果派普在舍努克镇过河，他就要在哈比蒙特附近先渡过昂布莱夫的一条支流列内（lienne）溪。

正如工兵们所预料的那样，派普也知道了这一点，他急令先头部队夺取舍努克镇之后，立即拿下哈比蒙特。

理论上讲，哈比蒙特镇对于交战双方来说都是性命攸关的地方，只要占据了这个地方，德军就可以顺利地绕过特洛伊斯傍茨，直奔马斯河而去，而美军则是只要炸毁大桥，德军就无计可施，关上一扇通往自己腹地的大门，双方都可能会急速前往这个重点位置。

然而，战场的事情是谁也说不好的，交战双方居然演出了一场怪诞的

"哈比蒙特慢速大赛"。

美军大部分的人和车辆均已被派出去炸桥了,剩下来的只有连部的一个班和一辆故障待修的卡车,迫不得已的美军只好用那辆破卡车运载爆破所需的炸药和人手到哈比蒙特。由于这辆卡车每小时只能开17公里,直到下午15：00美军才抵达目的地。按道理,派普战斗群在中午从特洛伊斯傍茨出发,3个小时的时间足以抵达哈比蒙特,美军的作战绝对要落空。

战场的形势就是这样变幻莫测,就在一天前派普在斯塔弗洛耽误时间的时候,他的主力部队也慢慢地赶了上来,不仅带来了20多辆豹式坦克,甚至他的虎王坦克也到了,还有150毫米的重炮以及工兵连和防空营这些机械化程度较高的高机动部队。

本来这些部队的到来对于派普来说是天大的好事儿,可是人算不如天算,如此庞大的车队在公路上一眼望不到头,而一架从美军第1集团军司令部帕斯附近起飞的战场侦察机偶然发现了这支在公路上的庞大队伍,派普的位置随即被通报给了美军第1集团军司令部。

本来就被派普战斗群吓了一大跳的美军第1集团军司令霍奇斯立即发觉这是一个报仇的好机会,派普战斗群在布林根的出现让霍奇斯不得不搬迁了自己在斯帕的司令部。

一个小时之后,盟军航空兵30余架P-47战斗轰炸机冒着恶劣的天气出发了,他们立即对派普战斗群的主力部队展开了轮番的袭击,整个过程超过了两个多小时,公路上的混乱持续了一下午,防空营成功地击落了一架美军飞机,派普也损失了数辆坦克和几辆装甲运兵车,这些损坏的装备再次阻塞了公路,而且让派普消耗了宝贵的时间。

派普的先头部队直到下午16点半才抵达哈比蒙特。

美国工兵们在这多出来的一个小时内刚刚做好爆破准备,当德军坦克刚刚出现在美国工兵视野当中的时候,一声巨响之后,美国人再次在德国人的面前炸毁了大桥,德军前进的脚步又一次被截断。

郁闷的派普听到这个消息时,气得只能自言自语地骂："那些该死的工兵！那些该死的工兵！"

风雪鏖兵 阿登战役

图为参加战役的美军步兵师，他们在挖掘战壕，防御德军的轰炸。

派普发现前进受阻后，就退回昂布莱夫河东岸的拉格雷茨准备扎营过夜。在当天中午，派普命令两个侦察队沿列内溪推进，到下游寻找可以让坦克通过的桥。

就在这个时候，盟军最高统帅部也已经知道事情的严重性，美军第30步兵师从北边冲了过来，而盟军的机动预备队——第82空降师也尽可能地驰援这里。

派普战斗群的一个"寻桥"侦察连好不容易找到一座看似坚固的桥梁之后，就遭到第30师的一个营的先头部队的伏击，几乎全军覆没，而他们抵达的时间也仅仅比德军提前一个小时而已。

派普不知道拉格雷茨以北有一个美军油库，而他的部队很快就出现燃油短缺的现象，他的部队现在被分成了两个部分，先头部队只有20辆豹式坦克、一些Ⅳ号坦克和一些装甲车，好在6辆虎王让派普心里的忐忑稍微舒缓了一些，只是他剩下的将近30辆虎王、20余辆Ⅳ号坦克和数量众多的豹式坦克以及大部分的步兵和炮兵都没有跟上来。

因为派普过于犀利的进攻力，盟军决定下大力气堵住这个家伙的势头，美军第30师从第9集团军的防区急速赶来，第7装甲师也出动了，盟军统帅部的预备队——精锐的第82空降师也前来围堵派普，第82空降师的作战能力甚至超越后来在巴斯托尼一战成名的第101空降师。

第九节
虎王出面也无济于事

由于派普战斗群的前进对德军整个作战计划太重要了,因此,德军不得不设法重开他的补给线。派普战斗群的命令则仍然是继续寻找途径向马斯河进发。为了达到这个目的,德军先后打出了他们的两张"王牌"——武装党卫军第501重坦克营的虎王坦克和党卫军第150装甲旅。

在整个阿登战役中,德军总共只使用了大约150辆虎Ⅰ型、虎Ⅱ(即"虎王")重型坦克。不过,在混乱的战斗中,差不多所有的德军坦克都被溃退的美军误认为虎王重型坦克。其实,大部分美军发现"枪炮不入"的德军坦克都是豹式坦克,早在诺曼底登陆时,美军已发现他们的M-3式75毫米坦克炮、M-1式57毫米和M-5式76毫米反坦克炮,发射普通穿甲弹时均无法穿透豹式坦克上倾斜55°、80毫米厚的前装甲。要摧毁一辆豹式坦克需动用四至五辆谢尔曼坦克或M-10坦克歼击车。用两三辆在前面射击,吸引豹式坦克的注意力,其余则包抄到侧面去射击后者较薄的侧装甲。在"敌寡我众"的情况下,这个方法还行得通,不过,德军在阿登反击战集中大批豹式坦克进攻时,美军就发现他们很难抵挡得住。

派普战斗群虽然有隶属第501重坦克营的30辆虎王坦克,但派普嫌虎王太慢太重,所以,他在突破美军防线时是用较轻快的豹式坦克和Ⅳ号中型坦克作先锋。一直到了18日,慢慢悠悠的10辆虎王才经斯塔弗洛的桥渡过了昂布莱夫河,与派普的先头部队在拉格雷茨会合。不过,3辆虎王在午夜左右开抵斯塔弗洛时,美军第30师的第117步兵团的一个营趁着盟军飞机空袭之后的混乱,重新占据了斯塔弗洛,而且很快就得到第30

步兵师属第 743 坦克营的三 3 辆 M-4 谢尔曼坦克和第 823 驱逐坦克营的 4 门 76 毫米反坦克炮的增援。

第 501 重坦克营第一连连长威赛尔上尉率领的 3 辆虎王，开抵斯塔弗洛时正好遇到配有巴祖卡火箭筒的美军步兵伏击，由第 117 团 A 连梅利少尉率领的一个排，在斯塔弗洛南边，通往昂布莱夫河桥的大街上用巴祖卡击中带头的编号 105 的虎王。这枚火箭弹虽然没有贯穿虎王的 88 毫米炮防盾，却迫使这辆重型坦克后退，虎王的驾驶员因为无法看到后面的障碍，所以撞倒一栋大房子而被困，威塞尔上尉不得不弃车而逃，其余两辆虎王的乘员因为无法看见伏击的美军，所以慌忙地掉头退离斯塔弗洛。

19 日中午时，第 501 重坦克营第二连的另一辆虎王也抵达斯塔弗洛，这辆编号 222 的虎王连同 3 辆Ⅳ号坦克，掩护德军步兵向斯塔弗洛进攻。不过，在美军第 30 师炮兵猛烈的轰击下，德军步兵无法继续前进，222 号虎王和 3 辆Ⅳ号坦克则仍然向斯塔弗洛的昂布莱夫河桥进发。

在距桥约 40 米的距离时，第一辆Ⅳ号坦克被一门 76 毫米反坦克炮从侧面击中炮塔，德军坦克内的弹药被引爆，并且把炮塔完全炸离车体，其余两辆Ⅳ号坦克冲向桥时，也受到美军 76 毫米反坦克炮从侧面的猛烈射击，一辆被击伤无法动弹，另外一辆Ⅳ号坦克则退回镇内。

虽然有 3 辆Ⅳ号坦克的前车之鉴，可是皮糙肉厚的虎王毫不畏惧，依旧快速冲向大桥，美军自然不会放过这么强横的家伙，两枚 76 毫米穿甲弹击中了虎王侧面的装甲，这里的装甲仅有 80 毫米，美军的 76 毫米炮弹又是从仅仅 500 米的近距离上发射，两发穿甲弹完全将这辆重型坦克击毁。

德军步坦联合出击以完全失败告终，更糟的是，当晚美军第 30 师派出第 105 战斗工兵营抵达了这里，这队工兵在烟幕弹的掩护下把斯塔弗洛的昂布莱夫大桥炸毁，将派普战斗群的补给线完全切断。

由于受制于周围地形的影响，派普和师部的联系也时有时无，他并不知道自己的处境已经有些危险了。此时，跟在派普屁股后面的科尼特尔快速战斗群见美军已经占据了斯塔弗洛，便开始从西面进攻斯塔弗洛，克尼特尔带着的通讯排和派普取得了联系，此时的派普才从高频无线电台里获悉了自己危险的状况。

美军的反应速度很快，并抓住汉森战斗群和科尼特尔快速战斗群落后的机会，迅速集结第30步兵师、第82空降师和第3装甲师组建一个战斗群，兵分多路向派普战斗群包围过来，更要命的是，此时两翼的友军推进缓慢，青年师的大孩子们又倒霉地在布尔根巴赫（Bulgenbach）陷入了苦战，第3伞兵师也没有跟上来。

现在除了科尼特尔快速战斗群之外，德军还有一支队伍能够打通与派普战斗群之间的联系，这就是斯科尔兹尼用来执行"格里夫计划"的第150装甲旅。

战前被希特勒寄予厚望的第150装甲旅虽然先遣部队战果辉煌，可是主力部队却由于开张不利，大部分的队伍都被堵在了道路上，无法完成预定任务，直接从特种部队被降级到了正规军使用，随同"元首警卫旗队师"师部一起前行，当得知派普战斗群被包围的消息后，迪特里希立即命令150装甲旅进攻马尔梅迪，从侧翼前去增援倒霉的派普。

此时，这支装备五花八门的队伍并不知道此刻马尔梅迪的美军实力有多少，这个小镇上足足有美军第30师120团、第99步兵营、第526装甲步兵营，还有一个连的工兵营、一个坦克连和两个坦克歼击排，在他们的身后还有6个炮兵营的火力支援。

要是知道这里拥有如此雄厚的防御力量，斯科尔兹尼绝对不会自己上门送死的，最起码也会拉着几个挡箭牌，可惜他不知道。

德军的这次攻击显然是"出师不利"，在20日晚上，第150装甲旅的一名士兵被美军俘获，美军从这名战俘口中得知，化装成美军的德军将在第二天凌晨3：30发动攻击，结果在此处演出了"二战"期间独一无二的"化装舞会大战"闹剧。

参加这次战斗的双方士兵均穿着美军制服，不过，最妙的就是他们绝大部分都不是美国人！第150装甲旅的士兵当然全是德国人，而美军的官兵居然全部是挪威人。原来，这个美军部队是由挪威裔美国人和挪威沦陷后逃亡到美国的挪威人所组成的，所以又称"挪威营"。

在开战不久，德军的豹式坦克就被一门76毫米反坦克炮击伤而退出战场，第150装甲旅的步兵疯狂地向"挪威营"猛烈冲锋，但是遭到"挪威营"猛烈的机枪和手榴弹还击而伤亡惨重。同时，"挪威营"又用无线电指挥第30步兵师的四个炮兵营向德军轰击，第150装甲旅的步兵在前所未见的猛烈空爆弹轰击下，狼狈地逃离战场。这是美军炮兵首次获得批准使用空爆近炸引信，美军的"秘密武器"可以让炮兵快速地向大概目标区发炮，而不必像以前那样要每发调整引信的空爆时间。炮弹抵达目标区上空后，就会在指定的高度爆炸出大量的破片，射向地面的目标，在美军榴弹炮这样前所未有的猛烈轰击下，难怪第150旅的步兵拔腿就逃，炸弹在头顶上爆炸还有不跑的道理吗？

150装甲旅另外一路想要通过公路杀进马尔梅迪，美军120团3营和第99营同样严阵以待，在冲过前沿K连的路障时，德军中一辆Ⅳ号坦克触雷起火，只剩下8辆坦克向目标继续前进。美军用火箭筒等轻武器拼命挡住了德军的进攻。

在附近的一个工厂中，K连的两个一等兵柯里和路查格，利用火箭筒

伪装起来的美军240毫米榴弹炮

击中第2辆伪装豹式坦克的炮塔。这辆坦克的乘员发现炮塔内的枪炮均被击毁后就弃车而逃，柯里乘胜追击，他分别用反坦克枪榴弹和火箭筒攻击另外3辆坦克和突击炮，迫使它们的乘员弃车。此后，柯里又用火箭筒摧毁德军用作据点的一栋房子，最后这位英勇的一等兵又用一挺机枪射倒多名德军，让五名被困的战友得以脱险。柯里因为在这次战斗中表现出"超出职责所要求的"的勇气，赢得了美国最高勋章——"国会荣誉勋章"。

两路进攻受挫的150装甲旅还没等反应过来，剩余的车辆突然遭到76毫米反坦克炮的射击，其中两辆德军坦克退躲到一面砖墙后面。美军见机不可失就趁机进行反攻，连忙用无线电联系了两辆M-10坦克歼击车，这两辆M-10首先击毁德军用作掩护的砖墙，然后再将后面的两辆德军坦克一一击毁。到午后战斗结束时，德军第150装甲旅的所有装甲车辆均已被摧毁。

此时，已经丧失了绝大多数装甲部队的斯科尔兹尼已经完全了解马尔梅迪的美军实力，他知道自己已经无能为力了，随即命令150装甲旅残余力量向南撤离，虎头蛇尾的"格里芬计划"宣告结束，150装甲旅在阿登战役中的使命也就此结束。

150装甲旅的救援无果，算是给派普战斗群一个小小的打击，因为派普知道150装甲旅的实力，要想彻底打开美军的围困，还要靠汉森那些"铁哥们儿"。

此时的派普可以说是已经被孤立在美军战线后方了，不过，他知道汉森战斗群和第3伞兵师会解决他的后顾之忧，他依旧牢记自己的使命，他决定用身边的部队做最后的努力，冲向马斯河。

第十节
派普彻底被包围了

19日凌晨，派普战斗群向拉格雷茨西面的斯塔蒙特（Stoumont）发起进攻，在斯塔蒙特的美军是第30师119团，他们也是前一天晚上刚刚抵达这里的，虽然拥有不少的反坦克炮，可是面对派普战斗群的强大攻击力，匆忙建立的防线也显得很薄弱。

派普似乎没有显示出任何被包围下的沮丧和失落，天还没有亮，他就立即派他的步兵展开进攻，并且将坦克当作突击炮为步兵提供火力支援，夜间的美军无法看清楚德国坦克的位置，坦克突入美军的散兵线，美军失去掩护的坦克歼击车全部落入德军手中。

镇子当中，前来增援的美军坦克同样遭到了豹式坦克的进攻，虽然美军使用反坦克武器击伤了坦克，却无力阻挡德军步兵的进攻，尽管人数上少于美军，但党卫军掷弹兵还是依靠出色的单兵战术压制了美军，全歼了驻守此地的美军第30步兵师第119团第3营的两个连，并俘虏了280多人，这是派普在阿登战役中最后一次胜利。

斯塔蒙特失守后，镇外驻守的另外两个连也被迫向拉格雷茨公路的下一个镇塔哥诺撤退。此时，第119团团长修特兰上校派出后备营的C连坐卡车火急开往塔哥诺支援，同时又命令第400装甲野炮营尽快做好射击准备。

不过，美军抵达塔哥诺时，德军的坦克和装甲步兵已经随着后退的美军杀到，没了重型反坦克武器的C连只好跟着后撤的美军，向塔哥诺后面的斯塔蒙特火车站撤退，这些美军一直退到斯塔蒙特火车站外，在公路一侧转角处才找到适合伏击德军的阵地。

第143高炮营先前在开往斯塔蒙特途中滑落路边的一门90毫米高炮，正好就在这个位置。负责操作这门炮的官兵看到拖车已经动弹不得，所以就干脆将火炮架在路边，守住这个转角。

当德军先头部队杀到时，这门炮一共击毁了两辆豹式坦克和一辆半履带运兵车，不过，当德军步兵包抄到高炮阵地侧面后，美军被迫破坏这门90毫米高炮后撤退。

正在这紧急关头，美军的救兵赶到，它就是第1集团军直属的第740坦克营。美军第30师因为斯塔蒙特的情况危急，所以就向第1集团军军部要求坦克支援，此刻，第740坦克营刚好完成夜战训练而需要换装，他们找到19辆可以修好的"杂牌"M-4谢尔曼坦克、一辆拥有90毫米炮的M-36型坦克歼击车和几辆自行火炮，经过连夜抢修和整备后，第740坦克营在斯塔蒙特大战当天完成了换装，正当美军撤回斯塔蒙特火车站时，第740坦克营刚好开抵该处。

由于第740坦克营的坦克中均缺乏无线电，各个车长被迫使用信号联络，这时天色已经开始变黑，而且浓雾弥漫，所以能见度非常低。

突然间，派普战斗群的一辆豹式坦克出现在美军的视野当中，美军坦克兵先发制人，一炮就打向豹式坦克的炮塔。本来M-4谢尔曼的短管75毫米炮是无法穿透豹式装甲的，但是豹式的炮塔正面有一个弱点，当穿甲弹命中豹式半圆形炮盾的下方时，往往会被反弹进入车体的驾驶舱内。美军第一发炮弹就是这样被"弹入"了车体内，将两名驾驶员击毙并引爆车内的弹药。

第二辆豹式从浓雾中摸出来时，M-4谢尔曼的穿甲弹击中了倾斜的前装甲而被弹开，后面的M-36一发90毫米穿甲弹就把第二辆豹式击中起火，随后M-4谢尔曼发射了4发穿甲弹以确保目标被彻底击毁。

第三辆豹式突然又从雾中出现，M-4再次补上一发穿甲弹，美军的坦克手的射击准确性实在惊人，炮弹居然直接命中豹式的炮管。这辆豹式失去还击能力后就开始倒车，准备退回浓雾中，又一枚90毫米穿甲弹从坚硬的路面弹入豹式的车体并使之起火燃烧。

这三辆豹式坦克代表了派普战斗群向西进发的最远距离。

斯塔蒙特的战斗结束后，派普手中的坦克燃油耗尽，尽管在斯塔蒙特西面的塔格农（Targnon）还有未毁的桥梁，但派普到不了那里了，无法继续向前进攻的派普只得命令战斗群就地转入防御。

他彻底被包围了……

派普彻底被围，让第6装甲集团军感到了一丝失败的味道，迪特里希立即下令"元首警卫旗队师"师长蒙克尽全力打通与派普的联系，保障他的后勤补给线。

1944年12月19日下午，作为解围行动主力的汉森战斗群接到命令，放弃原定线路，北上救援派普战斗群。

可是摆在汉森战斗群面前的困难并不比派普少，虽然他们的面前没有美军阻击，可是在堆满积雪的原始森林中行进，这对于装甲部队来说简直就是一场灾难。

好在这种救人的活儿也不是汉森战斗群干得了的，12月20日凌晨，好兄弟桑迪西战斗群已经抵达了斯塔弗洛，他随即组织了两个连的兵力试图进入镇内，然而美军已经将桥梁全部炸毁，德军只能在寒冬当中强渡冰冷的河水。

在坦克营的火力支援下，德军在水中无法上岸，只得回撤，这让美军拥有了屠杀般的打击力量，两个连的德国人最终踏上土地的只有20余人。

桑迪西战斗群失败后，德军再次发动了一次突袭，虽然小有成绩，可是德国人没有充足的兵力拿下斯塔弗洛，除非让派普战斗群回撤参与打通这条道路的战斗中。

可能是派普战斗群过于犀利的战斗力，美军实在不敢掉以轻心，虽然他身边的兵力不足，而且缺乏弹药和燃料，美军依旧派出了两个步兵团、一个装甲团的力量来直接围歼他们，在周边还有大批的力量进行围堵。

面对派普战斗群的危机情况，汉森战斗群拼尽了老命，经过了一天一夜的行军，终于走出了该死的森林，他的先头部队已经逼近了特洛伊斯傍茨。

12月21日清晨，蒙克命令桑迪西战斗群继续涉水发起进攻，同时命令汉森战斗群派出援兵加速支援斯塔弗洛，然而又是桥梁的问题，汉森战斗群的坦克在渡过特洛伊斯傍茨到斯塔弗洛的桥梁时，桥梁不堪重负坍塌了，工兵们尝试架桥的工作被美军的炮火干扰并没有成功，渡过河的步兵们没有了重武器和装甲部队的支援只能靠自己了，不仅仅如此，得到消息的第82空降师立即派出了第505团阻击汉森战斗队的增援，将汉森战斗队拖在了特洛伊斯傍茨。

汉森毫不理会505团的阻击，留下了一个营与505团纠缠，其他的部队立即奔向斯塔弗洛。

当晚20：00点，在派普强烈要求下，德军3架容克Ju52执行了投补给任务。由于黑夜中无法确定派普战斗群的位置，再加上敌人防空炮火的压力，尤其是空投场地的目标区域实在过于狭窄，大部分补给箱被扔到无人地带，仅有百分之十的补给被派普战斗群拿到手。

12月22日天还未亮，汉森战斗群的解围攻势便重新开始，然而刚刚开始，掷弹兵1营营长喀斯特中弹战死，林克上尉顶上带领一营继续进攻，汉森本人更是亲自操起突击步枪带头进攻。但是没有坦克和大炮，1营只得在无重武器支援的情况下作战，最终不得不中止进攻。3营从特鲁瓦蓬向派普装甲群所在的拉格雷茨前进，途中遭到来自北方的美军第3装甲师勒夫莱迪特遣队和来自西方的第82空降师部队的夹攻。跟1营一样的是，3营没有任何重武器来支援战斗的掷弹兵们，敌军却能在坦克和火炮支持下发起凶猛攻击。伤亡惨重的3营找不到任何击退敌人的办法，不得不停止进攻，汉森无奈下决定停止攻势，命令两营在现处位置上转入守势。

21日，派普战斗群的西侧防线斯塔蒙特遭到了美军740坦克营的突然炮击，美军第119团一个营也开始进攻斯塔蒙特和拉格雷茨之间的交通线，这让派普感觉到危机的到来，立即让斯塔蒙特的守军回缩到拉格雷茨。

此时，在拉格雷茨这个只有三十几户人家的小村落中，驻扎着派普战斗群1000余人的力量，6辆虎王、10余辆豹式坦克、40多辆装甲车，还有多门150毫米重炮，只是这些坦克和火炮已经没有多少油料了，炮弹也少得可怜，夜间空投的油料大部分都失散了，也没有多大用处。

党卫军掷弹兵在冰天雪地的阵地上互相抱着取暖，但依旧用刺刀、手榴弹、白刃战给进攻的美军 82 空降师和第 30 步兵师的伞兵和步兵造成了极大的伤亡。派普总是出现在一线阵地，给予官兵们鼓励，虽然大家在包围圈中很长时间都没有休息了，而且在高强度的战斗中没有充足的食物，几乎每个人都累垮了，可是在他的鼓舞下，掷弹兵和装甲兵们打得异常顽强，部队的士气也很高昂。

在拉格雷茨，派普和被俘美军军官中军衔最高者——第 30 步兵师第 119 团营长霍兰德·麦克考恩（Harold·McCown）少校进行了一次彻夜长谈，派普在对话中谈及了德军即将投入实战的"秘密武器"和在东线战场上取得的种种"胜利"，但是，号称不败的派普自己也清楚他的部队已经失败了，不可能取得成功了。

这天晚上派普从师部发来的无线电报中获悉，他在拉格雷茨最后的希望——汉森战斗群的第 1 装甲掷弹兵团进攻失败，接到这条电报后，派普第一次就关于从拉格雷茨突围这个问题展开商讨，根据对此绝境的清醒认识，派普通过无线电要求师部许可自行突围，然而他的请求被驳回了，党卫军第 1 装甲军军长普里斯认为，尽管美军在北翼的力量得到了加强，在德军突进马斯河之前，不会变得更早，派普能够固守到增援和补给到达。

第十一节
死里逃生的突围

12月22日夜间，蒙克发电报给派普，汉森战斗群的进攻延期了，这句话很清楚地告诉派普：救援力量已经用完了。

留在斯塔弗洛战区的师部也没好过到哪里去，22日，斯塔弗洛的美军兵力大幅增强，在坦克和火炮的支持下美军第30步兵师动用了第117步兵团和120步兵团两个团的力量自西方试图突破斯塔弗洛，克尼特尔快速集群被迫放弃挺进而拼死作战，利用投入最后预备队保卫师部才将美军击退。而此刻在斯塔维洛特以东的区域，美军的侦察兵已经出现，为了师部北翼的安全，桑迪格的第2装甲掷弹兵团不得不延长他们的安全线，斯科尔兹内的第150装甲旅在反攻马尔梅迪失败后就在那个地区转入了防御态势。

12月23日，天气晴朗，预期中的大规模盟军空军出动终于变成了现实，3170架飞机对德军占区公路和铁路线狂轰滥炸，使得战斗中的德军各师本已贫瘠的补给被这次轰炸完全切断。这天派普通过无线电再次发出自行突围的要求，师部将他的要求经由党卫军第1装甲军军部紧急上送至第6装甲集团军总部，请求总部批准通过，然而派普的请求再次被第6装甲集团军总部否决，不过，党卫军第1装甲军军部让警卫旗队师部自行决定是否允许派普突围。

此时美军已经通过斯塔蒙特，把手头上所有的重炮都调集过来了，足足有15个105毫米榴弹炮连和10个155毫米榴弹炮连，还有4个坦克连掩护这4个步兵营全力进攻已处在极度困境中的派普战斗群。

派普自然不可能坐以待毙，在拉格雷茨周围布设了大批的雷场，利用坦克和装甲车充当防御，对近距离内的美军步兵进行杀伤，面对派普战斗群的拼死反抗，美军的进展非常缓慢。

12月23日正午，派普正在询问援兵的事情，师部突然发来了一条意外的消息："能否将伤员和坦克一起带回来？"

派普听闻这道命令后火大地对师部回电："把它们都空投回来好了。"再次发挥了他那致命的幽默感后，怒气冲冲的派普让副手销毁一切重要文件，下令工兵指挥官炸毁一切重装备。此时此刻，派普可能已经意识到上级准备完全放弃、牺牲掉他的部队，但他却还是挺起肩膀，安抚部队的不安，在绝境中杀出一条血路，以换取他和他的部下的生存。

下午14:00，师部最后确认："今晚可以突围，不带车辆和重伤员！"

23日天黑之后，派普将各个阵地上的部队全部都撤下来，在完成一切必要准备后，派普在24日凌晨2:00带领着部下和作为人质的麦克考恩少校在齐膝深的积雪当中向南突围，走之前他们放弃了不能行走的350名重伤员和所有战俘，他们行动很安静，以至于从美军阵地前200米处走过都没被发现。

麦克考恩少校看到几乎所有的德国士兵身上都背着沉重的重型武器，甚至有的人不得不手脚并用地在雪地里趴着前进，但是整个队伍竟然没有一个人掉队。

天亮的时候，麦克考恩少校见了派普最后一面，这个党卫军中校指着不远处的一棵高大的松树讲道："看，那就是我们的圣诞树！"

一路上几乎没有枪声响起，所有的美军都不知道派普战斗群已经撤离，最后派普释放了被认为自己必死无疑的麦克考恩少校并要求他保证留在拉格雷茨的德国伤兵的安全，麦克考恩少校答应了，一名突围的德军军官给了他一块糖，正是这块救命的糖把他从饿死的边缘拉了回来。

党卫军官兵表现出了高度的互助精神，派普在突围沿途中不断地从队伍前面走到后面给将士们打气，从格拉雷茨出发的800人除了渡河时被激流冲走了30个人以外，其余都被派普完整地带回来，终于在25日圣诞节的下午，突围部队和汉森战斗群会合了，随后派普向师长蒙克做了简短的报告，之后就和部下们一起吃了开战几天来的第一顿热饭。

煮熟的鸭子竟然最后飞走了，还是悄无声息地飞走了，进攻拉格雷茨的美军最终丢掉了他们最大的圣诞节礼物。

然而，在派普战斗群突围的这36个小时里，坚守主战线等着接应的汉森战斗群的党卫军第1装甲掷弹兵团承担了巨大的风险和损失，仅仅是24日这天，12连几乎全灭，1营营长阵亡，3营营长波特舍重伤，3营的党卫军中尉内波尔说那天死了太多人，多得自己都记不清，多到夜里作为营指挥所的地下室只有一株可笑的小树和一对牛油蜡烛提醒他们这是圣诞前夜时，也顾不上伤感，失去太多同伴的伤痛已让他们忘记这日子的意义。

平安夜、团圆夜，实在是讽刺意味太浓了……

12月24日到12月25日夜间，派普装甲群的人渡过萨尔姆河向汉森战斗群报到，他们尽己所能照顾这些冻得半僵的同袍。

12月25日凌晨4：00，派普战斗群残部突围之后，坚守在斯塔维洛特桥头堡保卫师部的克尼特尔快速集群分队和桑迪西战斗群终于可以撤下，此时科尼特尔快速战斗群的450人中已战死60人，失踪20人（没找到尸体），伤200人；桑迪西战斗群则更是有550人伤亡；汉森战斗群也有500余人伤亡。

这些伤亡固然与他们急于打通与派普的联系，不顾战场环境因素拼命进攻有关，也归功于美军庞大的炮火支援，仅仅在斯塔弗洛地区，美军就打出了50000多发105毫米以上的炮弹，猛烈的炮火几乎将斯塔弗洛以及周围城镇夷为平地。

12月16日，派普战斗群开始推进时人数为3000人，12月24日，800人逃出拉格雷茨，他们中只有770人最后到达己方阵线。

派普凭借他独特的个性，坚持的决心，还有他士兵的勇气，从被美军重重包围中，终以一次30个小时的强行军从包围圈逃脱回到警卫旗队师，疲惫不堪的人们于圣诞节抵达己方阵线，能走动的人都带出来了，他们依然保持了勇气和士气，作为士兵，他们是值得称赞的。

此次制约派普取得成功的最大难题就是情报的缺乏，几次错失良机都是不明战场情况，最后加上燃料的短缺，断送了希特勒的美好计划，虽然最终派普战斗群损失了绝大部分的装备，不过，从12月16日阿登反击战派普开始出击，到12月25日回到己方阵线，派普战斗群在行动中，至少击毁了27辆坦克、大批的坦克歼击车和车辆、50门反坦克炮、12门高炮，10余架飞机，还俘获了大批的美军。

用派普自己的话讲："三个美军师（82空降师、第3装甲师和第30步兵师）举办了一次多么可怜的表演会，他们没能毁掉一个没有燃料和弹药的小小德军战斗群，然后这个战斗群爆破了他们所有的装备，无畏地通过正在睡觉的敌人而离开。"

约阿希姆·派普在此次作战后被授予了宝剑橡叶骑士十字勋章，成为第119个宝剑橡叶骑士十字勋章的获得者，而他本人却回答："我最没脸要的就是这枚勋章，它的代价是我战友的牺牲，而他们本该取胜！"

派普的回答可能也因为他内心的自责，不过，作为一个深受纳粹思想浸染的党卫军军官，他的失败也是人类的幸运。

· 第六章 ·

圣维特保卫战

第一节
美军第 106 步兵师的悲剧

16 日夜，美军第 106 师除了留在师部所在地圣维特的一个工兵营之外，师长琼斯将军已经将手中所有的预备队全部投入进去了，而无论是第 8 军、第 1 集团军，还是第 12 集团军群派出的所有援兵都在紧张的集结当中，只有部署在圣维特以南 30 公里的第 9 装甲师 R 战斗群是整个阿登地区唯一的机动反击力量，第 8 军军长米德尔顿立即请求第 1 集团军司令霍奇斯将位于圣维特以北 20 公里的第 9 装甲师 B 战斗群配属第 8 军，这样，他手中可调动的力量就大大增加了，霍奇斯很快就同意了。

17 日凌晨，一直在原地"观看"106 师作战的第 9 装甲师 B 战斗群终于得到了米德尔顿的命令，战斗群被配属给第 106 师。

当 B 战斗群指挥官霍格准将抵达圣维特的时候，琼斯立即向他下达了夺回尚堡的作战命令，但是琼斯接到米德尔顿关于第 7 装甲师即将抵达的消息之后，随即将这个命令取消了。现在琼斯的第 424 团遭到了德军第 62 国民掷弹兵师的猛烈进攻，情况危急，B 战斗群立即转向前往增援 424 团，尚堡那边只派了一个反坦克排接应 423 团，并且接应第 7 装甲师的援军。

得到 B 战斗群增援的美军 424 团短暂地压制了德军的进攻，但是由于 424 团两侧友军情况不明，德军的进攻非常猛烈，如果再这样下去的话，全团有被包围的危险，经过请示师长琼斯之后，424 团在 B 战斗群的帮助下，从奥尔河撤离，在后方再次建立了一条 6 公里长的防御阵地。

对于美军 106 师来说，12 月 17 日，是一个可以说决定命运的一天，德军决定要合围美军 106 师 422 团和 423 团，双方都在调兵遣将当中，16

日的混战持续了一夜,结果是显而易见的。由于对于整个战场情况的不了解,给106师的主官们造成了一些误导,他们被第14骑兵群的溃败惊呆了,认为攻击他们的是一个加强了装甲力量的国民掷弹兵师,而南侧也同样有一个国民掷弹兵师,这个错误的判断让106师没有及时对德军薄弱的北方战线发动反攻,不仅让德军第18国民掷弹兵师成功地逃过一劫,而且顺利地达成了预定目标。

撤出来的第14骑兵群重新构筑了防线,一部分脱离战斗撤往第99师的防区,另外一部分则是驻扎在尚堡。在撤离的途中,他们遇到了正在慌不择路地汉森战斗群,这群如狼似虎的家伙毫不客气地吃掉了遇到的所有小股美军队伍。

被德军猛烈攻击的第14骑兵群慌张了,他们丢掉了所有没有用处的物资,焚烧了大量的文件和档案,这些还在前一天嘲笑同袍的大兵们现在的表现也好不到哪里去。

汉森战斗群将美军第14骑兵群杀个措手不及

风雪鏖兵 · fengxueaobing ·　阿登战役 · adengzhanyi ·

第14骑兵群在遭到德军的又一次进攻之后，他们再次撤出了战斗，之前的惨败吓坏了他们，第14骑兵群将尚堡这一重要的战略要地拱手让给了德军，这个不负责任的撤退让106师的部队陷入绝境。

尚堡距离圣维特不足11公里，德军第18国民掷弹兵师294团正在寻找扎口袋的合适地点，而骑兵群的撤离正好帮助他们找到合适的地点，南翼的德军第293团则是拼命突破了美军的阻击，与294团的先头部队在尚堡附近成功会合，第18国民掷弹兵师将钳形攻势内的美军部队结结实实地装入口袋当中。

106师的两个团并不知道自己陷入了绝境，423团的炮营正准备在后方设立一道防线，但他们驾驶炮车进入尚堡后，才发现周围全都是德军，在试图突围无果之后，两个连的士兵无奈之中举手投降。

当423团将这个消息传回圣维特的师部时，所有人心中都只有一个想法了：106师的两个团居然被德军包围了！

422团和423团的团长这个时候都已经知道了自己的处境，知道炮营突围的结果，他们同时也已经接到了第7装甲师前来救援的消息，两人商量如何应对这种局面，商量的结果是：除非师长亲自下令撤退，否则他们还是固守待援。

然而两个缺乏战斗经验的团长并没有想到，德军已经开始收缩包围圈，彻底将他们这两个团7000余人尽数包围在狭小的区域内。

第7装甲师B战斗群的一个坦克营和一个装步营也做好了向尚堡反攻的准备，但是由于炮兵部队未能进入阵地，救援部队得不到炮火支援，就在这个时候，德军已经逼近了圣维特，救援就此中断。

17日黑夜降临的时候，在德军的包围圈内，大约还有8000名美军，其中包括配属给422团、423团的一个野战炮兵营、一个医疗营、一个连的战斗工兵、防空兵和反坦克连，106师侦察连和骑兵连也在其中。

两个团长商议之后决定固守待援，立即以本部为核心建立环形阵地，两个团的弹药也还算充足，只是炮兵营没有多少炮弹了，粮食和医疗用品也有些短缺，不过，大家并没有太多的恐慌，毕竟他们已经得到18日会有增援部队解围的消息。

然而令所有人都没有想到的是,由于通信困难,两个团与师部的联系只能通过炮兵的无线电多次转发才能够建立,这浪费了许多宝贵的时间。

当他们接到撤退命令的时候,已经是17日夜间了,要求他们在尚堡—圣维特公路附近建立阵地,然后再到圣维特有组织地后撤,然而此时德军已经逼近圣维特。

18日上午,两位团长决定并肩作战,一起向西突围。

423团3营第一个抵达尚堡附近,由于士兵们实在太累了,将大部分的装备都抛弃了,最后在距离尚堡1公里的地方开始挖掘战壕。而423团大部分人员则是在尚堡南边的高地处隐蔽下来,在德军的重重围困之下,423团与师部的联系变得断断续续,弹药补给也消耗殆尽,所有迫击炮的炮弹都打光了,大部分的机枪也没有子弹,步枪子弹也不多了,甚至连给养都出现问题,活着的人对前景渐渐失去了信心,他们感到非常的害怕,部队的士气急剧下降。对于德军而言,他们很奇怪美军的表现,因为此刻包围这两个团的部队也是相当有限,只有一个团外加两个营的兵力,火力支援的也就只有一个炮兵营。

美军已经被德军的炮火吓坏了,他们不知道到底有多少人包围着自己,再加上弹药不足,美军彻底陷入了困境。

12月19日上午,期盼中的空投没有出现,整个部队的士气陷入最低谷,无论是弹药还是粮食都已经没有了,寒冷和死亡的恐惧占据了士兵们的身心。

德军发现了美军藏匿的高地,炮兵营立即扫荡了这一区域,美军的野战炮兵营和其他人员立即溃散了,而距离尚堡最近的3营则是发动了被包围以来最坚强的冲锋,德军用20毫米高射炮平扫突围部队,猛烈的炮火给美军士兵结结实实地上了一课:此路不通。

随后,423团的几次营级进攻都遭到了德军炮火阻拦,战术指挥已经没有任何效果了,大部分人手中已经没有弹药了,很显然仅仅靠423团这支已经濒临破产的队伍拿下尚堡是完全不可能的了。

16:30分，已经弹尽粮绝的423团团长卡文德上校召集所有能够找到的军官，决定全团投降，他们毁坏了所有车辆的发动机，枪支的弹簧和撞针全部毁掉，不留一点儿有用的东西给德军，直到这个时候423团依旧保持着秩序和建制。

在423团无奈之下投降的时候，与423团一起行动的422团的处境如何呢？他们本来是准备配合423团发动进攻的呀，他们为什么没有出现呢？

原因很简单，422团在森林中迷失了方向，并且在行进过程中遭到了德军的伏击，3个营的正面和侧面都受到了猛烈的火力打击，就在这个时候，增援围攻圣维特的德军的元首卫队旅突然出现，正好切断了422团右翼，这给了美军最后的致命一击，422团大部分的建制已经混乱，已经无力展开任何形势的反击了。

19日14:30分，美军422团团长德森内克斯上校召集所有校级军官开会，在得到德军提供食品并且照顾美军伤员的保证之后，16:00分美军第106师422团除却2营不超过150人成功突围之外，其余人员向德军投降。

19日，422团、423团以及配属他们的其他部队，总计7000～8000人向德军投降，丢失的装备更是无法统计，这是美军1944-1945年在欧洲大陆上最为惨重的一次损失。

第二节
增援圣维特的第 7 装甲师

圣维特在德军发动反攻之前，位于美军防线后方 20 公里处，是一座中等规模的比利时小镇，这里有足够的房子放下美军第 106 师一个师级指挥部，只是圣维特坐落在一个很矮的小山上，周围的地势都比它高，虽然这里是 6 条公路的交汇点，但是德军并没有将这里视为重要的据点，因为这些公路都被层层的山丘阻挡，可是占据圣维特对于德军来说重要性还是比较大的，毕竟这里可以保护德军南北进攻路线上的补给安全，还可以通过这些路网予以增援。

当德军开始炮轰美军前沿阵地的时候，圣维特立即成为米德尔顿眼中的重点地段，要是前沿阵地无法保住的话，只能在后方建立第二道防线，圣维特就是其中之一，他立即命令附近的第 168 战斗工兵营在圣维特建立防御阵地，阻击德军的进一步攻势。

与此同时，盟军最高统帅部也得到了消息，立即调动驻扎在荷兰赫伦的第 7 装甲师南下支援。第 7 装甲师 B 战斗群司令布鲁斯·克拉克接到师长哈斯布鲁克准将的电话，要求他立即前往巴斯托尼，由于前线美军的通信遭到极大的破坏，因为盟军总部也不知道整个战场到底出现什么情况，哈斯布鲁克让克拉克先行到巴斯托尼去了解情况。

16 日晚上 21：00，克拉克带着几个随行人员向巴斯托尼疾驰而去。克拉克出发之后，第 7 装甲师接到统帅部的命令几经变化，从最初的巴斯托尼，到维尔萨姆，最后变成了圣维特。

克拉克一路狂奔，终于在 17 日凌晨 4 点冲到了巴斯托尼的第 8 军军部，他告诉米德尔顿第7装甲师已经开始出动了，此刻米德尔顿对整个战场形势还是比较乐观的，只是觉得106师有些麻烦，让克拉克的B战斗群增援106师，只是谁也没有想到第7装甲师会在路上遭到意想不到的麻烦，跟德军一样被"堵"在路上了。

17日上午8:00，第7装甲师的先行联络小组抵达圣维特，在10:00，克拉克也抵达106师师部，106师师长琼斯立即送给他一个大礼："106师的两个团422团、423团被德军包围了！"

克拉克跟琼斯商量了一下，尚堡是其中的关键，只要拿下尚堡，就可以打通被围的两个团与圣维特之间的通道，可是眼下B战斗群早晨5:00才出发，无论如何中午也到不了。

面对如此严峻的形势，克拉克命令B战斗群加速前进，然而溃退下来的部队、运送补给的车辆和增援的B战斗群都被堵在了公路之上，交通阻塞到了极点。

下午13:00，距离圣维特东部之后数公里的赛斯出现了德军的身影，驻守在这里的第168战斗工兵营立即枪炮大作，将德国人打了回去。

克拉克询问琼斯德军的进攻规模到底多大，琼斯也说不上来，他已经将106师最后的力量都派出去了，已经无兵可派了，他请求克拉克接管圣维特周围所有美军的指挥权，克拉克无奈地摇摇头，眼下战场上所有的倒霉事儿都一起来了。

他出门透透气，可是看到乱成一团的交通，脑袋都大了一圈儿，好在找不到支援单位的275自行炮兵营营长带着部队冲了过来，向克拉克报到，看着这支弹药充足的部队，这种天上掉馅儿饼的事情自然不能错过，克拉克立即将他们派往了东边支援已经遭遇德军的168战斗工兵营，在第7装甲师的炮兵到来之前，他们是整个圣维特唯一的炮兵单位了。

这个时候，让克拉克和琼斯望眼欲穿的第7装甲师的部队还在公路上缓慢地行动，比法国大蜗牛快不了多少，甚至在一个十字路口干脆就停下来了，各种喇叭声和人们的咒骂声连成一片，这下把装甲兵们气坏了，他们可是赶着去救命的啊！

第38装甲步兵营营长富勒中校立即下令："坦克往前开，不用管，哪个狗娘养的挡路，就直接压过去！"高大的谢尔曼立即发怒了，面对这种钢铁巨兽，所有人都躲开了，在坦克的开路之下，整个道路总算顺畅了一些。

下午16：00，第87骑兵侦察中队向克拉克报到，这是第7装甲师抵达的第一批部队，后续的部队也在缓慢进入圣维特，20公里的距离让他们走了足足5个小时。

由于第7装甲师并不了解整个战场的形势，再加上拥挤不堪的道路和超长的距离（第7装甲师主力要跑最长将近140公里的距离），使得增援圣维特的历程格外艰难。实际上也是幸运，R战斗群在马尔梅迪以南区域差一点儿就正面跟派普战斗群遭遇，好在R战斗群只有扫尾的车辆被派普截住，但随后就发生了"马尔梅迪惨案"。

17日中午，第7装甲师的炮兵部队进入马尔梅迪，看到整个镇子已经乱成一锅粥了，他们被汹涌的车流堵住了去向，而且南边也出现了德军的部队，没法子，炮兵们立即调转方向，朝着斯塔弗洛奔去，与那边的师主力部队会合。炮兵们跟R战斗群一样，与凶狠的派普战斗群擦肩而过，否则的话，圣维特之战基本上就甭打了，不过，他们在斯塔弗洛并没有遇到师主力部队，倒是跟派普战斗群的先头部队遇上了，炮兵们顺手帮助了一下驻守这里的美军，然后绕了一个大圈儿继续奔向圣维特。

17日夜间，炮兵们还在彻夜地赶路，克拉克盼望的第7装甲师主力部队终于到了，他们随即在圣维特周围从西北到西南依次布设，以三个战斗群为主构成了一个半环形的防御圈，骑兵群和战斗工兵分散其中，克拉克白捡来的第275自行火炮营在得到3个军属炮兵连的支援下不停地开火，阻断德军从东面前进的公路，他们依旧是整个防御圈儿里面唯一的炮兵部队。

在救援106师两个团的方向，B战斗群一个坦克营和一个装步营也做好了战斗准备，但是师属炮兵部队没有到位，没有炮火支援的他们很难取得战果，而且德军也是越来越多，进攻尚堡的计划一拖再拖。

18日早上8：00，德军发动了一次大规模的火力侦察，驻守东北方向的骑兵侦察中队两个连被第18国民掷弹兵师的一个机动营进攻，美军经过激战后无奈撤回圣维特。与此同时，美军在东面也遭到了德军先头部队的进攻。很明显，德军在圣维特北面和东面开始集结大批的装甲部队。

此刻大家都很清楚了，尚堡是无法进行反攻计划了，若反攻的话，圣维特估计也守不住，至于106师两个团的官兵，只能靠自己了！

其实，德军的心里也是忐忑的，第18国民掷弹兵师一方面用重兵扼守尚堡，另一方面用师属炮兵部队对包围圈内的美军进行压制。

幸运再一次降临到美军头上，在波图这个圣维特北部重要的十字路口，实力强大的汉森战斗群被命令放弃这个刚刚占领的重要据点，前往增援深陷困境的派普战斗群，汉森无奈之下只得离开，美军自然不会放过这个好机会，A战斗群随即派出主力，收复了这一重要地段，如果没有汉森战斗群的离开，估计圣维特就岌岌可危了。

18日晚上，琼斯少将决定将自己的师部搬迁到维尔萨姆，但是他一直担心自己在包围圈中的儿子，根本没有心思指挥作战，而且整个106师也没有多少部队了，指挥权被转交给了军衔较低的哈斯布鲁克准将手中，可是整个圣维特区域内一共有106师、第7装甲师、第9装甲师B战斗群、第14骑兵群，一共有一个少将、三个准将，这个指挥权也没有彻底解决，只是现在唯一可以确定的是，守住圣维特是目前的当务之急。

就在这一天，希特勒否决了老帅龙德施泰特让亚琛的第15集团军出动的建议，使得盟军可以尽可能地支援阿登山区。

19日，被围的两个团还是没有过多的突围的消息传来，而且由于天气变坏，空投计划也取消了，这对被围的美军来说，最后的希望也破灭了。对于圣维特的人来说，也有好消息传来，28师112团被德军分割，无法撤回师部，随即奔向圣维特方向。112团的到来加强了圣维特的防御能力，虽然他们丢失了大部分的装备，好歹人数上损伤并不大，还有一个消息，就是师属炮兵部队终于赶到了，他们的到来为圣维特提供了更为强大的炮火支援。

然而，坏消息也随即传来，美军第106师422团、423团所属7000余人向德军投降！

德军对于这个好消息自然是欣喜若狂，莫德尔和曼托菲尔都来到了第18国民掷弹兵师师部表示祝贺，并且下达尽快包围圣维特的命令，只是糟糕的交通让德军推进的速度极为缓慢，尽管如此，德军还是做好了全面包围圣维特的计划，而莫德尔还带来了一支极为强悍的部队——元首卫队旅。

元首卫队旅的前身是希特勒位于东普鲁士"狼穴"指挥部的警卫部队，由于德军在东普鲁士的溃败，"狼穴"被放弃，警卫部队随即被整编为旅级战斗群。希特勒对于这支部队寄予厚望，也尽可能地为部队提供各种装备，整个元首卫队旅拥有3个掷弹兵营、一个Ⅳ号坦克营、一个突击炮营，还有8个高射炮连（他们是希特勒的防空警卫队），所有的成员大多都是警卫希特勒的骨干力量，作战勇猛，不过，这支部队也得到了跟派普战斗群一样的命令，只要攻下圣维特，立即以最快的速度向马斯河前进。

第三节
圣维特守军的各种"惊喜"

12月20日,对于圣维特的守军来说,这是一个充满着无数惊喜的日子,谁也不知道下一刻听到的消息会是什么。

此时的圣维特已经成为一座孤岛,跟周围所有友军的联系都非常的微弱,只有通往美军第1集团军军部斯帕的道路还是畅通的,只是谁也不知道什么时间会断开。哈斯布鲁克随即向美军第1集团军司令部报告了目前的情况,并且得到了第1集团军的回复:李奇微的第18空降军已经做好了增援准备,正从西面向圣维特靠拢。

能够与上级单位建立联系自然是欢欣鼓舞的事情,不过,随后发生一件令人啼笑皆非的事情。

第7装甲师B战斗群司令克拉克准将被抓了,而且是美军自己人干的!

事情很简单,独自一个人的克拉克在防线上检查防御状况,遇到一个路口的时候,被几个第106师的宪兵拦住了。在美军当中,宪兵拥有很大的权力,他们是全美最"牛"的兵,不管是不是自己所在部队的,他们都可以依照条例扣押任何美军人员。克拉克准将也是倒霉,这几天美军正被斯科尔兹尼的特种部队搞得人心惶惶,正好碰到这个高大的美国将军出现,宪兵们立即上前敬礼、检查,一切似乎都没有什么异常,带队的上尉突然问了克拉克一个棒球问题,天知道克拉克可能不喜欢这项运动,随便胡诌了一个,这下子宪兵们可算是逮着机会了,这绝对是一个"德国间谍"!

克拉克赶紧为自己辩解："我是第 7 装甲师 B 战斗群指挥官克拉克准将！"

"你绝对是德国间谍！"宪兵们可不管三七二十一，立即把克拉克关进了一间临时牢房当中。

围观的人群中有一个第 7 装甲师的一等兵，但是他也不敢前去证明宪兵抓错了人，这些疯狂的家伙正在兴头上，他们连货真价实的准将都敢抓，自己一个一等兵还不被就地枪决了啊，赶紧去找人来解决这个问题吧！

自己的指挥官失踪了，B 战斗群立即炸锅了，几个小时都不见踪影，司令部和警卫头头们差点儿就疯了，难道被斯科尔兹尼的特种部队抓走了？这些家伙跟宪兵想到一块儿了。

这些家伙差点儿上报盟军最高统帅部，一个将军没了，这可比两个团投降的事情大多了！

这个时候，一等兵来到司令部的门口，把克拉克被宪兵逮起来的消息送了过来……于是，被关押了 5 个多小时的克拉克准将终于被放出来了。抓错了一个将军，这在什么地方都不是一个开玩笑的事情，但是厚脸皮的宪兵上尉还找克拉克签名，理由是克拉克是自己抓到的最大的官！克拉克也是一脸的无奈，总不能怪这个宪兵太尽职了吧？都是德国人干的好事！

这算是圣维特保卫战当中一个小小的浪花吧，此时的圣维特防御力量得到极大的增强，德军的几次小规模的进攻都遭到了猛烈的炮火压制，所有的战斗都是无果而终，原本寄予厚望的元首卫队旅主力重蹈覆辙，被泥泞拥挤的道路困住了，正在一步步地向前挪。

元首卫队旅终于挪到了圣维特的城下，旅长雷默被告知圣维特防守严密，他自然不信这个邪，利用大雾天气准备了一个装甲连突袭美军阵地，不料被美军 90 毫米坦克歼击车发现，仅仅用 7 发炮弹就报销了刚露头的 4 辆"小豹子"，吓得后面的突击炮就没敢露面。第 18 国民掷弹兵师一个团也参与了偷袭行动，他们很快被美军炮兵们发现，这些炮兵毫不客气地将无数的炮弹扔给了德军，一个团就地瓦解，这也算是为 106 师两个团的弟兄们报仇了，密集的火力网很显然是德军进攻圣维特第一道的麻烦。

20日夜间，驻守圣维特的美军收到了一份意外的礼物：来自盟军总司令艾森豪威尔的电报。艾森豪威尔对于圣维特守军的英勇表现表示敬意，并且告诉他们圣维特位置重要，对于牵制敌军的行动有着巨大的作用。最高统帅的来电鼓舞着部队的士气，大家都意识到自己在这里的每一时刻都是具有极高价值的。

21日，圣维特的守军们已经牢牢地控制住自己的北部和东部防线，南翼也得到了一定的掩护，第82空降师也在他们的西侧呼应，西部后方的安全有一定的保证，弹药补给也不是什么太大问题，剩下的就看德军如何进攻了，圣维特此时已经成为德军手心中的一根刺，德军无论如何要解决这个棘手的问题。

第四节
德军的超大规模进攻

21日下午16:00,经过小规模的作战,德军所有作战部队已经就位,随即德军的火炮和火箭炮开始发威了,大规模不间断的弹幕射击,甚至连老兵都没有见过,树林不再是散兵们的安全之所,横飞的碎片造成了巨大的伤亡。

德军从东部沿着尚堡公路发动进攻,猛烈的炮火造成极其严重的伤害,美军前沿的通信系统也崩溃了,留守此地的谢尔曼坦克瞬间就被飞来的炮弹摧毁,装有夜视系统的豹式坦克轻而易举地清除着美军的火力点,美军第7装甲师B战斗群的防线被突破,除去少部分人被俘之外,大部分都在战斗中力战而死。

克拉克立即在午夜前重新构建了一道新的防线,但是工事简单,不堪一击。B战斗群是一支经过战争考验的历史悠久的部队,尽管防线被突破,撤离的人员还是井然有序地再次构筑了新的防御阵地,而且还有时间通知相邻的第9装甲师B战斗群,两支部队的接合部随即向后撤退了2公里。

这个时候,美军发现了一个新的战场情况,党卫军第2帝国装甲师出现在南翼,而南部是圣维特最为薄弱的地带,一旦被突破的话,后果不堪设想。

21日夜,元首卫队旅从北侧发动进攻,突破了圣维特西北的罗德村,驻守此地的第48装步营的谢尔曼无力抵抗德军坦克,在被德军杀伤之后,只得撤离。与此同时,在元首卫队旅的侧翼,党卫军第9"霍亨斯陶芬"装甲师也出现了身影,而且派出了一个战斗群进攻维尔萨姆。面对如此严峻的情况，克拉克除了撤退别无他法，只得放弃圣维特西侧简陋的防线，继续向西撤离。

21日深夜，第18空降军军长李奇微向哈斯布鲁克下令：424团和112团撤离阵地，在圣维特以西和萨尔姆河以东区域建立环形防线，如果被德军包围，补给由空投解决。

但是摆在圣维特守军面前的问题还是巨大的，当前的阵地在德军猛烈的炮火中根本无法支撑，天知道德国佬从哪里弄来了这么多的炮，而且整个新的防御圈内，只有一条西北东南走向的公路，其他都是被积雪覆盖的森林小路，装甲部队根本无法机动展开，而且在这种环境中，空中补给如何解决？要是没有补给的话，他们这些人绝对要重蹈106师422团、423团的命运，这显然是一个巨大的火坑。

就是火坑也得跳，否则在德军的猛烈炮火当中，就是死路一条，由于道路的泥泞拥堵，撤离是一项极为困难的事情，好在德军也没有占到什么便宜，大量德军从东北南三面冲进圣维特，造成了巨大的交通阻塞和混乱。

德军占领圣维特之后，被这里复杂的路网和密布的地雷所阻滞，大部分冲进镇内的部队都被堵在了里面，只有外围的部队还有一些良好的机动性，这个该死的道路成为困扰两军最大的问题了。

22日，涌向圣维特的德军车队完全失去了控制，几乎所有的车辆都无法动弹，甚至连莫德尔进入城内的时候，都需要步行。宪兵指挥不了国防军军官，国防军军官命令不了党卫军，炮兵只好在森林小路中行进，却陷在泥潭中无法动弹。对于德军而言，这根本就是一场巨大的灾难，如果不是盟军飞机无法出动，那么圣维特就成为他们的终结点了，也是因为德军的混乱，让圣维特撤出去的美军有了喘息的机会。

22日，在盟军最高统帅部的任命下，蒙哥马利元帅接管阿登山区北部所有部队的指挥权，而且授权他可以放弃这一区域，以便能够组织更多的力量展开反击。

由于对新的"鸭蛋防御圈"没有信心，哈斯布鲁克和琼斯向李奇微提交了反对意见的报告，李奇微作为"天生就是被包围的"空降兵出身，对于装甲部队的需求并不了解，双方为此相互指责，最后蒙哥马利与第1集团军司令霍奇斯商议之后，还是下达了撤退命令。

但是圣维特守军大部分的部队还在跟德军的接触当中，想要这么快撤出来不是一件简单的事情，而且后撤路线上的路况太差，泥泞的道路甚至淹没了车轮，加之部队的车辆众多，一旦发生拥堵，大家就等待挨炮弹吧。

22日夜，哈斯布鲁克制订了一套极为谨慎的撤离方案，从最西边的部队开始，一步步地后撤，后卫部队也要一次分段阻击，如此繁冗的计划全部靠通信官人力传达，防止被敌人发现撤离计划。

23日凌晨00：30分，后撤正式开始。

此刻德军大部分的部队依旧挤在圣维特的街道上动弹不得，甚至莫德尔元帅都亲自出面指挥交通，经过一段时间的努力，2个团的战斗部队终于从城南迂回过去，进攻美军松散的防御线。第7装甲师B战斗群面对德军优势兵力进攻，根本无法抵挡，特别是当德军的火炮准备就绪之后，情况更加的危急，克拉克手下的几个营长都觉得顶不住了，纷纷向克拉克打电话，如果再不撤退，大家就真的都成煮熟的鸭子飞不了了，第9装甲师B战斗群也是同样的境地。两个疲惫的战斗群眼看就已经撑不住了，甚至通过电话都能够听到两个战斗群越来越近的枪声。

可是克拉克也不敢提前让他们撤出来，一旦后方的部队还没有完全撤出，两个战斗群的装甲部队极有可能会被堵在泥泞的后撤道路上，那个时候，别说是德军装甲部队了，就是步兵也能吞了他们。克拉克一面焦急地询问后撤队伍的撤退状况，一面查看外面的道路。

12月23日6：00，可能是上帝不愿意抛弃这22000名美军官兵的性命，一场寒流突然席卷了圣维特，将泥泞的地面冻结了，这对于装甲部队来说简直就是天赐良机，克拉克立即下令所有部队开始撤离！当所有车辆发出轰鸣声离开原地的时候，德军的炮弹也落了下来。

成功撤离的部队得到了上级的高度赞赏，然而很难统计出在圣维特保卫战中，到底有多少部队损失，仅仅知道106师和第14骑兵群在之前德军突袭当中就损失惨重，只第7装甲师和第14骑兵群就有3000余人的伤亡记录，炮兵、工兵、反坦克以及后勤部队则从未统计，第7装甲师损失了59辆中型坦克、29辆轻型坦克和25辆装甲车。

圣维特保卫战对于阿登反击战的影响被掩盖在巴斯托尼战斗的光影之下，就因为他们丢失了自己的阵地或者被俘了7000余人吗？实际上，在圣维特，进攻他们的部队超过1个军，他们坚持了整整7天，而且牢固地斩断了德军南北两支主力的联系，大大延缓了第5装甲军的后勤补给、车辆推进时间，最后他们在极度困难下成功撤离，并在不久之后重返战场，这一切都是值得赞赏的。

第七章

巴斯托尼争夺战

第一节
绝望中的巴斯托尼

12月16日清晨,当20万德军冲出阿登山区茂密的森林时,米德尔顿也傻眼了,他防区内的守军不是人员短缺,就是经验不足,在短短的几个小时内,德军突进的速度极快,让他措手不及。虽然他手中还有第9装甲师一个战斗群和4个工兵营组成的预备队,可是他手下的3个师都向他要增援部队,他实在拿不出来,那点儿预备队也只能用作打补丁,天知道这该死的希特勒到底要干什么!

16日上午,第8军和第12集团军群乃至盟军最高统帅部都严重低估了德军的进攻强度,战斗打响的初期,各部队仅仅报告区域性的遭袭,这主要是因为德军的炮火已经将美军的通信联系搞得七零八落,直到16日夜间,前线各团与师部的联系依旧非常困难。好在通过各处的报告,第8军终于理清了一些头绪,米德尔顿随即制订了一套应变方案。

首先,要求前线各团尽可能地坚守第一线,实在不行就向第1集团军方向靠拢,其次是放弃围堵德军的想法,尽可能地利用阿登山区复杂的地形和稀缺的路网,对于交通枢纽进行重点防护,比如说圣维特、巴斯托尼、卢森堡,等等,再就是立即向盟军统帅部求援,尽可能快地派出增援部队,毕竟仅凭第8军这点儿力量根本不足以阻止德军的进攻。

德军第一天的进攻让米德尔顿丢掉了大量阵地,前线部队损失惨重,圣维特也变得岌岌可危,他立即将手中的第168战斗工兵营增援给第106师,用于巩固106师部所在的圣维特,附近的装甲部队也正在赶去,这让米德尔顿稍稍放心下来。

接下来他的注意力集中在了巴斯托尼上面。

17日下午，德军对与28师的进攻迫使米德尔顿将手中的预备队全部部署在巴斯托尼以东的公路沿线，然后命令工兵们立即在巴斯托尼周边区域建立防御阵地，东边的阵地由第9装甲师R战斗群负责，这是米德尔顿手中唯一的机动作战力量，南边则是混成的战斗工兵群建立的防御阵地，为了防止德军的侦察部队从北面进攻，一些高炮、坦克歼击车和工兵等单位也在那边布防。

巴斯托尼匆忙建立防御阵地的时候，28师的防线被突破了，位于中央区域的110团几乎被全歼，28师109团和112团也在德军的重压之下分别撤往友邻部队的防区，暂时归其他区域的部队指挥，现在已经成为空架子的28师根本无力阻挡德军的进攻，现在的巴斯托尼只能靠R战斗群了。

第9装甲师R战斗群由52装甲步兵营、第2坦克营、第73自行火炮营组成，是第8军军长米德尔顿手中最后的装甲预备队，米德尔顿给他们的命令是"不惜一切代价"防御德军的进攻。

巴斯托尼之所以被米德尔顿重视，原因很简单，这里是一个极为重要的公路交汇点，7条硬面公路从这里向外延伸，还有两条铁路线路过这里，对地形崎岖、森林茂密的阿登山区来说，这是极为重要的。

在德军第5装甲集团军司令曼托菲尔看来，德国坦克和安特卫普之间，只有一个障碍，那就是巴斯托尼。他命令冯－路德维希率所部3个师，要不惜一切代价拿下巴斯托尼。

巴斯托尼唯一的战斗力量R战斗群被米德尔顿分成了两个特遣队，北部罗斯特遣队由坦克2营A连、一个装甲步兵连和一个战斗工兵排组成，他们监视着从克勒夫方向进入巴斯托尼的路口；南部的哈珀特遣队负责监视从威尔茨方向而来的敌人，他们由52装甲步兵营和第2坦克营组成，实力要比罗斯特遣队强一些。

12月18日，巴斯托尼战斗在预料中打响了！

上午10：00，罗斯特遣队发现有敌人出现在路障附近，立即呼叫第73自行火炮营的榴弹炮支援，很快就打退了德军第2装甲师侦察营的两次进攻。一个多小时之后，10多辆Ⅳ号坦克出现在美军视野当中，罗斯特遣队施放了烟幕弹，德军找不到美军的踪影，不敢擅自出击。

等到下午的时候，德军第2装甲师第3装甲团一个营的Ⅳ号坦克尽数到齐，面对强大的德军，罗斯特遣队在击毁16辆坦克之后，再也支撑不住了，请求支援。

然而别说是R战斗群了，就是米德尔顿手中也没有多余的兵力能够支援他们，而且他也知道罗斯特遣队根本无法阻挡德军的进攻，无论是撤退还是增援，都是一个结果。

米德尔顿告诉罗斯特遣队："已经来不及了，包围巴斯托尼的战斗刚刚开始，一兵一卒都要表现出他们的价值！"

14：30，罗斯特遣队发来了最后的报告，A连只剩下5辆坦克，步兵阵地已经被摧毁，负责支援的榴弹炮连也撤退了，特遣队已经无力抵御德军的进攻，整个公路已经被德军掌控。

入夜之后，更多的德国坦克出现在公路上，朝着巴斯托尼前进，随后哈珀特遣队成为德军的目标，最前方的几辆谢尔曼坦克被德军打爆，熊熊燃烧的大火照亮了半个天空，面对德军的坦克，步兵们没有太多的反抗余地，哈珀中校阵亡之后，残存的步兵退往朗维里，那里是R战斗群指挥部。

下午16：00左右，防守巴斯托尼的美军几乎在绝望的时候，一个振奋人心的消息如同一剂兴奋剂让他们顿时感到希望的降临，米德尔顿终于迎来了开战以来的第一拨援兵，美军第10装甲师B战斗群司令威廉·罗伯茨上校抵达巴斯托尼的第8军军部，他简单说明了一下眼下的战况，由于通往巴斯托尼的公路上至少有三处已经出现德军，米德尔顿要求增援的B战斗群兵分三路建立防御，虽然这样做容易被各个击破，可是眼下也没有什么好的方法，只能尽量阻滞德军的进攻速度，为盟军预备队第101空降师的到来赢得时间。

晚上20：00，朗维里的溃兵们得到了一个振奋的消息，巴顿的第3

集团军派援兵过来了,是第 10 装甲师,大家崩溃的心情这才慢慢地恢复,炮兵营也不停地向哈珀特遣队原来的驻地倾泻炮弹,阻滞德国坦克前进的步伐。

第二节
巴顿的第一批援兵

风尘仆仆的第 10 装甲师 B 战斗群随即分成彻里特遣队和奥哈拉特遣队，接管了 R 战斗群的阵地，还有一支走在队伍最后面的德索布莱特遣队被派往了北面的诺维尔。

最后出发的德索布莱特遣队按照布置，前往诺威尔镇，德索布莱少校手中只有 15 辆谢尔曼坦克和一个坦克歼击车排，还有少量的步兵和骑兵，这也是罗伯茨上校手中最后的一点儿兵力了，他还是毫不犹豫地让德索布莱带到了诺威尔，而且他告诉德索布莱："除非接到命令，否则严禁撤退！"

此时，罗伯茨并不知道德军第 2 装甲师将重点进攻诺威尔，否则的话，他也不会让实力最弱的德索布莱特遣队驻守那里。

特遣队到达诺威尔之后，德索布莱发现诺威尔镇外有两条公路，一条通向霍法利兹，另外一条通向布尔西，他随即让特遣队在两条公路上都设置路障，并且收拢了从前方溃败下来的第 8 军官兵，这些人大多筋疲力尽，少校从中挑选出一些官兵，提供了热食并且让他们尽量休息，他知道自己手头上兵力不足，到时候这些人可以起到不小的作用。

19 日凌晨，德索布莱得到报告，发现了德军的坦克，这是德军第 2 装甲师的先头部队，他们在彻底消灭了哈珀特遣队之后，不知道为什么没有直接进攻朗维里，而是突然调转方向奔向了巴斯托尼西北部的布尔西。

在布尔西村德索布莱特遣队设置的路障前，第 2 装甲师先头部队与美军遭遇，双方随即发生了简单的交火，不过，似乎都没有什么损伤。

德军在天快亮的时候，从霍法利兹方向出动了几辆坦克，美军损失了两辆坦克之后退回了诺威尔，德军紧跟其后，此时诺威尔被浓重的大雾笼罩，在美军的主阵地前，德军的两辆坦克被击毁，由于无法确定美军的数量和位置，德军暂时退了回去。在大雾弥漫的情况下，双方都无法确定自己的目标，德军的进攻显得非常谨慎，美军也是一样，他们同样看不到德军，双方就在浓雾中缓慢地交手，德军的几次小规模进攻都被击退了。

就在诺威尔遭到德军进攻的时候，由第9装甲师R战斗群残余力量一个排的轻型坦克、坦克歼击车和一个连的步兵组成的布斯特遣队从朗维里出发前去防守北部高地，他们正好与进攻诺威尔的德军第2装甲师前锋擦肩而过，一些失散的美军告诉布斯中校，一支庞大的德军装甲部队刚刚过去。布斯中校立即将这个消息通知了朗维里的指挥部，随后收拢了一下失散的美军，继续奔向自己的目的地。然而令他们没有想到的是，德军第2装甲师的先头部队在诺威尔遭到德索布莱特遣队的阻击，没有重炮的他们立即决定绕过诺威尔，却正好和布斯特遣队撞上了，特遣队丢掉了所有的重装备一溜烟儿地跑到森林当中躲了起来，德军也不愿意为了这些溃兵花费心思，总算让这200多人活了下来。

同样，在19日凌晨，美军的第58自行火炮营遭到了重型迫击炮的袭击，这说明第2装甲师的炮兵已经上来了，遭到袭击的R战斗群和彻里特遣队向德军进行了一轮齐射之后，收拾东西向后方的马格里特退却，不料，在这里遇到了德军的阻击，德军第26国民掷弹兵师的先头部队也已经冲到了马格里特，在这里设置了一条不甚强大的阻击阵地，彻里特遣队主力部队拼尽全力杀开一条血路，占据了马格里特村一个角落，准备等到天黑的时候伺机撤离，而在朗维里掩护战斗群撤离的美军则在德军夹击下几乎全灭。

在彻里特遣队跟德军打得不可开交的时候，位于马格里特西南的内弗城堡中的特遣队指挥部也被德军包围了，德军装甲教导师一部已经击溃了内弗十字路口的美军，两辆充当路障的坦克立即掉头奔向了指挥部。

随后美军利用内弗城堡坚固的石墙建立起防御工事，集中大量的自动武器向德军开火，特遣队指挥部在德军的猛攻中坚守了一天之后，19日午夜，这支队伍终于得到了撤离的命令，几十分钟之后，第101空降师的伞兵们将他们迎接到自己的战线当中。

虽然在巴斯托尼的外围战斗中，美国人表现得异常混乱和无助，无论是R战斗群还是彻里特遣队都表现得那么不尽如人意，但是他们阻滞了德国人占领巴斯托尼的计划，等到了第101空降师的到来。

第二节
101空降师的紧急增援

1944年12月18日凌晨4:00，法国兰斯。

正在睡梦中的第101空降师官兵被刺耳的紧急集合唤醒了，作为盟军最高统帅部的战略预备队，他们知道有大事情发生了！

101空降师的官兵发现不仅仅是自己，连一起驻扎在兰斯的第82空降师也同样开始紧急行动起来了。

由于101空降师的师长泰勒将军几天前回华盛顿处理军务，其他的师级官员也都在英国总结之前的作战经验，现在整个101空降师由师炮兵指挥官安东尼·克里蒙特·麦考利夫准将代理师长。

经过简单的战情通报，101空降师配属米德尔顿的第8军，目的地是巴斯托尼，第82空降师配属第5军，前往巴斯托尼以北40公里的韦尔博蒙。

由于时间紧迫，101空降师集结了501团、502团、506团和327团四个团的兵力，乘坐380辆卡车开着大灯从驻地出发，在泥泞的道路上疾驰了180公里，冲向巴斯托尼。

18日夜间，101空降师的先头部队抵达巴斯托尼，不过，眼前的景象让他们大吃一惊。

28师已经被击溃，大量的散兵不断从巴斯托尼的东边涌入，从西边溃退，许多人被德军的突袭吓坏了，当然，也有一部分人愿意坚守此地，先前抵达的第10装甲师B战斗群的罗伯茨上校将他们组建成一个"杂烩"战斗群。

此时遇到一个小小的难题——由于米德尔顿已经撤离，这么多杂乱的部队，由谁指挥的问题。最高军衔拥有指挥权自然不可否认，可是已经成为空架子的28师师长科塔少将已经是光杆司令了，实在不好意思要指挥权，罗伯茨作为装甲部队也不愿意接受空降兵的指挥，麦考利夫的回答更是针锋相对："难道我一个空降师要配属你一个战斗群吗？"

好在指挥权只是一个小小的插曲，101空降师的到来还是改善了巴斯托尼眼下的困境，接下来的事情就是如何守住的问题了，麦考利夫也得到了消息，自己面对的是德军第2装甲师、教导装甲师和第26国民掷弹兵师，如此强大的力量对于一个轻装空降师来说，显然是困难重重。

19日早晨6：00，麦考利夫首先派出了501团沿着朗维里公路向东阻击德军，一个连的57毫米反坦克炮也跟随着他们行动，令501团感到意外的是，在朗维里公路不远的地方，第9装甲师的自行火炮也加入了进来，他们本来是为R战斗群和彻里特遣队提供炮火支援的，伞兵们对这样的支援自然不会拒绝。

501团随后在距离巴斯托尼3公里的内弗火车站与装甲教导师的先头部队交上火，501团团长厄威尔中校知道德军拥有强大的火力，轻装的伞兵不可能正面击败对方，他立即将部队分散，一部占据后撤的桥梁，防止自己的退路被截断；一部则是占据内弗附近的一座高地，这里不仅可以控制内弗，还可以控制马格里特。

19日中午，厄威尔中校命令炮火覆盖德军，进攻的德军两个连伤亡惨重，不过，装甲教导师的大部分兵力都在肃清朗维里负责掩护彻里特遣队后撤的美军，并没有及时赶来，这让501团捡了个大便宜。

这种便宜不是谁都能捞着的，506伞兵团就没有这样好运气，他们布防的位置在巴斯托尼东北的诺威尔，悲催的德索布莱特遣队正在此地跟德军第2装甲师打得焦头烂额，而且506伞兵团得到的命令是他们必须守住这个巴斯托尼的北大门。

当506伞兵团进入诺威尔的时候，遭到了德军猛烈的重炮轰击，而整个小镇上几乎看不到生命迹象，德军还占据了诺威尔较高的地势，居高临下对美军进行炮轰。美军立即组织3个连的兵力在坦克的掩护下，对高地发动突击，十几分钟之后，美军在付出惨重代价之后，终于杀出了一条血路占领了高地。

由于这里的地形对于德军来说非常重要，他们立即发动反扑，30余辆坦克冲向美军阵地，危机时刻，米德尔顿手中唯一的装甲预备队出现了，第705坦克歼击营的一个M18坦克歼击排增援过来，并且在远距离内击毁了至少5辆德军坦克，双方的进攻都暂时停止了。

由于轻装的伞兵根本无法对抗德军第2装甲师的坦克，何况根据白天作战的情况来看，进攻诺威尔的部队绝对是第2装甲师的主力，再加上诺威尔的位置在地图上看处于整个巴斯托尼的最前端，死守此地对于整个防线意义并不大，而且容易遭到德军装甲部队的包围。

但是从第8军军部传来的消息，要求506团必须死守此地。

夜晚的诺威尔成为美军的噩梦，德军不停地用重炮轰击镇内，一发88毫米炮弹落入驻守镇内的506团1营营部附近，营长拉普拉德中校阵亡，侥幸生还的德索布莱少校也受伤了，好在美军并没有出现太大的波动，凭借这里浓重的大雾掩护，没有步兵掩护的德军坦克不敢轻易出动，美军依旧扼守着这座巴斯托尼的北大门。

然而对于101师甚至整个巴斯托尼守军来说，一个噩耗突然传来，19日夜，不知道从什么地方冒出来的德军突袭了101空降师的后勤基地，一百余名医护人员被俘，大多数医疗器械和药品被德军缴获，运输车辆也被摧毁。这一打击是巨大的，整个巴斯托尼守军只剩下6名军医和113名医护兵了，医疗器械也奇缺，这对守卫战来讲是一个极为严重的问题，好在第8军的仓库内还有一些食品物资，勉强能够让大家吃饱肚子。

就在101空降师和巴斯托尼的守军战战兢兢的时候，上帝似乎再次眷顾了他们。在得到101空降师已经增援巴斯托尼的情报之后，摆在德军第47装甲军面前的情况是，第2装甲师在巴斯托尼的北面被挡在了诺威尔镇，从对方的阻击程度来看，继续进攻巴斯托尼的路程绝对没有那容易的；装甲教导师在南边也是没有太大的进展，而且它的炮兵和大部分的辎重还在跟泥泞的道路作斗争；中间的第 26 国民掷弹兵师刚刚步行赶到，不可能即刻就发动进攻。

由于现在巴斯托尼已经成为"如果可能便要夺取"的目标，那么元首的马斯河任务更为重要，但是如果进攻马斯河的话，巴斯托尼就好像一根鱼刺一样卡在喉咙当中，可是要进攻巴斯托尼，就必须派上整个第 47 装甲军的力量，现在按照之前的时间表，他们已经落后了，盟军的反应速度超过他们的想象，如果再耽误下去的话，马斯河还不知道有多少的部队在等着呢，101 空降师虽然只是一个轻装师，想要肃清的话，花费的事情绝对不会太少。

希特勒那不切实际的期望占据了德军将领们的思想，他们作出了第一个改变整个战场形势的计划：

第 2 装甲师不用理会巴斯托尼的守军，拿下诺威尔之后立即向西，一刻不停。

第 26 国民掷弹兵师负责包围并进攻巴斯托尼。

装甲教导师从东面进攻巴斯托尼，如果对方抵抗过于激烈，则由第 26 国民掷弹兵师继续围困，主力随同第 2 装甲师向西进攻马斯河。

这道计划下达之后，本来就无心恋战的装甲教导师毫不犹豫地留下一个团看守马格里特路口，一个团配属第 26 国民掷弹兵师，然后主力绕到巴斯托尼南侧，一路向西走了……

第四节
最危险的时候已经过去

德军第 2 装甲师依旧在进攻诺威尔，美军在对方强大的装甲力量面前毫无招架之力，仅剩的几辆坦克也濒临弹药打光的境地，伤员也是急剧增加，驻守诺威尔的 1 营已经伤亡超过 200 人，德索布莱特遣队也同样损失了 200 多人，而且大部分的装甲车辆已损毁，再这样固守下去的话，全军覆没的可能性会很大。

麦考利夫跟罗伯茨商议之后，决定撤出诺威尔，毕竟在这种实力悬殊的攻防战中，每一个美军士兵都是宝贵的，用不着白白牺牲。依旧是诺威尔的大雾拯救了美军士兵的性命，当伞兵和装甲特遣队撤离的时候，德军并不知道，依旧不紧不慢地射击。

令麦考利夫感到欣慰的是，虽然美军撤出了诺威尔，但是第 2 装甲师并没有从这里继续进攻巴斯托尼，而是远远地看了一眼，随后就全师冲向了马斯河。

由于情报显示德军第 2 装甲师和装甲教导师已经从南北两侧向西进发，感觉到事态恶化的米德尔顿立即授权麦考利夫指挥巴斯托尼周围所有的美军部队，眼下可不是争权的时候，装甲兵也同意这一观点。

在担惊受怕之中，麦考利夫密切关注着这两支强大部队的去向，在麦考利夫的心中上帝终于眷顾着他们，两支部队绕过巴斯托尼之后并没有发动进攻，而是继续往西去了，不管他们会对西部马斯河方向的美军造成多大的影响，那是盟军统帅部要担心的事情，麦考利夫总算是微微地松了口气，巴斯托尼最危险的时候已经过去了。

还在为自己的后勤基地被德军端了而沮丧的麦考利夫接到了米德尔顿的电话，对于是否能够守住巴斯托尼的担心，他的回答是一定能！

麦考利夫也仅仅是嘴头上不能失了伞兵的气势，虽然德军第2装甲师和装甲教导师两支极具攻击力的队伍离开了巴斯托尼，可是留下的第26国民掷弹兵师也不是摆设，何况装甲教导师还留下了两个团的力量，巴斯托尼的危险并没有解除。

12月20日，巴斯托尼保卫战已经是第三天了。

经过麦考利夫的综合考量，巴斯托尼周围必须设置坚固的防线才能够抵御德军的大规模进攻，随即第101空降师502团防守镇北的隆尚区域，506团驻守东北方向，501团和327团1营负责东面的火车站和内弗，并且监视马格里特，327团2营防守马尔维方向的一大片区域，3营则在镇子的西北面，南边和西边他实在没有足够的兵力来维持了，只能靠原来的28师残余部队暂时监视。

麦考利夫的布置本来是没有太大问题的，毕竟这些方向上的德军力量极为强大，即便是伞兵们也没有足够的把握挡得住，然而德军也不是傻子，在进攻受挫后立即改变了战略。

20日晚，第26国民掷弹兵师的一个加强侦察营，突然出现在巴斯托尼的西侧，这里是"光杆司令"28师师长科塔少将收拢的残余部队驻守，缺少重武器的美军无法抵御德军的进攻。德军先头攻陷西伯里特、维洛克斯，途中缴获了没有步兵掩护的一个野战炮兵营，直到他们进攻到距离巴斯托尼只有5公里的赛农尚，遭到了驻守这里的第9装甲师R战斗群残部的顽强阻击。

21日，阿登山区凛冽的寒风发挥了强有力的效果，泥泞的道路全部都冻结了，这无论是对美军还是德军的机动部队来说无疑是一个好消息。虽然是天寒地冻，但德军还是在炮火的支援下猛攻501团驻守的内弗，这里是巴斯托尼的东大门，在多次击退德军的进攻之后，德军由于后勤问题暂时给了501团喘息的机会；西侧的德军在进攻赛农尚的时候也遭到了困难，收拢了3个炮兵营、1个防空营，还有17辆坦克的300多名美军并不是一块好啃的骨头。

虽然各处的德军进攻都没有太好的结果，可是对于整个巴斯托尼来说，德军已经完成了对镇子的全面包围，美军对外的通道尽数被德军占领。

在被围困的巴斯托尼，美军除了第 101 空降师之外，还有 3 个 155 榴弹炮营、3 个野战炮营、1 个坦克歼击营，先前抵达的第 10 装甲师 B 战斗群和米德尔顿的预备队 R 战斗群的大概 40 余辆坦克，再加上 101 空降师所属的炮兵营，麦考利夫手中足足有 100 余门的火炮力量可以动用。至于步兵方面，他还有 12 个营的兵力，其中 7 个还没有动用，另外，在镇子里面还有从前线撤离下来的各个部队的步兵将近 900 多人，最为关键的是虽然美军被彻底包围，可是通信联系还是非常通畅的，这对于守军的信心来说是极为重要的。

截至 12 月 22 日，将巴斯托尼美军包围的只有第 26 国民掷弹兵师一个加强师的力量，炮火力量甚至还不如包围圈内的美军，但是在巴斯托尼的西面，第 2 装甲师和装甲教导师随时可以回援，到那个时候，随便一个师就能够彻底灭掉巴斯托尼的美军。

第五节
Nuts！呼啸之鹰的回答

1944年12月22日11：30分。

第47装甲军军部的亨克尔少校和装甲教导师的一名德军中尉在两名德国士兵的陪同下，打着白旗出现在第101空降师327团F连的阵地前，他们是前来提交最后通牒的德国信使。

美军军士奥斯瓦尔德·巴特勒和医护兵恩斯特·普列梅兹接待了他们，普列梅兹略通德语。

德军中尉首先用英语讲道："我们是军事谈判代表，我们想同美军指挥官说话！"

两位德国军官立即被带往了327团作训参谋埃尔温·琼斯少校那里，然后递交了最后通牒，琼斯随即将信送往了师部。

这个时候，一个不知道从什么地方传出来的谣言在巴斯托尼泛滥了——德国人要投降了！

然而最后通牒的内容却是让美国人投降！

"你们已经被强大的德国装甲部队包围了，只有体面地把围困的巴斯托尼镇交出来，才可以免遭彻底毁灭，如果拒绝投降，德军将会使用1个炮兵军和6个重型高炮营来轰击巴斯托尼，炮击将对平民造成严重损失，这与众所周知的美国人道主义精神是违背的！"

麦考利夫看完信之后，随手扔到了地上，给德军一个明确的回复："Nuts！"

327团团长约瑟夫.H.哈珀乐颠颠地将这封只有一个单词的信件交给了德军信使，面对这个美国俚语，德军一脸的茫然。

哈珀充当了一次翻译："我们绝不投降，将军给你们的答复是'去死吧'，你们如果继续进攻的话，没有一个人能活着回去！"

德军同样用一种日耳曼民族的骄傲讲道："我们同样会干掉更多的美国人！"

麦考利夫这个比否定更加否定的回答立即在巴斯托尼传开了，这极大地鼓舞了大家的斗志，更令大家感到欢欣鼓舞的是，巴顿的第4装甲师正在赶来增援，而且盟军空军也利用德军轰炸的空隙空投了一些物资，虽然数量不多，也让美军坚定了固守待援的信心。

面对毫无畏惧的美军，德军决定困死他们，立即在巴斯托尼周围构筑坚固的防御阵地，进一步收紧对巴斯托尼的包围圈，压缩美军的回旋余地。

由于阿登山区刚刚下过大雪，所有的深色目标都变得非常醒目，德军迅速给车辆和人员都更换白色伪装，美军也同样用白床单和石灰水伪装坦克，虽然有些滑稽，但也有些作用。只是一个重大的问题摆在了麦考利夫的面前。虽然他对德军的劝降毫不在意，可是眼下美军由于这几天激烈的作战，弹药储备出现了问题，特别是炮弹更加缺乏，如果没有炮火支援的话，仅仅靠伞兵们手中的步枪，绝对挡不住德军，这个事情也在盟军统帅部的考虑当中，在巴顿和布莱德雷的紧急协调之下，一场以救援巴斯托尼的空投计划开始了。

这项代号为"反击"的空投行动从23日开始，在强大的盟军战斗机的保护下，260架C-47运输机进行了3次空投任务，投下了数百个降落伞，迫击炮弹、机枪子弹、防毒面具、医药用品、绷带、电池、急救血浆全有了，甚至还有从空中飘落下来的圣诞礼物，空军想得挺周全。

在空投行动进行的时候，第9航空队还出动了82架P-47"雷电"战斗轰炸机负责护航，并且在方便的时候，给予地面美军空中炮火支援，这样的近距离支援任务如雪中送炭，贡献巨大，极大地鼓舞了美军的士气，他们不是孤军作战！

面对美军得到支援，德军也毫不示弱，曼托菲尔的总预备队第15装甲掷弹兵师已经出现在巴斯托尼的战场上了，第3装甲掷弹兵师也在赶来，曼托菲尔已经意识到巴斯托尼的重要性，如果再拿不下巴斯托尼的话，马斯河就连想都不用想了。

面对德军的步步紧逼，麦考利夫也感觉到事态的严重性，虽然已经拥有了充足的物资保障，可是眼下美军的力量也是不均衡的，一旦薄弱点被突破，就会造成整个战线的溃败，他可不希望28师的惨状在自己身上发生。

麦考利夫立即决定改变整个巴斯托尼区域的防御阵地，将手中的4个伞兵团平均分配到巴斯托尼环形防御阵地上，原有的火炮尽数分配到每个团，使他们都得到轻型火炮加强，重炮则集中在整个防御圈的中心统一使用，所有的坦克和残兵组成预备队，这些残兵经历了各种激烈作战，已经经验丰富，战斗力得到很大提高，这支预备队可以让麦考利夫比较充裕地为前线补充兵员，不至于手头拮据。

12月24日，等待中的援兵还没有到，这让麦考利夫有些失望，他不知道为什么只有20多公里的路程，让一个装甲师步履维艰。

尽管战斗非常激烈和残酷，但24日白天，所有的美军据点都收到了一份用红白绿三种颜色制作的巴斯托尼地图，这是101师主官们给大家的圣诞礼物，红色是德军的占领区域，白色是美军被围区域，绿色则是麦考利夫写下的 Merry Christmas。

这个圣诞节，他们不能回家，但他们在漫天飞雪中的战斗阻止了希特勒的孤注一掷，使他没能送给德国人所允诺的那份特殊的圣诞礼物。

在圣诞节的前夜，一切都显得那么寂静，静得使人不安，这是总攻前特有的万籁俱寂。很显然，德国人是不会让巴斯托尼的守军好好过圣诞节的，25日凌晨2时45分，德军飞机轰炸了502团团部，而后重点炮击了502团位于尚斯的阵地，这里只有一个连的伞兵驻守，也是整个502团到327团之间的薄弱部位，由于夜间天色太暗，加上浓重的大雾，美军不知道德军到底要做什么。

凌晨4:00，德军突击队利用黑暗的掩护渗透进入尚斯，与美军激烈交火，随后德军两个团的兵力全力进攻，整个阵地乱成了一团，整个尚斯村陷入了一片混战当中，德军和美军交织在一起，甚至爆发了激烈的白刃战。得到德军突袭的消息之后，502团立即派出一个连的伞兵增援尚斯，由于天黑混战，美军也不敢动用太多的部队，只能等到事态明朗之后再行动。

令502团部和德军都没有想到的是，尚斯的美军居然在遭到突袭的情况下没有失守，没有坦克掩护的德军遇到了配属伞兵们的"装甲部队"，两辆M18坦克歼击车借助有利地形，完全控制住了尚斯的街道，而且利用M18强大的直瞄炮火对德军步兵展开了"屠杀"般的打击。

在502团跟德军打得不可开交的时候，临近的327团也遭到了进攻，只是进攻他们的不是步兵，而是坦克。两个营的德军在将近20辆Ⅳ号坦克的掩护下，几乎毫无阻碍地冲破了美军防线，速度之快令美军都没有来得及呼叫炮火支援。突破美军防线之后，这些坦克立即兵分两路，一路转向尚斯，准备两面夹击502团，另外一路则是直接冲向了巴斯托尼。

得到消息的502团已经无兵可派，团部除了几个主官之外，所有的勤杂人员甚至牧师都出动了，连野战医院的伤兵，能动的全部出动，同时立即向附近的坦克歼击车发出救援信号。

两辆M18歼击车立即藏在德军必经之路的一处草堆里，等到德军坦克刚刚出现，立即伏击了前往502团的坦克，击毁了3辆坦克之后不幸即被德军发现，两辆歼击车被击毁。

德军摸黑继续向尚斯前进，不料，误入了327团3营营部，把整个营部搞得鸡飞狗跳、四散而逃，不过，德军似乎对于这个人数很少的营部没有在意，甚至停下来吃了点儿早饭。

四散的美军重新在树林中集合起来，正好遇到了前来增援的另外两辆M18坦克歼击车，双方一合计就形成了计划，打回去！

伞兵在前面引路，M18悄悄地靠近了原来的营部，这些德国人吃完饭居然还没有走，他们似乎也没有想到四散的美军还会回来，根本没有太多的警惕性。面对突如其来的枪林弹雨，这回该轮到德军四散而逃了，德军

风雪鏖兵·fengxueaobing· 阿登战役·adengzhanyi·

坦克立即跑了出去，他们哪里想得到还有两辆 M18 正等着他们下锅呢！

两发穿甲弹完结了两辆德军坦克的使命，伞兵也毫不客气地拿出了巴祖卡，又一辆坦克中弹起火了。跟随坦克的掷弹兵则被伞兵的各种火力拿下，德军仅存的一辆坦克则是在混乱中完成了自己进攻尚斯的任务，不过，当即就被 502 团的伞兵打成了火球。

冲向巴斯托尼的那一路德军也好不到哪里去，他们似乎也走错了方向，直接冲到了美军重兵把守的赫姆劳尔，被驻守这里的美军炮兵观察员发现，这伙德军竟也停下来吃了一次早饭，炮兵营立即趁着这个机会设下了埋伏，在增援的两个伞兵连的帮助下，美军用各种武器覆盖了德军的坦克群，天知道都有什么武器，11 辆坦克化为零件儿了。

德军指挥部自从进攻部队出发之后，就再也没有得到过任何消息，两个团的德军就这样变成了美军的圣诞节礼物，还带上了将近 20 辆坦克，这样的圣诞季祝福令米德尔顿都有些吃惊。

由于圣诞季的进攻受挫，德军的伤亡惨重，特别是基层军官更是短缺，这对于作战部队来说是极为危险的，不仅仅如此，德军大量的炮火因

美军急调大批增援部队坚决阻击德军进攻，并积极准备反突击。到 1944 年 12 月 24 日，美、英军已有 24 个师 60 万人参战。图为滑出道路的美军 "Sherman M4" 坦克。

为炮弹用尽再也无法进行火力支援。26日，德军只发动了营级规模的进攻，再次被美军打退，士兵们顶着德军的炮火，趴在积雪的散兵坑里坚守阵地，盟军最高统帅部再次向巴斯托尼实施了空投计划，将近300架C-47执行了大规模的空投任务。

第六节
急速狂奔的小乔治·巴顿

巴斯托尼被全面包围之后，盟军统帅部也在第一时间得到了消息，现在唯一能够拯救巴斯托尼和第 101 空降师的人只有一个了！

美军第 3 集团军司令小乔治·史密斯·巴顿！

早在 1944 年 12 月 18 日，盟军总司令艾森豪威尔在布莱德利的司令部召开紧急会议，研究应付德军进攻的对策，决定于南部向德军发起反击，解救被围困的部队。当艾森豪威尔问巴顿何时可以发起进攻时，巴顿毫不犹豫地回答："1944 年 12 月 22 日早晨。"与会将领都以为他在信口开河。

巴顿却不动声色地说："这不是胡闹，我已经作好了安排，我的参谋人员正在拟订作战计划。我可以在 1944 年 12 月 22 日投入 3 个师——第 26 师、第 80 步兵师和第 4 装甲师。几天后可以投入 6 个师。但我决定用手头的兵力发起进攻，我不能等待，否则会失去出其不意的效果。"

艾森豪威尔同意了巴顿的计划。会议结束后，巴顿立刻给参谋长盖伊打电话，发出了行动命令：第 4 装甲师经隆维向阿尔隆挺进，第 80 师经过蒂翁维尔向卢森堡进攻，第 26 师已做好一切准备待命出发。他们并不知道巴顿为了给巴斯托尼解围，将整个第 3 集团军的作战方向完全改变，在数天内完成如此庞大的工作量，对于任何一个集团军司令部来说都是极其艰难的。

当然，巴顿是少有的在不受上级干扰下指挥战斗的，他可以随心所欲地施展自己的指挥才华。

根据巴顿的命令，第 3 集团军的指挥部在最短的时间内（20 日至 22 日）完成大量艰巨的工作：

1. 作战处做出了新的部署，将 3 个军由北向南的战线改为 4 个军由东向西的伸展，整个战线来了个 90°的大转弯。

2. 佩里上校组织了 1338 辆各种运输车辆，夜以继日地将部队和补给支队从前线转运到进攻阵地。总行驶里程达 160 万英里。

3. 马勒上校领导后勤处建立起一套新的补给系统，在 100 小时内转运了 62000 吨物资，并且重建了一套通信网，铺设了长达 30000 公里的野战电话线路，医疗部门也转移和建立了大量的野战医院，还包括向被围困的第 101 空降师空投补给的美 C-47 运输机群。

4. 科克上校的情报处绘制和分发了几十万张新战场的作战地图，做出了敌情分析报告，及时地改变了战斗序列。

巴顿自己也没有闲着，他和米姆斯中士开着他的吉普车跑遍了全军，独自完成了需要一个连的参谋人员才能做到的复杂工作。

巴顿对大雪中大衣上粘满了泥浆和雪花的士兵讲道："这个集团军的每一个人都必须知道，这场战斗我们绝不仓促行事，要么全胜，要么惨败，要把敌人的部队全部消灭，这帮德国兔崽子能做到的事情我们也能做，如果这些混蛋想要硬碰硬，那我们就奉陪到底！"

在巴顿煽动性演说的刺激下，第 3 集团军的部队顶着凛冽的寒风前进，指挥官站在坦克的指挥塔上调度和指挥部队的行进，就这样，在巴顿的指挥下，面对着德军的阻截和恶劣的天气，在短短的几天内，把一支十几万人的军队从萨尔地区快速调往阿登山区，实现了战线由南向北的全面转移。

1944 年 12 月 22 日晨 6 时，首先做增援准备的第 3 集团军第 3 军所属部队准时开始行动，第 4 装甲师从西侧直接冲向巴斯托尼；第 26 师在中间，进攻威尔茨；第 80 师在东边，他们的任务是夺回失去的绍尔河防线。在第 3 军的右翼，第 12 军也加紧准备着向北进攻，以便全面恢复绍尔河防线，这下德军第 7 集团军是老鼠吃玻璃碰上硬茬了。

巴顿给自己的部队提出的要求是：一旦进攻开始，不顾死活，勇往直前！

第 4 装甲师最先开始行动，在巴顿的参谋长加菲的指挥下，A 战斗群首先沿着前往巴斯托尼的公路一路狂速疾奔，23 日凌晨抵达距离巴斯托尼中心只有不足 20 公里的马特朗日。在这里扼守前往巴斯托尼的重要桥梁，第 5 伞兵师的一个连守卫着此地已经被炸毁的公路桥。

没等休息，临时抽调补充第 4 装甲师的第 82 空降师的伞兵们立即在炮火的掩护下，从桥梁的残骸中向德国同行们发动了进攻，作为盟军伞兵中的精锐（第 82 空降师甚至比第 101 空降师更精锐），伞兵们的战术素养不是德军所能够抵御的。凌晨 3：00，德军后撤，伞兵们占据了马特朗日，装甲部队却无法渡过绍尔河。

由于绍尔河这里水流湍急，第 4 装甲师几次架设浮桥都没有成功，直到军属工兵团抵达，这才架设了一条能够通过坦克的桥梁。此时已经到了下午，不过，第 4 装甲师并不担心，因为从马特朗日到巴斯托尼全部都是高等级公路，开车的话半个小时就能够抵达，他们甚至还告诉米德尔顿，希望当天晚上就能够与第 101 空降师会师。

然而他们并不知道，在这短短的 20 公里的道路上，遍布着被砍倒的参天大树，其中还夹杂着地雷和爆炸物等障碍，而且这些东西不少都是美军撤离的时候自己布置的，他们当初这样做的时候自然不会想到会给自己人带来多大的影响。

在 A 战斗群在马特朗日正在跟浮桥较劲的时候，B 战斗群也从西侧翻山越岭增援巴斯托尼。

在 A 战斗群受阻的时候，B 战斗群虽然也是一路坎坷，但行进速度还是比较快的，23 日中午的时候已经到了距离巴斯托尼 11 公里的布尔诺了，在击溃了德军伞兵的骚扰性阻击之后，夜里战斗群进入几公里外的绍蒙村，距离巴斯托尼又近了一步。

德军在绍蒙村这个前往巴斯托尼的必经之路上布置了重兵，第 5 伞兵师的一个连配属了大量炮火扼守此地，B 战斗群一夜战斗未果，依旧被缠在了绍蒙村，天亮之后，双方的炮火持续增大，人数处于劣势的德军渐渐不敌，就在这个时候，美军的坦克陷入了到处都是湿滑泥沼的道路当中，德军凭借有利地形拼死抵抗，不过，看样子能够坚持的时间也不长了。

得知美军大批的装甲部队出现在绍蒙村，围困巴斯托尼的德军第26国民掷弹兵师师长科科特立即派出了10余辆突击炮和一个团的步兵前来增援，由于绍蒙村处于一个盆地的最低端，德军突击炮居高临下顺势击毁了村子当中陷入泥沼的美军坦克，美军从来都没有遇到过这种一边倒的战斗，直到傍晚的时候，B战斗群没有再前进一步。

巴顿听说第4装甲师受阻，当即就急了，他再次下令："别管那些小镇了，先绕过去再说！"

A战斗群立即连夜出发，德军在公路上安置的反坦克力量让A战斗群有些心惊，好歹有惊无险，队伍很快抵达了瓦纳赫村。他们并没有想到德军在此地放了一个步兵营和一个突击炮排，美军轻装的先头部队几乎全军覆没，A战斗群立即派出坦克发动进攻，美军的谢尔曼坦克遭到重创，中午的时候已经损失了5辆坦克，自身也有数十人伤亡。在美军强大的装甲力量跟前，德军的阻击还是略显薄弱了，中午之后，德军开始在突击炮的掩护下撤离。

在A战斗群遭遇德军阻击的时候，他的右侧也出现了敌人，美军情报显示，一支德国装甲部队出现在距离他们4公里的比根维尔的小村子，加菲为了保护A战斗群的侧翼安全，立即出动R战斗群的两个营前往。

23日，当两个营的力量即将抵达比根维尔的时候，突然遭到德军的偷袭，在反击未果的情况下，美军再次出发，却再次遭到袭击，德军的伏兵显然是为了阻滞美军前进的步伐，他们的狙击手甚至射杀了先头坦克连的所有车长。24日清晨，郁闷的美军毫不犹豫地用炮火覆盖了整个村子，到中午的时候，德军的战斗才慢慢停止，缺少弹药的德军被俘虏了300余人。

12月24日，天气终于放晴了。盟军的7个战斗轰炸机群、11个中型轰炸机群、第8航空队的一个师以及皇家空军的运输机飞抵巴斯托尼上空。机群猛烈地轰炸了德军的目标，运输机投下各种补给物资。轰炸给德军造成了巨大的损失和心理压力，迫使德军放弃了24日进攻巴斯托尼的计划，这让麦考利夫稍微轻松了一些。

由于接二连三地遭到了德军的偷袭，第4装甲师意识到仅仅靠坦克已经无法打通与巴斯托尼的道路了，他们必须要加强步兵的实力才行，而且夜间作战对于坦克来说实在是太危险了，B战斗群甚至只剩下两个中型坦克排的作战力量了，其他的不是受损就是被击毁了。

在两个战斗群各自得到了一个营的步兵支援下，救援的步伐再次展开，A战斗群在步兵的协助下快速推进，25日夜间抵达了距离巴斯托尼11公里的霍兰格，而B战斗群在绍蒙村也是小心谨慎，刚刚发生的惨状让他们心有余悸，在坦克的掩护下，步兵们小心谨慎地肃清村子当中的德军。

24日晚，加菲意识到越是容易抵达的道路，德军的阻击越是严重，公路上设置了大量的障碍，按照这个速度101空降师估计等不到他们抵达的时候了，好在他还有一支队伍，他立即命令完成了打击A战斗群侧翼德军任务之后已经回到全师左侧的R战斗群立即出发，进攻巴斯托尼，支援B战斗群。

第七节
运气和决断是指挥员的制胜法宝

R 战斗群由著名的艾布拉姆斯中校担任营长的第 37 坦克营和第 53 装步营、第 94 自行火炮营和一个 155 毫米榴弹炮连组成。由于在西侧，这里的德军并不太多，再加上指挥官异常的运气，R 战斗群行进速度很快，甚至一个营的德国伞兵都没有来得及还手，就被炮火覆盖了。

从 24 日开始，天气转好，第 4 装甲师终于得到了空中支援，炮兵们也追了上来，强大的火力支援让阻击的德军第 5 伞兵师只有用地雷和参天大树才能够挡住第 4 装甲师的脚步。平心而论，德军第 5 伞兵师的表现也是异常优秀的，面对一个拥有强大炮火和空中支援的装甲师进攻，他们足足阻击了对方三天的时间，当然了，这里面也有地形的帮忙。

相对于 A、B 两个战斗群步履维艰、小心谨慎的行程，R 战斗群可谓是风光得意。12 月 26 日，R 战斗群发现整个地面都冻住了，这样的地形对于坦克来说简直是再好不过了，在空中战斗群的帮助下，面前几乎所有可能藏匿德军的地点都被炸了个遍，R 战斗群顺利抵达了克罗奇蒙，这是一个三岔路口，如果向西北就是德军重点把守的西伯里特，向北则是阿森诺斯。

站在路口，艾布拉姆斯跟 53 装步营营长贾克斯商量下一步的去向，由于命令要求攻占西伯里特，这里德军可能重点把守，他们手头上的兵力是否能啃动都是一个问题，两个家伙一商量，自作主张吧！

直接向北通过阿森诺斯，打进巴斯托尼！

那就别客气了，随后第 94 自行火炮营立即做好了炮轰阿森诺斯的准备，这个家伙甚至还从临近的 B 战斗群叫来了 3 个炮兵营的支援，艾布拉姆斯还向第 101 空降师发出了消息："第 4 装甲师即将赶到！"

12 月 26 日 16：20，R 战斗群的预备队坦克 C 连和装步营 C 连做好了进攻准备，由作训参谋德威特上尉指挥，坦克在前方开路，装甲车搭载着步兵紧跟其后。

16 时 34 分，总计 13 个炮兵连对阿森诺斯进行了猛烈的延伸炮击，同时，坦克和装甲车也枪炮齐鸣，向巴斯托尼方向冲击。被猛烈炮火覆盖的村子完全被烟雾和尘土笼罩，留下了 C 连的装甲步兵们跟德军来自第 5 伞兵师和第 26 国民掷弹兵师的混编部队交手，坦克 C 连独自冲向巴斯托尼。

16 时 50 分，这一时刻在第 4 装甲师的战史上留下了浓重的一笔，第 4 装甲师 R 战斗群第 37 坦克营 C 连连长查尔斯·博格斯中尉驾驶的谢尔曼 M-4 坦克出现在高速公路旁的一处碉堡旁，他看到一群身着美军制服的工兵正在攻打碉堡。

由于之前"格里芬行动"的干扰，工兵们虽然看到了谢尔曼坦克，还是立即躲了起来，博格斯中尉向他们喊道："我们是第 4 装甲师的！"

这群来自第 326 空降工兵营的士兵确认了对方的身份，立即向师部做了汇报，第 4 装甲师先头部队已经抵达的消息立即传遍了整个巴斯托尼，8 天的孤军奋战终于等来了援兵。

赶来的德威特上尉很快见到了麦考利夫，他向准将敬礼："将军，您还好吧？"

麦考利夫显然非常兴奋："嗨，见到你我非常高兴！"

随后德威特上尉电告艾布拉姆斯，自己已经突破德军防线，要求其余部队跟进，身体疲惫却精神饱满的 101 空降师师长麦考利夫准将连连称赞巴顿麾下"铁轮地狱"的速度和力量。

27 日凌晨 1：00，通往巴斯托尼的道路畅通无阻，70 辆救护车和 40 辆卡车组成的车队在坦克的护送下进入巴斯托尼，将近 1000 名重伤员被转移。

随后，前一天向最高统帅部要求伞降进入巴斯托尼被否决的第 101

空降师师长泰勒少将沿着刚刚打通的道路进入城内，并且接过了本师的指挥权。

此时的巴斯托尼状况已经得到了好转，物资源源不断地进入城内，甚至还包括10000磅火鸡，包围圈内的美军得到了充足的弹药补给，伤员问题也得到解决。

从12月18日开始，到27日援兵到来，第101空降师及其配属部队共有155名军官和1933名士兵伤亡，他们抓获了697名俘虏，击毙了估计有7000名德军，摧毁了大约200辆德军各式车辆。

这样的成绩无疑是巨大的，这不仅仅要归功于101空降师的伞兵们作战英勇，也要归功于指挥官卓有成效的战场配置，特别是强大的炮火支援，这起到了很大的作用。另外，精准的反坦克措施也使德军的装甲力量无法发挥应有的作用，优良的通信联系也使得包围圈内的美军拥有不败的信心和后来充足的空中支援。

当然了，所有的一切也要归功于希特勒的野心和对属下将领的影响力，如果两个装甲部队没有进攻马斯河的话，第101空降师可能也要重蹈第28师的覆辙，而且轻装的他们估计结果会更惨。

· 第八章 ·

突出部战场的装甲大战

第一节
寻找战机的第 3 装甲师

12 月 19 日,就在巴斯托尼的第 101 空降师遭到重重包围的时候,两个德国装甲师——第 2 装甲师和第 116 装甲师的侦察营几乎同时从巴斯托尼北面诺威尔到乌法利兹之间不足 3 公里的漏斗走廊渗透过来,在侦察营的后面就是两个由装甲师开路的第 5 装甲集团军的滚滚洪流。

只是两个师遭遇的境地各有不同,南边的德军第 2 装甲师在诺威尔到朗维里一路上跟美军打了一天一夜就没消停过。北侧的第 116 装甲师侦察营则是围着乌尔特河转了一大圈儿,就没见过几个美军的影子,不过,116 师被一个错误的情报误导,他们并没有攻占已经无人的乌法利兹,而是准备攻占西北方向的拉罗什。

116 装甲师还受到另外一个巨大的困扰,他们即将断顿了,部队的油料贮备见底了,要是继续前进的话,估计整个部队都无法维持最简单的机动作战能力,好在侦察营在贝托尼袭击了一个美军车队,弄到了珍贵的油料,这才让德军的坦克重新发动起来。随后,侦察营在南边的奥图威尔发现美军一座重型活动便桥,这是米德尔顿的第 8 军主要补给通道之一。

虽然美军已经考虑到要防守这座桥梁,可是手头上根本没有这么多的部队,只有几个排的兵力把守,面对德军庞大的装甲部队,美军唯一的方法依旧是炸桥,而且多数是当着德军的面儿把桥炸了。这种事情在阿登反击战中已经多次发生了,气得德军将领对于美军工兵破口大骂,这似乎是对工兵们的另类奖励吧!

当德军的先头部队抵达奥图威尔的时候,发现已经有美军工兵把守,德军意识到自己想要通过这座桥基本上是不可能的了，第116装甲师无奈之下只好掉头往北走，这次美军工兵没有出现在乌法利兹，耽误了一天时间的第116装甲师通过了乌法利兹，抵达乌尔特河北岸。不过，在这一期间，116装甲师的先遣营居然杀了一个回马枪，再次攻占了奥图威尔，而且发现大桥居然还完好无损，不过，此时主力已经向北，攻占这座桥也没有什么意义了，116师先遣营随即追赶大部队去了。

116装甲师的行为倒是为德军第2装甲师创造了条件，他们离开之后，美军重新回到了这里，见没有德军过来，便重新开放了大桥，建立了马尔什到巴斯托尼的通道，只是他们没想到的是——在第116装甲师的后面，还有一位"爷"正往这里赶着。

12月20日下午，第2装甲师拿下诺威尔之后，于午夜时分来到了奥图威尔南边的斯帕利蒙，他们这次亲眼看到了美军工兵炸桥的英勇身姿，无奈之下只好北上寻找桥梁，正好遇到了刚刚开通的奥图威尔大桥，德军毫不客气地对美军阵地展开了猛烈的轰击，恨不得把库存的炮弹都打出去，面对德军如此猛烈的炮火，工兵们的炸桥行动一直没能实现，甚至连坦克歼击车直接射击都无果而终，第2装甲师最终拿下了大桥，顺利通过了乌尔特河。

他们随后也遇到了跟116装甲师一样的难题——等待后勤部队的油料，这个难题白白地消耗了第2装甲师一天的宝贵时间。第116装甲师北上之后也不是没有好处，他们拿下了美军在桑雷的一个油料仓库，这个仓库是美军第7装甲师的。

20日，美军第3装甲师受李奇微的派遣，在巴斯托尼西侧掩护第18空降军的左翼安全。第3装甲师已经被分得支离破碎了，A战斗群在欧本搜索海德特上校那"遍地都是"的德军伞兵，B战斗群跟第30师围攻派普战斗群，当美军第3装甲师罗斯少将将自己的前线指挥所设置在霍顿的时候，他手下只有规模不大的R战斗群和一个侦察营的兵力，而且对于这一区域到底什么情况也是两眼一抹黑。

罗斯少将没有办法只能将自己手中的这点儿兵力分成3个特遣队，准确来说应该是侦察特遣队，来肃清这一区域的德军。三支特遣队除了在中路的特遣队发现一支兵力不明的德军之外，另外两支只发现德军的一些路障几乎都没遇到什么阻碍。由于没有跟德军交战，他们并不知道对方的番号和实力，更不用说意图了，他们还发现第7装甲师前往圣维特的时候在桑雷设置的一个后勤补给基地。

正是"瞌睡的时候有人送枕头"，这个基地也被德军第116装甲师盯上了。12月20日中午，116装甲师立即命令拜尔战斗群在第560国民掷弹兵师的配合下，全力进攻桑雷。此时的桑雷只有第7装甲师的后勤部门守卫，罗斯少将的侦察特遣队还没有抵达这里。而仅仅是德军的拜尔战斗群就拥有15辆豹式坦克和6辆Ⅳ号坦克，甚至还有一个营的炮火支援。

当美军发现德军出现的时候，驻守这里的第7装甲师后勤官员立即用最快的速度抢运这里的弹药和油料，但是桑雷的防御简直可以用一张纸来形容，重装备也只有一辆轻型坦克和两门四联装高射机枪，由于他们接到第3装甲师的一个特遣队即将增援的消息，美军并没有破坏储存的物资。

谁也没有料到进攻的德军实力如此强大，在德军猛烈的进攻中，仅仅半个小时，防守美军已经打光了几乎所有的弹药，但是依旧无法抵御第116装甲师的强大攻击，无奈之下美军只得撤离，给德军留下了25000加仑的汽油和15000人份的给养，好在将大部分人员和炮弹都撤出来了。

第3装甲师的侦察特遣队同时也出现在桑雷，却被迎头而上的德军逮了个正着，6辆中型坦克被击毁，在枪林弹雨中后撤的美军立即向第7装甲师汇报了德军的情况，他们被要求协同第3装甲师的美军一起夺回桑雷。

桑雷的战斗虽然耗费了德军向西进攻的时间，可也让德军第116装甲师所有的车辆加满了汽油，这让他们再次具有了强大的攻击性。

1944年12月20日，莫德尔由北到南视察了阿登前线，结果是喜忧参半，由于希特勒取消了第15集团军的进攻，合围艾尔森波恩岭周围美军第1集团军的计划已经破产，第6装甲集团军的矛头派普战斗群和150装甲旅也已经失败，冲击马斯河的重任就落在曼托菲尔身上了。

很显然，曼托菲尔的战绩不小，俘获了7000名美军，攻占圣维特，

116装甲师攻占了桑雷，已经逼近了霍顿的乌尔特河大桥，下一步只要拿下马尔什，那慕尔的马斯河渡口就在手中了，而且德军第2装甲师通过乌尔特河之后，距离马尔什也只有26公里，虽然比计划要晚一些，可是比起已经止步不前的迪特里希，他们还是很不错的，只是眼下的战斗已经持续了6天，部队的补给出现了问题，特别是巴斯托尼，这绝对是一个巨大隐患。

至于南边布兰登贝格尔的第7集团军，只要它能够守住自己的地盘，协助迪特里希拿下巴斯托尼就可以了，至于美军第12集团军群司令部卢森堡还是不要想了。不过，德军的情报人员还是散发了假消息，让布莱德雷好一阵惊慌，急忙让巴顿派出重兵镇守卢森堡，战前他怎么没有这么听话？

桑雷的丢失让美军第3装甲师感到如鲠在喉，这可是它前进道路上的交通和补给枢纽，尽管兵力不足，第3装甲师还是准备夺回桑雷，然而德军向霍顿的攻击让第3装甲师暂时放弃了这个想法，还是保住霍顿这个自己的后方指挥所和补给站要紧，反正桑雷的补给也被德军用了，等腾出手来再说吧。

12月20日，德军第58装甲军军长克吕格尔将军命令德军第116装甲师派出拜尔战斗群做好进攻霍顿的准备。

霍顿是一个小镇，它位于乌尔特河主河道的两岸，有两条重要的道路在此交汇，其中一条跨过乌尔特河通向更重要的交通枢纽马尔什，在霍顿的镇中心有一座双车道的木桥，河东岸驻扎着第3装甲师和R战斗群指挥部的维修分队，在河西岸驻扎着一个战斗工兵排。

21日清晨7:30，德军先头部队靠近霍顿，美军工兵们立即用卡车把道路堵死，巴祖卡和机枪也就位，准备应对德军的进攻。德军的装甲掷弹兵刚刚抵达，就被来自两岸的美军冰雹般的弹雨压制了。没了步兵随同的4辆豹式坦克冒险前行，美军手中无论是巴祖卡还是谢尔曼对于"小豹子"都没有产生什么伤害，反而被对方一一点名，最终，一辆豹式坦克开上了霍顿桥，但是桥上工兵们早就埋设了地雷，然后美军的巴祖卡疯狂地轰击豹式坦克，终于把它打趴下了，车组成员最终弃车逃离。

缺两个战斗群的第3装甲师实在没有过多的兵力支援霍顿，只能靠外来的援兵来支撑，只是援兵大多在路上缓慢行动，糟糕的交通是交战双方都极为头疼的事情。直到下午的时候，两个排的援兵到了，不过，德军似乎撤退了，这让工兵们很是奇怪。

现在第3装甲师的处境非常不利，西面和中央的特遣队都被德军逼退，夺回桑雷的计划也受挫，好在霍顿桥依旧在自己手中，第84师也保证派出更多的援兵，各处的特遣队也暂时安全，只是目前的战场形势还弄不清楚，谁也不知道德军的兵力到底有多少，他们的意图到底是什么。

此刻的德军也是一头雾水，他们被霍顿的工兵们的打击吓了一跳，让克吕格尔感觉到霍顿就是一个陷阱，要是继续进攻的话，恐怕会陷入死胡同，现在看来需要让第116装甲师南下从拉罗什渡河，而让第560国民掷弹兵师继续进攻乌尔特河渡口，因为劳赫特的德军第2装甲师已经占据了一个跨越乌尔特河的桥梁，犯不着让第116装甲师冒很大的危险，霍顿的工兵们凭借他们的拼死反抗逃过一劫。

在克吕格尔改变作战方向的时候，他的对手李奇微也开始加强在乌尔特河的兵力，第3装甲师的任务是建立一条稳固的战线，将德军从霍顿地区赶出去，重新夺回杜尚、桑雷区域的高地，至于防止德军突破乌尔特河的任务由R战斗群来负责，他们还得到了一个伞兵营的支援。

事情却不尽如人意，前往杜尚的特遣队接连遭遇了德军第560国民掷弹兵师的反击；而R战斗群则遭遇了和德军一样的困扰，他们没油了，只能老老实实地待在原地，好在德军对他们不感兴趣，只是派了些工兵监视他们；担任驱逐任务的战斗群更是遭遇了德军的直瞄火力打击，10余辆谢尔曼被击毁，伞兵们的进攻也被德军优势火力网拦了下来。

22日夜间，德军第116装甲师和第560国民掷弹兵师成功换防，美军没有任何的察觉。

此时摆在李奇微面前的情况有些不妙了，圣维特失守之后，大批的德军向西推进，党卫军第2装甲师的出现表明德军将对他的第18空降军发动大规模攻击，不顾一切地冲向斯帕、列日，现在不能管德军的第 116 装甲师了，美军第 3 装甲师的任务就是抵御意图向北突击的德军，为了这一个艰巨的任务，美军第 3 装甲师得到了补充，他手中目前有 3 个坦克营和 4 个装甲步兵连可用，两个伞兵营的到来也大大增加了他的步兵数量，另外，李奇微还给了他两个自行火炮营，虽然知道这点儿兵力对于第 3 装甲师师长罗斯来说还是有些捉襟见肘，但暂时也只能这样了。

23 日，第 3 装甲师的处境更加艰难，虽然这几天罗斯得到了零零碎碎的增援，可是怎么也比不上德军不断增强的进攻，原本计划中的反攻全部取消，他们已经不想这些了，能够守住防线就已经是最大的成绩了。在他的防线周围窥视的有德军帝国师、第 560 国民掷弹兵师、德军第 2 装甲师，第 560 国民掷弹兵师的威胁最为巨大，几乎所有的特遣队都遭到了德军的进攻，各处增援的部队根本无法与德军强大的兵力相抗衡，几乎所有的部队都处于艰难防守阶段，任何反攻都是异想天开，他们只能寄希望于德军改变主意。

可能是某个人的祈祷起了作用，估计大部分原因是德军已经耽搁了太多的时间，一旦盟军空中力量得到施放，自己的装甲部队就要遭殃了，于是 23 日，德军第 5 装甲集团军司令曼托菲尔直接下令：第 560 国民掷弹兵师立即放弃进攻北部，他们的目标是马尔什！

第 3 装甲师终于可以松一口气了，但是这并没有完，因为更为强横的德军帝国师已经在他北侧的曼海出现，他带来的威胁将会更大。

第二节
曼海争夺战的前奏

巴拉盖德弗莱图，阿登山区海拔最高的地区之一，这里虽然不如巴斯托尼、圣维特那么显赫，可也是重要的交通节点，有两条公路通过这里，一条连接巴斯托尼—列日，另外一条则是沿着乌尔特河北岸行进最为笔直的道路，连接着拉罗什和圣维特。

由于巴拉盖德弗莱图十字路口和房屋处于一片空地之上，北面和西面则是一片茂密的森林，东、南方向则是一片逐级下降的荒地，这种地形立即使得这个常见的十字路口变成了一个兵家必争之地。

盟军自然也知道这个地方，但实在是没有多余兵力在这里防守，当德军拿下圣维特之后，美军立即意识到这里可能是德军重点关注的地点，要是德军占据这里，那么第3装甲师和第82空降师将会被分隔开，到时候德军进可攻退可守，情况可就不好说了。

从19日开始，美军开始不断地往这里派遣部队，但这里是几支部队的接合部，大家都没有多余的兵力，所以过来的大部分队伍都是临时抽调出来的。首先抵达的是帕克少校带着的3门105毫米榴弹炮，他们的任务其实是在106师后方建立阻击阵地，随后第203防空营的4辆半履带车也抵达了，这些车上装载了四联装的12.7毫米高射机枪。

21日清晨，一支来自第560国民掷弹兵师的巡逻队想要来探听一下这里的美军虚实，立即被高射机枪的弹雨撕成了碎片，不过，美军发现其中一个阵亡的军官竟然来自帝国师，很显然，他是为刚刚帮助占领圣维特的帝国师勘察线路的，美军顿时有些惊慌了。

武装党卫军第2帝国装甲师是阿登反击战中为数不多没有受到太多损失的部队，帝国师拥有24辆Ⅳ号坦克、59辆豹式坦克、28辆突击炮和20辆坦克歼击车的装甲部队，在德军中一直被当作预备队。如果这支拥有强大装甲部队的帝国师到来的话，仅仅靠美军那几门小炮是绝对守不住的，他们立即向第7装甲师汇报了情况，哈斯布鲁克手中也没有太多的兵力，好在他也知道这里的重要性，向这里派出了第87骑兵中队的一个连协助帕克少校固守此地，他们得到的命令是"必须坚守这个十字路口"。

骑兵连的到来让帕克少校微微松了口气，等到晚上的时候，又一批美军增援过来了，来自第3装甲师凯恩特遣队的11辆坦克和一个侦察排，美军的实力总算不是那么难看了。

手中有了充足人手的帕克少校立即指挥坦克和装甲车在十字路口布置了环形防线，即便如此，如果帝国装甲师前来攻击的话，他们依旧是人家盘中的菜，无论第3装甲师还是第82空降师都对这里可能遭遇的威胁感到不安，在第3装甲师的特遣队抵达之后，第82空降师师长加文同样派出了一个连的伞兵增援这里，还从预备队中调出了一个营的伞兵驻守距离这里500米的弗莱图村。

似乎在等待美军完成防御阵地，德军一直没有展开进攻，这让帕克少校感到有些奇怪，实际上，德军并不是不想进攻，而是他们遇到了问题，一个一直困扰他们的巨大问题，负责进攻的帝国师没油了！他们一直在等待后方的油料供给。

12月23日凌晨，天刚蒙蒙亮的时候，预料中的德军进攻终于到来了，先是迫击炮和火炮对十字路口展开了不间断的轰击，而且强度也在逐渐增加。一个营的德军装甲掷弹兵对十字路口展开了进攻，美军随即展开了反击，在坦克的掩护下将德军的进攻击退了。

突袭被击退之后，德军并没有急于再次进攻，而是不断地用炮火袭扰美军阵地。得到十字路口美军遭到德军帝国师进攻的消息之后，美军第3装甲师再次增援了一个坦克排和数量不小的步兵，他们也知道德军缺少燃料，虽然帝国师的实力不弱，可是真正能够威胁到美军的并不是太多。

等到下午 16∶00，德军再次对美军阵地展开了炮击，这次的强度要超过以往，帕克少校立即意识到德军准备展开强攻了，果然，德军一个Ⅳ号坦克连和一个突击炮连为先锋，两个营的装甲掷弹兵全数出动，对美军阵地展开碾压式的进攻。

在十字路口这种开阔地带中，美军的谢尔曼坦克无法做出太多的机动防御，只能依靠 105 毫米榴弹炮压制德军坦克的进攻，Ⅳ号坦克连率先攻入美军阵地，美军在损失了两辆谢尔曼之后，德军 4 辆坦克被榴弹炮和谢尔曼联合击毁，还没等美军高兴起来，德军在突击炮掩护下的装甲掷弹兵出现在侧翼阵地上，随后在两辆豹式坦克掩护下的另一支装甲掷弹兵连也展开了进攻，豹式坦克立即打破了战场上的平衡，谢尔曼根本不是豹式坦克的对手，所有的谢尔曼都葬身豹式坦克的炮口之下。

没有了坦克掩护的美军根本无法顶住对方的火力压制，想要做最后一搏的美军很快就撑不住了，仅仅两个小时之后，在优势的装甲兵力掩护下，德军轻而易举地拿下了十字路口，美军伤亡 300 余人，100 多人被俘。

帝国师拿下十字路口之后，德军就彻底将美军第 82 空降师和第 3 装甲师的防御区域分割开来，他们下一个目标就是曼海。

相对于巴拉盖德弗莱图，曼海才是真正意义上的战略要地，德军一旦占领了曼海，不仅可以直接威胁到第 82 空降师和第 3 装甲师的腹地，还可以呼应正在巴斯托尼以西作战的德军第 5 装甲集团军。

面对这一严重事态，无论是第 18 空降军军长李奇微，还是第 3 装甲师师长罗斯，或者是第 82 空降师师长加文都立即作出了反应，必须要守住曼海，可是兵力从什么地方出呢？毕竟对手是拥有最新式"黑豹"坦克的帝国师，他们对美军坦克的威胁甚至不亚于令人胆寒的虎王坦克。

现在李奇微手中的预备队就是刚刚受到重创的第 7 装甲师和只有 1 个 424 团的第 106 师，他们根本没有机会得到休整。

就在美军在为曼海的防御伤透脑筋的时候，德军前线最高指挥层也发现这个重要契机，曼德尔立即下令已经在十字路口完成集结的帝国师随时展开对曼海的进攻，而德军第 66 军的两个师也被下令进攻萨尔姆河谷，替代警卫旗队师保护帝国师的右翼安全。对于德军而言，只要占据曼海，向西可以进攻霍顿，不仅可以为困在霍顿—马尔什方向的第 116 装甲师和第 560 国民掷弹兵师解围，向西北还能够拿下乌尔特河上的重要桥梁，从而打开通往马斯河的大门。

不过，德军的想法虽然是好的，可是美军也不会闲着，由于第 82 空降师正面出现的德军番号已经出现了德军帝国师、警卫旗队师、霍亨斯陶芬师和元首卫队旅，蒙哥马利感觉第 82 空降师有些危险了，立即下令让伞兵们后撤到曼海—特洛伊斯傍茨一线，尽量缩小第 18 空降军的防线，以集中力量应对德军的进攻。

第 82 空降师可是李奇微目前手中唯一堪称精锐的部队了，其他的部队不是受到重创，就是战斗经验不足，第 82 空降师这块好钢必须要用在刀刃上。

帝国师在元首卫队旅和第 560 国民掷弹兵师配合下缓步向曼海逼近，虽然美军不断进行阻击，可是面对优势兵力和火力的德军，他们除了英勇的战斗之外再也没有太多的选择了。

好在李奇微已经将圣维特周围区域的部队基本上都撤出来了，虽然他们已经疲惫不堪，但是还有足足 15000 人和 100 辆坦克，这股力量完全可以补充第 82 空降师兵力不足出现的空缺。

对于日益危机的曼海，李奇微立即命令哈斯布鲁克从他的第 7 装甲师内抽调出了状态还不错，前段战斗中并没有太多损失的 A 战斗群增援曼海，但是由于地形的影响，他们并没有跟附近的第 82 空降师和第 3 装甲师建立通信联系。

得知巴拉盖德弗莱图这个十字路口被帝国师占领，德军下一个目标就是曼海了，驻守曼海最前沿的美第 7 装甲师第 40 坦克营 A 连随即在曼海前方一条岔路口的附近布阵，连长艾伦上尉手里有 6 辆 M4 谢尔曼坦克可用，从这个岔路口开始，霍顿—曼海公路两旁密植松树，向北大约不到 2 公里时突然向西面转弯，然后重新转折向北。

在向北转弯处的东面有一片草场，纳尔逊上尉的 C 连的 9 辆"谢尔曼"

埋伏在此。在这里，浓密的松林和 S 形的道路对美国人向南面的视线构成了阻碍，不过，反过来对他们也是一种安全保障。在 C 连东面较远处的小村马勒普雷，B 连和 D 连的一批"谢尔曼"和 M5A1"斯图亚特"式轻型坦克部署在那里。

第 40 营的营部设在曼海，营长布朗中校正急着向上级要求增援，阿登战役打响时，该营编有 60 辆坦克，现在只剩下了 32 辆。第 40 营隶属于 A 战斗群，指挥官罗森鲍姆上校于 24 日上午也赶到了曼海，他指挥的兵力还有第 48 装甲步兵营、1 个坦克歼击车排、若干炮兵和工兵单位。这些大兵们在曼海附近构筑阵地后，都巴望着能过上一个不受干扰的圣诞节。

这个时候，一个意外出现了，蒙哥马利后撤的命令下达到了整个第 1 集团军，无论是第 82 空降师还是第 3 装甲师或者第 7 装甲师都接到命令后撤，包括曼海南部和东南部的美军。18 时，罗森鲍姆上校接到第 18 军军长李奇微少将的命令，要他的战斗群退到曼海北面的一处高地去，转移定于 22 时 30 分开始。

不知道是不是巧合的缘故，德军第 6 装甲集团军司令迪特里希希望帝国师的进攻时间也是在平安夜的这一时段，由于美军在曼海周围的制高点上都设置了观察哨，德军的一举一动都在他们的视线当中，德军选择在夜幕中发起袭击，担任突袭前锋任务的就是帝国师第 2 装甲团的豹式坦克营第 4 连。

豹式坦克第 4 连是帝国师一个极具战斗力的单位，其所击毁的装甲目标数量领先于同营各连。连长波尔是在 1944 年 4 月上任的，虽然只有 24 岁，却已经是东线战场上的坦克战老手，调往西线之后他在诺曼底战场上的纪录是击毁了 12 辆盟军坦克。

波尔的副手是颇为知名的"黑豹"王牌巴克曼。1944 年 7 月 27 日，巴克曼指挥 424 号"黑豹"在圣洛—库唐斯公路上设伏，一举击毁 9 辆"谢尔曼"而一战成名。

第三节
不占优势的谢尔曼

美军在"二战"后期主要的坦克力量就是M4谢尔曼中型坦克，由于使用统一的工业化零件，这款坦克最终的产量接近50000辆，是"二战"期间生产量最高的坦克之一。

谢尔曼坦克装备一门75毫米加农炮，所使用的高爆弹杀伤力巨大，可是穿甲弹的力量薄弱，谢尔曼可以在1000米的距离上击穿62毫米的钢板，这个穿甲能力甚至都不如苏军的T-34早期型号，与德军的现役坦克更是差距巨大，德军反坦克部队普遍装备88毫米高射炮平射使用，这种高射炮射程高达几千米，谢尔曼的射程根本打不着人家，而且大量的事实证明，谢尔曼在数百米的距离内进攻德军坦克，炮弹竟然能被反弹到空中，只有到1944年更换了新型穿甲弹之后，才能够在500米距离内击毁德军Ⅳ号坦克，但是对于虎式坦克或者豹式坦克却无能为力。

谢尔曼坦克的正面装甲能够抵御70毫米火炮进攻，德军无论是高射炮还是豹式坦克在2000米内，甚至Ⅳ坦克在1000米的距离就能够击穿谢尔曼的装甲，而且谢尔曼足足有一层楼3米那么高，在战场上是最理想的瞄准靶子，德军一辆虎式坦克在2000米之外一发炮弹穿透了半米后的水泥墙，还能够将后面的谢尔曼击毁。

美军后来也研发了加厚装甲的谢尔曼，但那个时候已经临近战争结束了，大部分时候美军还是使用常用的M4谢尔曼对阵德军坦克，而且谢尔曼使用的是汽油发动机，由于是薄皮大馅十八个褶，被誉为一打就着，每打必着的"打火机"。

好在谢尔曼也不是一无是处，谢尔曼具有强大的机动性，而且数量多，俗话说得好，猛虎斗不过群狼，笨拙的虎式坦克和豹式坦克大多都是被谢尔曼从侧面击毁，这也是美军坦克最大的优势所在了。

五号豹式中型坦克（德语：PanzerkampfwagenVPanther），是在1941年"巴巴罗萨"行动后，德国为应对苏联T-34中型坦克而研发生产的新型坦克，制式编号为Sd.Kfz.171。该坦克采用了新式55°倾斜装甲和加长身管的75毫米半自动KwK42 L70火炮，是第二次世界大战中最成功的中型坦克之一，被称为豹式或者黑豹。五号中型坦克在1943年的库尔斯克会战中首次投入实战，一直服役到第二次世界大战结束，在战争后期，该型坦克与IV号坦克是德军并列装甲主力。

豹式坦克无论是对阵苏联的T-34坦克，还是抗衡美军的M4谢尔曼，都具有压倒性的优势，但是豹式的工艺复杂，产量难以和T-34、M4谢尔曼等盟军坦克相比，因此经常处于战场上的数量劣势地位，即便如此，豹式坦克在战场的战绩还是令盟军感到胆寒。

1943年9月13日，科洛马克附近，党卫军第2帝国装甲师下属党卫军第2装甲团1营的7辆"黑豹"在霍尔泽上尉（其座车战术编号为101）的指挥下同苏军大约70辆T-34坦克作战。20分钟战斗中，28辆T-34坦克被摧毁，"黑豹"无一损伤；1944年7月28-29日，党卫军第5"维京"装甲师下属党卫军第5装甲团2营摧毁苏军107辆坦克，包括T-34、谢尔曼和瓦伦丁坦克，自己仅损失6辆坦克（1辆IV型坦克和5辆"黑豹"）。

在1944年12月，阿登反击战中的曼海争夺战中，德军的豹式坦克再次露出了它狰狞的面目，用击毁敌军坦克的方法显示了它的实力，让美军遭受了巨大的损失。

第四节

谢尔曼杀手

24日下午16∶38，第4连的所有17辆"黑豹"坦克全部准备完毕。第3排的5辆坦克受命充当先锋，连长波尔的座车402号"黑豹"紧随第3排，在他身后是巴克曼的401号座车，跟在两人后面的是第2排的5辆坦克，第1排的5辆坦克在队列中殿后。

为了保证对美军突袭的效果，帝国帅还特意为他们准备了一个"特洛伊木马"，这是一辆缴获的美军谢尔曼坦克，这辆坦克作为开路先锋，为后面的"黑豹"们作掩护，放松美军防御部队的警惕性。

24日圣诞前夜，夜空中没有太多的云彩，大半个硕大的月亮挂在空中，照射着地面上平整坚实的雪地。艾伦上尉和配属他们的一个装甲步兵连刚刚接到后撤的命令，就看到一辆高大的"谢尔曼"领头的坦克队伍朝着自己驶来，他们立即想当然地认为这是来自美军第3装甲师的一部分，他们甚至还朝着坦克挥手致意，然而德军突然开火，他们才意识到这是一个典型的"特洛伊木马"！

几分钟之后，打头的第3排就和美军A连发生了交战，一番炮火交换过后，两辆"谢尔曼"和1辆"黑豹"被击毁，A连剩下的4辆"谢尔曼"则朝东北方向撤退而去。

虽然有月光照耀，可夜间作战总是充满了不确定性，行驶了一会儿之后，巴克曼发现自己和友邻坦克分开了，于是他在公路上加速向北行进，希望尽快赶上应该在自己前面的大部队，巴克曼驾驶着401号"黑豹"独自行驶着，撒在白雪上的月光勾勒出了这辆德国坦克的轮廓，实际上它已经冲到了第4连队列的最前面，由于要保持无线电静默，巴克曼无从知道这一点。

巴克曼看到不远处的路边停着1辆坦克，他觉得那一定是担任"特洛伊木马"的自己人，但是刚才还在炮塔上探身的那个人迅速消失并关上了舱盖，巴克曼立即察觉到情况不对，便下令炮长霍斯特·普根多夫瞄准并发炮。这是一次近距离坦克交战，炮弹准确地射入那辆"谢尔曼"后部，不过，车组无一人伤亡，他们全部逃了出来，接着"谢尔曼"就开始起火。

401号"黑豹"加速驶过，巴克曼在那时看到右侧正有两辆"谢尔曼"迫近，便大声发令"开火"！两个目标全部被击中，不过，击毁的并不是M4"谢尔曼"坦克，而是美第814坦克歼击车营的两辆M10坦克歼击车。

连续独自交战后，巴克曼开始放慢速度，提高警惕。突然，道路在他面前呈现出扭曲的S形，两边还密布着松树，他发现一大群的坦克就趴在雪地里，好像在静静地等待着猎物上门。

巴克曼发现的正是C连的9辆"谢尔曼"，尽管美军此前开挖了坦克掩体，好让坦克藏身在较低的位置上，不过，在月色下的雪地里，美国坦克还是"像一张白纸上的黑点那样明显"。

意识到美国人也一定发现了自己，别无选择的巴克曼硬着头皮加速向前冲，然而，接下来的一幕令巴克曼难以相信自己的眼睛。看到"黑豹"现身，那些美国坦克手们纷纷爬出坦克，头也不回地逃进了不远处的树林里，可见，豹式坦克给谢尔曼的坦克兵带来的恐惧有多大。

因为搞不清附近还有多少敌人，巴克曼不敢恋战，也不敢回头，只得继续前进，这时他已经相信自己跑到了队列的最前面。几分钟后，在带头的"特洛伊木马"掩护下，其他的"黑豹"们也来到这个S形路口，也看到了那些"白纸上的黑点"。这些蹲在树林中的"谢尔曼"好似鸭子一样被"黑豹"点名，几分钟之后C连的全部9辆"谢尔曼"都被打成了"火把"，随后德国坦克没有理会四散的美军步兵继续朝曼海开进。

这时，一马当先的巴克曼已经冲到了曼海，当401号"黑豹"驶入这座小村时，巴克曼赫然发现里面满是美国兵——他们正打算执行转移阵地的命令呢。

在一派忙碌氛围和黑暗环境中，这辆孤独的"黑豹"起先并没有被人觉察，直到第40营的军官戈迪耶中尉信步走出营部所在房屋的门外，才睁大眼睛看到这辆大摇大摆的德国坦克。戈迪耶慌忙冲回房内，把所见报告给罗森鲍姆上校，后者当即发令："紧急撤退！"

那一刻，401号"黑豹"正撞向一队美军车队，在1辆半履带车上的驾驶员鲍威尔是现场亲历者，他在战后写下这样的文字："在刺耳的巨响中，我看到了我这辈子所见过的最大号的坦克，看上去它的炮管长得就像是根电线杆子。1辆吉普车连同里面的两个人被这个怪物整个压过。"

401号"黑豹"一路横行，在一派混乱中径直穿过曼海，巴克曼探出炮塔向后张望，只见各种车辆包括坦克在内为了躲避这个"可怕的怪物"而画出横七竖八的逃跑轨迹，巴克曼毫不客气地下令炮口指向6点钟方向，打掉了停在那里的两辆坦克，随后在村口的位置，"黑豹"继续发炮，又击毁了3辆"斯图亚特"轻型坦克、1辆半履带车和1辆"谢尔曼"。

最后，这辆"黑豹"的引擎开始冒烟，巴克曼只得把坦克停到道路左侧的几棵树旁，等着连里其他坦克上前。

巴克曼冲出曼海不久，第1排的"黑豹"也赶到了，于是曼海的混乱情形再次加剧。不过，这时美国人组织起了一定程度的反击，1辆抵靠着农舍的"谢尔曼"当先开火，把打头那辆德国坦克打得不能动弹了。

但是德军其他的"黑豹"立即开火，把炮弹射入了"谢尔曼"的左前部车体，美军好不容易组织起来的反击就此瓦解，德国坦克在曼海狂乱开火，以火力扫荡一切。

美军在曼海损失了至少19辆坦克和100多名官兵，而德军以微乎其微的代价拿下了曼海这个重要的战略要地。

美军从曼海撤离之后，立即在2公里之外重新建立防线，并且在后撤路线上布设了复杂的地雷阵，4辆"黑豹"正好落入其中，不同程度地遭到了损失而无法动弹。

尽管第4连在平安夜的战斗中占尽上风，但现在东方已微露曙色，而天一亮，就意味着盟军将发挥他们的空中优势，而且，"黑豹"坦克已经把支援的掷弹兵远远抛在了身后，面对美军的反击会很麻烦。

曼海是失守而不是主动放弃，让李奇微感到他的新防线可能岌岌可危，他立即驳回了蒙哥马利的命令，命令美军第7装甲师立即夺回曼海。

面对这种朝令夕改的变故，哈斯布鲁克也无可奈何，县官不如现管，李奇微是他的直接上司，军令如山，他必须执行这个任务。

好在，他并不是一无所有。

天亮了，25日圣诞节的天气很好，战场上空出现了盟军的战斗轰炸机，公路上的任何目标一经发现就会被无情摧毁，配合着空中打击，附近美军的野战炮兵也开始猛烈发威。

为了配合第7装甲师的进攻，一个营的步兵被调来支援他们，但是，巴克曼指挥着两辆"黑豹"占住曼海边缘的一处阵地，炮口对准了美军的"谢尔曼"，豹式坦克快速的瞄准系统起到了很大的作用，3辆"谢尔曼"几乎瞬间被击毁，6辆坦克组成的攻击队形随即被"黑豹"击溃，哈斯布鲁克目睹此景，立即下令美军后撤，而增援的美军更是损失惨重，将近四成的伤亡率是任何部队也不愿意看到的。

美第7装甲师B战斗群中由沃尔夫上尉带领的10辆"谢尔曼"到达了曼海村外的高地，他们的任务同样是拿下曼海，可是看着眼前那几辆熊熊燃烧的美国坦克，沃尔夫犹豫不决地指出，进攻的很长一段路都暴露在敌人"强大的黑豹"炮口之下，这看起来是一次自杀性任务。

哈斯布鲁克立即报告了李奇微："我的部下不会去送死的！"听到消息的李奇微亲临战地，经过现场近30分钟的讨论，沃尔夫的坦克连收到了原地待命的指令。

面对德军豹式坦克的巨大威慑力，李奇微决定换一种手段来夺回曼海，他调上8个炮兵营来扫荡这一区域。美军的炮击持续到27日，一共打出了8600发炮弹，曼海地区的建筑几乎荡然无存。不过，这些是被白白浪费掉了，因为帝国装甲师的豹式坦克第4连在25日夜里就已经撤出了曼海，原因很简单，附近战区的德军都在撤退，第4连不可能独自在

阿登战役中被摧毁的建筑大楼

曼海立足。

1944年平安夜发生在曼海地区的一连串交战中，德军"黑豹"的作战能力确实非同寻常。"黑豹"在火力和装甲防护力等主要指标上对"谢尔曼"的优势都得以充分体现，但放眼整场阿登战役，这种技术优势没能早量级的放大。这一方面是由于美军有力的反击，也因为此役中大部分的德军坦克车组都是没有多少经验，甚至只受过最低程度训练的新手，只有在巴克曼这样的老手操控下，"黑豹"才能够发挥巨大威慑力。

可是即便"黑豹"的威力再大，面对整个德军面临的窘境——无论是弹药补给或者油料运送，没有了后勤补给的"黑豹"只是一只被卸掉了牙齿和爪子的"死豹子"。在美军的全力阻击之下，德军虽然完成了对曼海的占领，可是他们并没有维持多长时间，帝国师在周边区域受到的阻击让他们无可奈何地再次抛弃了这里，德军第6装甲集团军已经无力再向希特勒指定的马斯河前进，他们最后一次向马斯河进攻的希望也破灭了，德军最后的希望只能依靠曼托菲尔的第5装甲集团军了。

第五节
通往马斯河的最后枢纽——马尔什

美军第84师是继第7装甲师和第30师之后第3个从第9集团军抽调出来配属第18空降军来增援阿登山区的部队,他们的目的地是马尔什。

马尔什坐落在一片被深谷分割的高原之上,比起阿登山区那些崇山峻岭和茂密森林来说,这里是非常适合人类生活的沃土,这里是通往马斯河的最后一个交通枢纽,公路在任何天气下都可以通行,蒙哥马利将这里作为重点守卫地点是很有道理的,一旦德军突破马尔什,马斯河就在德军的眼前了。

由于第84师远在120公里之外的防线轮流作战,虽然实力不弱,但也缺编1000余人,第84师的先头部队已经在第21日抵达马尔什了。与此同时,德军第2装甲师的前卫部队就在24公里外的乌尔特河岸边,两支部队都不知道对方就在附近,对于84师来说,这是非常幸运的,德军第2装甲师因为油料供给的问题被困了足足24个小时,这给美军足够的时间来集结和布防。

21日上午9:00,德军进攻霍顿的消息传到了84师师部,但是大家都不清楚这些情报的准确性,直到11:00的时候,更为准确的消息传来,德军的确正在进攻霍顿,美军第84师师长博林少将立即命令先头部队派兵增援霍顿,随后两个排的援军下午抵达了霍顿,帮助第3装甲师守住了大桥。

21日傍晚,博林少将在马尔什建立了指挥部,但是马尔什周围也只有一个战斗工兵营,他们沿着霍顿到马尔什公路设置了不少的路障,这些路障也挡住了德军试探性的进攻，最主要的是德军的装甲部队依旧在等油料，直到午夜的时候，美军第84师终于集结了全师和配属的一个坦克营，而后立即在马尔什布设了一条环形防线，并且成功地将一支第7装甲师的后勤部队从拉罗什撤了回来。

22日一整天，第84师都是在紧张的防线布置中度过的，同时，德军也在做着同样的事情。但是他们并不知道在84师抵达马尔什就位之后，在他们身后的盟军增援部队也在尽力赶过来，被称为"移动地狱"的美军第2装甲师、第75步兵师都在陆续赶来，特别是美军第2装甲师在22小时内狂奔了112公里，有些部队超过了160公里，路上损失了足足30余辆包括坦克在内的各式车辆。第3装甲师的A战斗群也在肃清"遍地伞兵"之后赶到了，在第1集团军的西侧，英军第29装甲旅也部署完毕，接管了马斯河周边的桥梁，现在蒙哥马利准备防守反击了。

12月23日上午，德军对84师前哨阵地和巡逻队展开了侦察性攻击，也确认了自己的对手是美军第84师，但是藏在84师后面的"移动地狱"美军第2装甲师还没有暴露。

德军第2装甲师的目标是马尔什，只是他们前进的道路被勤劳的美军工兵破坏掉了，整整耽误了4个小时，23日傍晚，先头部队才攻下了位于马尔什到罗什福尔公路上的哈金蒙特。

就在德军第2装甲师逼近马尔什的时候，美军第2装甲师A战斗群则向南扫荡，一直进攻到距离罗什福尔只有13公里的地方。

德军根据先前进攻获得的情报发现美军第84师已经构筑了坚固的防线，现在看来强攻并不是最好的手段。曼托菲尔跟属下将领商议过后决定：德军第2装甲师绕过马尔什进攻马斯河；第116装甲师负责进攻马尔什，防止美军从马尔什窜出来打击第2装甲师的侧翼；刚刚赶到的装甲教导师则进攻迪南，粉碎罗什福尔的防御。

23日下午，装甲教导师首先展开行动，一个先头营率先冲向了罗什福尔，这里是德军进攻迪南的必经之路，曼托菲尔的命令是必须要拿下。

装甲教导师还是因为燃料的问题，一直等到下午才开始行动，德军的炮兵轰击了小镇之后，令德军感到惊讶的是，美军居然没有任何的回击，而侦察的结果让装甲教导师大为吃惊，这居然是一座空城。德军侦察兵很显然没有进入城内，否则他会知道这里已经被84师建立了牢固的防线，至少驻扎了700余人的美军和两个反坦克连加上4辆令德军坦克忌惮的M18坦克歼击车，这样的防御力量足够让德军装甲部队喝一壶的了。

美军在阿登战场上成功地上演了一出"空城计"。

装甲教导师以为美军不战而逃，自然欢天喜地地准备接收罗什福尔，他们刚刚抵达罗什福尔城外就遭到了美军从镇内和附近山上的猛烈火力"欢迎"，损失惨重的德军只得暂时后撤，然后利用炮火压制美军，并且派出小分队从侧面寻找前往罗什福尔的道路。

12月24日是圣诞夜，无论对于美军还是德军来说，都希望停火来享受一顿圣诞大餐，可是战争给他们带来的只能是炮火和子弹。

凌晨时分，装甲教导师从罗什福尔附近的小河处绕开"死亡隘口"冲入镇内，巷战顿时展开。美军依靠57毫米炮和重机枪封锁开阔地域，德军的进展并不快，为了加强进攻力度，德军甚至动用88毫米高射炮轰击美军据守的石屋，激烈的巷战持续了整整一天，18时，博林下令罗什福尔的美军撤离，在烟幕弹的掩护下，美军顺利地从德军并不严密的封锁圈内冲了出来，损失并不是太严重。

中午的时候，在马尔什—罗什福尔公路的一个节点布森维尔，由德军第2装甲师侦察营、一个豹式坦克营、一个装甲掷弹兵团、两个炮兵营、一个坦克歼击营加上大部分的高射炮部队组成的先头部队准备悄悄地通过布森维尔公路进攻迪南。接到情报的美军第2装甲师A战斗群毫不客气地拦腰截断了这支秘密行动的队伍，两个序列都与第2装甲师展开碰撞，处于行军状态的德军在A战斗群和山脊上美军坦克和坦克歼击车的火力压制下崩溃了，一个装甲炮兵营被全歼，将近50余辆各式车辆被击毁或缴获，被俘100余人。

夺回布森维尔之后，美军第2装甲师师长哈蒙立即命令截断这支德军第2装甲师先头部队的补给路线，不过，在美军攻打布森维尔之前就已经通过这里的德军先头部队似乎并不担心自己的处境，毕竟他们的实力也不弱，而且后方还有自己的主力部队存在，周围也都是第116装甲师和装甲教导师这样强横的友军，他们一路前进到策勒斯附近，可能由于燃料问题或是等待第2装甲师，主力部队就停了下来。

德军第116装甲师24日也有所行动了，他们按照命令向西进攻，这是美军第84师防御的地段，由于前一天，116装甲师的先头侦察营成功渗透进美军防线，手头上比较阔绰的他们决定对美军第84师发动一次猛烈的进攻，拿下马尔什前方的重要据点维尔登尼，第116装甲师的拜尔战斗群也随即跟着先头部队上来了，所拥有的一个装甲掷弹兵团在10余辆豹式坦克支援下足以撕开84师任何一处的防御阵地。

好在美军在马尔什附近设置了大量的防御阵地和雷区，拜尔战斗群只能在森林中缓慢前进，当美军第84师在遭到德军第116装甲师的先头侦察营的袭击之后，派K连会合刚刚被袭击的334团3营和两个坦克排前去肃清这些德军。

K连在黑暗中迷失了方向，竟然走到了德军第116装甲师拜尔战斗群的营地中央，也许德军太累了，竟然没有及时发现美军的到来，一场混战之后，K连夺路狂奔，一路又冲回了自己的驻地，居然没有太大的损伤，这倒也是奇葩的圣诞节礼物吧。

第六节
顽强的防守，折戟的进攻

24日平安夜，整个阿登战场的形势依旧错综复杂，当派普战斗群被美军围困在拉格雷茨的时候，就预示着迪特里希的第6装甲集团军抢夺马斯河渡口的任务已经失败了，而艾尔森波恩岭的美军同样让迪特里希阻挡北方盟军增援的希望也落空了。盟军利用列日地区四通八达的道路网，在各个重点防线上投入了整整两个军的力量，不但挡住了第6装甲军的去路，更让突出来的第5装甲集团军的侧翼受到致命威胁。

第6装甲集团军的部队从北边的第15集团军交界的蒙绍附近一直延伸到了西南方向的乌尔特河，进攻的正面是美军第30师把守的昂布莱夫河，虽然德军攻陷了圣维特，可是党卫军第1装甲军的警卫旗队师和青年师已经基本上被打残了，只有第2装甲军的党卫军第2帝国装甲师和第9霍亨斯陶芬装甲师还有一战的能力，但是他们面前还有战斗力很强的第82空降师和第3装甲师的一部，从圣维特撤出来的第7装甲师和第106师的剩余部队也可以随时投入战斗，最主要的还是燃料的缺乏，派普战斗群没有拿下美军最大的燃料库，这个巨大的失误给整个第6装甲集团军带来的后果开始显现了。

基本上德军的装甲部队已经没有太多的机动兵力采取行动了，现在突击马斯河的任务只能交给第5装甲集团军了，只要第5装甲集团军拿下马尔什或者是迪南，马斯河渡口基本就在手中了。而迪特里希的任务就是放弃占领列日，把受阻在艾尔森波恩防线的德军部队调出来，拿下维尔萨姆地区李奇微的第18空降军，并且进攻马尔什，保卫第5装甲集团军的北翼安全。

看到第5装甲集团军"战果辉煌"，迪特里希再也坐不住了，如果第6装甲集团军拿不出一点点战绩的话，即便最终西线德军完成了最高统帅部的任务，自己也会被曼托菲尔压下一头的，他立即将目标定在了李奇微的主力——第82空降师身上了，而他现在可以出动的力量就是党卫军第2帝国装甲师，他要利用帝国师强大的装甲力量击溃美军的防御，将李奇微的第18空降军拿下，即便自己不能重新攻入马斯河，也足以在希特勒面前小小地挽回一点儿颜面。

于是德军第6装甲集团军仅剩下具有强大攻击能力的部队——党卫军帝国师，在第560国民掷弹兵师的配合下，在23日拿下了被美军重兵把守的巴拉盖德弗莱图十字路口，这里拥有两条重要公路，一条连接列日和巴斯托尼，另外一条则是沿着乌尔特河北岸连接圣维特和拉罗什，而且直接将美军第3装甲师和第82空降师分割开来。随后，帝国师继续前进，目标直指李奇微的第18空降军腹地重要交通枢纽——曼海。而在圣维特的元首卫队旅也完成了整修，随时可以支援帝国师，困扰在艾尔森波恩防线的青年师也一路赶了过来，希特勒命令第3装甲掷弹兵师跟在青年师的后面全力进攻萨尔姆河与乌尔特河地区，看似迪特里希的放手一搏已经起到了奇效，美军的崩溃就在一刹那之间了。

圣诞前夜，马尔什前线的美军也预感到事情有些不妙，蒙哥马利发现：出现在马尔什方向的德军番号越来越多，而且实力都很强悍，各处的德军进攻让盟军疲于奔命地阻击，计划中的反攻似乎已经变成了防御。好在从整个阿登战场的形势来看，似乎还并不是那么的糟糕，在第1集团军的后方，英军的一个师已经渡过马斯河，其他的英军部队也在增援英军第29装甲旅的途中，英军在马斯河沿岸长达120公里的战线上构筑了坚固的防御，几乎所有的桥梁都被英军重点把守，德军要想靠派普战斗群突然袭击拿下马斯河的可能性正在减小。最令人感到高兴的是，盟军的心腹大患——被围在拉格雷茨的派普战斗群已经基本上丧失了战斗力，而且天气转好，盟军的制空权会发挥更大的作用。

相对于盟军统帅部方面的乐观，虽然在战术上德军占据了主动性，可是德军高层已经对阿登反击战越来越悲观了，特别是希特勒拒绝第15集团军的出击，让合围在霍奇斯的美军第1集团军的计划落空，加上久攻不下的巴斯托尼，特别是整个队伍的前锋已经出现油料短缺等补给上的重大问题，整个阿登反击战已经濒临失败了。如果此时放弃攻击马斯河，重点应对战区内的盟军，德军的"小解决方案"还是可能实现的，但是德军所有的作战方案都需要希特勒批准，而他是绝对不会这么做的，因为现在曼托菲尔的第5装甲集团军对美军还是具有一定的攻击力，而且距离马斯河也不远了，希特勒的计划似乎就要实现了。

然而战场的情况也在迅速的变化当中，25日，当德军第116装甲师突入美军第84师博林少将的防区时，德军没有注意到，自己左右两侧的友邻部队居然都没有跟上来，博林毫不犹豫地抓住了这个机会攻占维尔登尼这个重要节点，将德军第116装甲师前卫侦察兵两个营和主力隔开，并且将拜尔战斗群包围在森林当中。

德军立即察觉到了第84师的计划，赶紧增派了一个有9辆坦克掩护的装甲掷弹兵营进攻维尔登尼，意图打通与先头部队的联系，却遭到了美军猛烈的炮火压制，增援部队损失惨重，不过，也成功地救回了先头部队的部分人员。整个116装甲师的境地不容乐观，由于美军的袭击，让各部遭到了不小的损失，但是他们还是有机会的。

26日一大早，德军第116装甲师再次集结能够活动的所有力量救援拜尔战斗群，但是在美军强大的炮火支援下并没有太大的进展，而在包围圈中精锐的拜尔战斗群也不是一个84师能够一口吞下的肥肉，美军的几次进攻都被对方打了回去，不过，美军强大的炮火也给拜尔战斗群带来不小的损伤。拜耳战斗群知道如果这么下去的话，美军不用打，光使用炮轰的话，自己也剩不下多少了，于是趁着夜幕降临的时候，利用仅存的7辆豹式坦克打头阵，所有的车辆承载着伤员，拼命地向外逃窜。美军发觉拜尔战斗群的意图之后，毫不吝惜地倾泻着炮弹，拜耳战斗群在森林中左闪右避，尽量躲避空中的炮火。尽管美军的炮火猛烈，在黑夜中也无法精确地命中对方，天亮之后，美军只看到一地的坦克残骸，所有的德国人都不见了踪影，到手的鸭子又飞了！

就在拜尔战斗群死里逃生的时候，进攻马尔什的部队又少了一份不小的力量，元首卫队旅被调往解决巴斯托尼问题，美军防守的马尔什—霍顿防线再次逃过一劫。

27日，马尔什前线恢复了平静，受到重创的德军第116装甲师不得不休息了，经过11天的战斗，他们伤亡2000余人，坦克、突击炮等装甲力量损失七成以上，再打下去估计116装甲师就得重建了。不过，他们的战绩也是非同小可的，俘获了1300余名美军，摧毁了100多辆坦克和坦克歼击车，重创了各种车辆数百辆，还打下了16架飞机。

第七节
矛与矛的对攻成就"车轮上的地狱"

1944年的平安夜对于阿登战场上的交战双方来说注定是一个不平凡的日子，同样在24日晚上，一个极富冒险精神和进取心的美国少将，被称为"闪电乔"的美军第7军军长约瑟夫·劳顿·柯林斯将军作了一个影响德军第2装甲师乃至整个阿登反击战命运的决定。

事情的起因很简单，浑然不觉的德军第2装甲师依旧按照自己的计划展开行动，他的目标是马斯河上重要的据点——迪南，而第84师已经遭到德军第116装甲师的猛烈进攻，他能够分出来阻挡第2装甲师的力量不会太多，而且他的南边是已经占领了罗什福尔的装甲教导师，可以保障自己的侧翼安全，德军第2装甲师师长劳赫特如意算盘打得非常顺畅。

随后德军第2装甲师一个数量说大不大、说小不小的先头装甲群悄悄地开始向迪南进攻，虽然是秘密行动，但还是被美军知晓，被美军第2装甲师A战斗群在布森维尔横刀宰了一下，但是这支部队依旧没有理会A战斗群，似乎认为仅仅靠一个战斗群还不足吃掉他们，何况他们后面还有人！

然而令所有人都没有想到的是，这支部队在策勒斯附近的密林当中居然迷失了方向，误入了美军在策勒斯西北大约6～8公里的福伊—诺特里丹设置的防御阵地里了，而这里正是美军第2装甲师的出发阵地，不过，这里距离马斯河也不远了。

这绝对是一个足够大的诱饵，柯林斯立即下令将这股德军立即包围起来，吸引德军第2装甲师的救援力量（围城打援这个计划即便被德军看出来也得心甘情愿地来上当），果然，感觉事情不妙的德军第2装甲师师长劳赫特立即下令派出一个由科欣豪森少校率领的第3装甲团2营和第304装甲掷弹兵团一部组成的特遣队前往增援，因为他得到的消息是美军只有1个战斗群的机动力量，在前后夹击的情况下，这支特遣队足够了！可能是这一段时间美军的炮兵没怎么出现过，他们并没有考虑到美军的炮火支援，由于担心白天盟军的战斗轰炸机，科欣豪森特遣队隐藏在策勒斯附近的森林里，距离被围的先头装甲部队只有5公里的距离。

12月25日圣诞节早上，美军第7军军长柯林斯和第2装甲师师长哈蒙为德军第2装甲师制定的"圣诞礼物"终于开始了，开胃小菜自然是策勒斯附近的德军增援装甲部队，为此柯林斯动用了怀特准将的"移动地狱"——美军第2装甲师的B战斗群。他们分成两个特遣队，一路从东侧的阿奇内村出发，占据策勒斯与阿奇内之间的高地，隔绝德军侦察装甲部队与救援部队之间的联系；另外一路从西南方向斩断策勒斯德军的退路，美军第2装甲师装甲侦察营则在更远的地方堵住德军向南逃窜的道路，柯林斯随后调动了11个炮兵营的火力支援以及盟军航空兵的支援。如此庞大的打击力量自然是杀鸡也要用宰牛刀，这也是为了彻底拿下德军。

两支特遣队顺利抵达目的地，占据了策勒斯周围的制高点，这里能够俯视整个策勒斯，而且能够控制住周边的公路，将德军落单的坦克和反坦克炮收拾干净。当特遣队进入策勒斯的时候，这里已经看不到任何德军，他们都藏在了附近的森林当中了，柯林斯协调的炮火立即对科欣豪森特遣队所在的森林区域开始炮火覆盖，德军损失惨重，而且燃料基本耗尽，部队几乎无法做出任何行动。

由于跟先头部队的通讯中断，救援的科欣豪森特遣队在美军装甲部队和飞机双重打击下又是损失惨重，为了救回这支部队，劳赫特组建了一个由坦克歼击营和豹式坦克营组成的救援特遣队，这种添油战术最适合柯林斯的口味了，救援特遣队刚刚抵达策勒斯就被美军发现，山脊上布满了坦克，德军立即意识到自己的救援可能近乎于自杀，但是他们还是做出了尝试，结果正如同他们所想象的那样，他们遭到了美军的猛烈反击，指挥官霍尔特梅耶上尉阵亡，德军无奈之下只好后撤，解救没能成功。

与此同时，临近的装甲教导师也尝试营救第 2 装甲师的救援部队，以装甲教导师侦察营为核心，在一个装甲连的配合下从罗什福尔出发，进攻位于策勒斯和马尔什之间的于曼，驻守这里的美军第 4 骑兵群无法抵挡豹式坦克的攻击而退却，当德军继续乘胜追击的时候，从布森维尔出发的美军第 2 装甲师 A 战斗群堵住了德军前进的道路，德军损失了 5 辆豹式坦克之后，无奈地退回了罗什福尔。

但是于曼依旧在德国人的手中，美军第 2 装甲师的侧翼受到威胁，这关系到是否能够全歼包围圈内的德军，第 4 骑兵群和 A 战斗群几次进攻都被德军的豹式坦克击退，美军无奈之下只得扼守于曼周围的道路，防止德军威胁策勒斯或者是马尔什。

被 A 战斗群赶回罗什福尔的装甲教导师再次组织部队准备从公路进入策勒斯为德军第 2 装甲师解围，但是在盟军空中的 P-38 和美军第 2 装甲师的严密封锁下，所有的努力都以失败告终。

柯林斯见德军第 2 装甲师大部分的装甲力量都在自己的手中握着，随即着手将那颗已经无用的诱饵处理掉，包围圈内的德军第 2 装甲师先头侦察部队遭到了美军的歼灭，虽然刚开始的时候德军豹式坦克发挥了意想不到的威胁，但在航空兵的帮助下，德军坦克尽数被空中火力击毁，没有了装甲支援的德军 150 余人被迫投降，其中包括德军第 2 装甲师侦察营营长。

此时德军第 2 装甲师手中的预备兵力只剩下 2 个装甲连、一个装甲掷弹兵营、一个轻型炮兵营和 2 个工兵连了，劳赫特随即放弃了对科欣豪森特遣队的救援行动，他实在是承担不起这种耗费了。

26 日拂晓，德军第 9 霍亨斯陶芬装甲师终于在曼托菲尔的期盼中抵达了于曼，他们虽然还有百余辆坦克和突击炮，可是一样缺乏油料，好歹这些力量能够让刚刚遭受损失的德军第 2 装甲师松口气了，但也仅仅是松口气而已，对于劳赫特来说却陷入了两难的地步，被围的部队等待救援，而自己手中兵力和补给都不足。最后一份电报帮他解决了这个问题：第 2 装甲师马上撤回罗什福尔，被围的部队破坏所有装备，步行突围。

德军第 2 装甲师已经放弃了继续进攻马斯河的企图，与接到相同命令的装甲教导师一起撤回到了罗什福尔，他们的任务被转交给刚刚抵达的新鲜血液——德军第 9 装甲师的身上了，曼托菲尔打算用第 9 装甲师击溃美军第 2 装甲师的防线，并且完成冲击马斯河的任务。

德军第 9 装甲师的突然出现，的确让美军第 2 装甲师师长哈蒙震惊不小，他手中的大部分力量都在歼灭德军第 2 装甲师的被围力量，确实无力阻挡这支装甲部队的进攻。

哈蒙随即想到了另外一个方法，他立即命令所在区域内所有 155 毫米和 203 毫米口径的大炮向德军的装甲部队猛烈开火，德军霍亨斯陶芬装甲师冒着猛烈的炮火全力冲向美军第 2 装甲师的阵地，却被炮火成功地截断了攻击阵形，只有一个营的装甲掷弹兵在 15 辆豹式坦克的掩护下抵达美军阵地前沿，这点儿兵力根本不足以打开进攻的通道，几次交锋之后，双方僵持在那里，美军则是毫不吝惜地向德军的集结地倾泻炮弹。

哈蒙抓住这宝贵的时间立即出动，一直防范德军的 R 战斗群增援被霍亨斯陶芬装甲师进攻的美军阵地，会同正在于曼附近的 A 战斗群和第 4 骑兵群消灭从于曼到罗什福尔公路上的德军部队，B 战斗群在肃清策勒斯包围圈内的德军之后也加强对这个方向的巡逻。

在美军强大的炮火支援下，R 战斗群一个营的坦克冲入了于曼，腹背受敌的德军顽强抵抗，可是令哈蒙最担心的那 15 辆豹式坦克却不见了踪影，可能在夜幕中撤离了，只留下了 150 名装甲掷弹兵殿后。

与此同时，哈蒙对于策勒斯包围圈内的德军展开清剿行动，这个过程简单而有效，先用炮兵轰击整个地区，然后步兵在坦克的配合下进行地毯式搜索，空中还有侦察机盘旋，德军的任何行动都在掌控当中，但是这个过程足足花了哈蒙两天的时间，最后美军在包围圈内抓到了 200 多名俘虏，缴获包括火炮在内将近 100 辆各式车辆，但是科欣豪森少校还是带着 600 余人成功借助夜幕的掩护步行逃脱了，他们丢掉了两个装甲营、一个掷弹兵团和 3 个炮兵营的所有装备，不得不说这位德军少校带领队伍撤离的实力跟派普有得一拼。

美军第 7 军军长柯林斯少将指挥哈蒙的美军第 2 装甲师在短短数天的战斗中，以自身只有 22 辆谢尔曼坦克被摧毁、40 人阵亡或者失踪、200 人受伤为代价，共歼灭德军 2500 人，俘虏 1200 余人，摧毁或者缴获坦克 82 辆、火炮 83 门、441 辆各型车辆。光是在策勒斯附近区域德军第 2 装甲师就损失了将近半个师的战斗兵力和全师超过三分之二的武器装备，被击毁的坦克、燃烧的吉普车、丢弃的火炮和装甲车遍地都是，甚至还有一整个炮兵营的装备因为缺少燃油被击毁或者被抛弃。

凭借如此彪悍的战绩，美军第 2 装甲师获得了"车轮上的地狱"的称号。

在美军第 2 装甲师彻底解决了马尔什附近的德军之后，由北向南全面压向了刚刚交过手的德军霍亨斯陶芬装甲师，损失惨重的德军第 2 装甲师退守罗什福尔以南区域，实力尚存的装甲教导师则是以圣于贝尔为核心防御整个德军进攻矛头的南翼，然而这个矛头已经失去其尖锐的攻击力了。

·第九章·

最终的失败

第一节
巴顿带给绍尔河的"惊喜"

由于地形、天气和来自友军（第8军）对于道路的破坏，德军也增派了元首掷弹兵旅前来增援，让第3集团军的突袭反攻成为正面进攻，在这种情况下，巴顿立即调整先前的作战计划，给德军第7集团军和第5装甲集团军一个巨大的"惊喜"。

在第4装甲师正在朝着巴斯托尼进军的时候，第80师也开始了自己的行动，只是他们并没有去增援巴斯托尼，而是径直朝着德军的绍尔河防线去了，巴顿交给他们的任务是救援被德军围困的第28师109团，并且配合第26师堵住德军第7集团军西去的道路。

任务看似比较容易，只是这一区域丛林密布、峡谷纵横，如同一个个小棋盘，这样的环境根本不适合大规模作战，只适合经过训练的山地部队，80师也没有别的选择，只得硬着头皮往前冲。

不过，庆幸的是，他们的对手是已经被削弱的第5伞兵师和第352国民掷弹兵师，但德军并非孤军作战，因为巴斯托尼的重要性，德军第7集团军司令布兰登贝尔格向希特勒要来了元首掷弹兵旅和第79国民掷弹兵师两支援军。元首掷弹兵旅，是一支非常精锐的部队，拥有6000人、36辆坦克、45辆突击炮和11辆Ⅳ号坦克歼击车，不过，这支部队刚刚在东普鲁士被苏联人打得损失惨重，虽然经过补充也没有了当初的精锐样子，更倒霉的是他们的旅长刚刚抵达战场就被美军的炮弹盯上了，被炸成了重伤，这对整个队伍的士气来说无疑是重大的打击。

而第79国民掷弹兵师简直可以用乞丐来形容，这可是刚刚启用的新番号，这个番号曾经被全歼过两次，几乎无人生还，看来这个番号也不是什么好兆头，而且兵员五花八门，甚至连反坦克炮都没有，车辆也是从废车场弄出来凑合使用的。

第79国民掷弹兵师赶到战场的第一个对手就是美军第80师，美军的任务就是消灭绍尔河南岸的德军，两个团的美军刚刚抵达绍尔河山谷的一个平原上，还没等发觉怎么回事儿呢，317团就遭到了德军突击炮的火力攻击，一个营伤亡了将近200人，看来软柿子也不是那么好吃的，好在第80师第319团在23日拿下了绍尔河南岸区域重要据点海德希德，并且在稳固这一区域之后逼近了绍尔河的德军防线。

占领海德希德让德军大为恼怒，这里的地理位置并不亚于第26师即将进攻的埃施多大，配属了元首卫队旅装甲部队的第79国民掷弹兵师立即展开了反攻，眼看德军就要攻入村内，反应过来的野战炮兵立即开始支援319团，155毫米榴弹炮落入了德军当中，无论是装甲部队还是掷弹兵都遭到了惨重损失。

到了24日傍晚的时候，美军在绍尔河前沿的部队也扔下唾手可得的战果回援，德军终于知道无法重新占领这里了，无奈地后撤了。跟随着德军撤离的脚步，第80师享受了丰厚的战果，拿到了绍尔河南岸数个桥头堡以及能够俯瞰鲍希德桥头堡的炮兵观测点林格尔山制高点，到了25日圣诞节前，整个绍尔河南岸除了埃施多夫和鲍希德桥头堡之外，大部分的区域都在美军的掌控之中了。

在第80师进攻绍尔河防线的时候，他的左侧美军第26师也开始行动了，由于第26师补充了大量的新兵，巴顿将其放在第4装甲师和第80师之间的位置，不过，他们的任务并不轻松，第26师的目标是曾经的第28师师部、现在的德军第7集团军司令部威尔茨。当然了，要想进攻威尔茨，绍尔河附近重要的节点埃施多夫镇是必经之路，小镇的北方有大量的公路能够抵达绍尔河，而且这里地势比较高，当初布兰登贝格尔攻下埃施多夫的时候，就是准备借助地理位置作为集结中心，从这里出发截断巴顿对巴斯托尼的解围行动。

12月22日，美军第26师的104团和第328团从集结地一左一右开始穿越森林，准备进攻埃施多夫。

谁知道104团刚刚走出森林，就碰到了来自德军第352国民掷弹兵师915团的先头部队，这支倒霉的部队刚刚被美军第80师揍了一顿，他们与自己的师主力部队以及辎重、炮兵失去了联系，正准备撤往格罗布斯附近休整一下，却遇到了战斗欲望非常强烈的第26师，一顿交火之后德军很快被击退。

穷寇莫追，第26师深谙此道，没有理会被击退的德军915团，径直朝着格罗布斯冲去，那里还有美军第28师109团依旧坚守的部队。在23日凌晨的时候，104团拿下了刚刚被德军占领的格罗布斯，并且与撤离下来的109团坚守部队会合，更令人惊喜的是，他们在格罗布斯附近的树林中，俘虏了刚刚败退的德军第915团团长及以下200余人。

相比104团不停地与德军交火，第328团的行动倒是非常顺利，一路上几乎没有什么阻碍，但是有句俗话说得好，好的开端并不一定就是好兆头，这句话正好映照在328团身上了。

自从出发之后，美军第328团就没遇到什么阻碍，除了森林里偶尔出没的野鹿之外，他们就没看到活着的东西，直到傍晚他们已经快要抵达阿斯多夫的时候，接到了师部传来的消息，他们的侧翼出现了一支德军，这是刚刚抵达的元首卫队旅，这支刚刚组建不久，但实力还是比较雄厚的力量，似乎要阻止第26师前进的脚步。

328团的预感成了现实，午夜时分，328团的两个营在通往埃施多夫的山脊附近遭到了元首卫队旅配属了数辆豹式坦克的两个掷弹兵连的阻击，美军几次进攻都没有能够拿下德军阵地，甚至连炮击也基本上没有什么效果。

12月23日晚上，328团2营得到了来自坦克部队的支援，立即组成了一个特遣队，由汉密尔顿率领，很快便突破了德军的防线，缴获了两辆德军丢弃的坦克之后，2营随即冲着埃施多夫奔去，趁着夜幕的掩护抵达了埃施多夫的外围数公里处，此时104团也赶到了特遣队的侧翼。

12月24日清晨，美军的侦察兵发现德军在埃施多夫大量地调动兵力，似乎准备派兵向临近的第80师发动进攻，并没有发觉已经到了鼻子底下的第26师。

第26师决定发动攻击，但是德军在这处重要据点周围布置了大量的防御阵地，特遣队遭到了德军的有力阻击，进展很慢。德军利用巧妙的伪装欺骗了美军的视线，将手中的火力尽可能地洒向了特遣队。进攻受挫的特遣队请求104团支援，但104团也是步履艰难，他们的几次进攻也被德军击退了，很显然，德军对埃施多夫是寸土必争，由于美军特遣队基本上算是孤军深入，如果围攻第80师的元首卫队旅退回来的话，特遣队可能就会腹背受敌，美军顿时陷入了进退两难的地步，只有拿下埃施多夫这一条路可走了。

随后特遣队改变了战略，趁着夜幕的掩护，在夜色最黑暗的凌晨4:00左右，悄悄地靠近埃施多夫展开攻击。

对于交战双方来说，在一个地形起伏很大的小镇内巷战并不是一个好主意，街道、楼房甚至谷仓、地下室都成了战场，由于双方都在摸黑作战，谁也不知道脚下前进的一步会带来什么结果，头顶的子弹都不知道是谁发射出来的。

打破这个僵局的是配属美军特遣队的坦克，他们想办法越过了德军的反坦克壕冲入镇内，德军的装甲车终于失去了作用，而美军的炮兵也在埃施多夫周边设置了弹幕，阻止德军的增援部队。经过一夜的血战，美军特遣队终于拿下了这个几乎化为废墟的重要据点。

由于德军在绍尔河南岸的据点犬牙交错，虽然328团特遣队拿下了埃施多夫，但德军的大部分实力并没有就此消失，第26师其他的队伍依旧跟德军进行艰难的争夺战。

严格来说，绍尔河并不是一道天堑，可是在寒冷的冬季，从一米多深的水中涉水而过还是需要很大勇气的，而且装甲部队也无法渡过这样的河流，拥有高强度桥梁的地点就是双方争夺的焦点了，由于埃施多夫在美军手中，德军也开始担心自己的后勤补给或者是后路的问题了。

12月25日清晨，担忧自己后路的德军开始全面后撤，并且炸毁了绍尔河上为数不多的几座坚固桥梁，将美军阻隔在绍尔河对岸。鉴于前线发生了巨大的变化，德军全面从绍尔河撤离，但是撤离也解决不了太大的问题，现在德军第7集团军大部分的炮火和机动兵力都增援到了巴斯托尼，整个绍尔河北岸几乎可以用毫无设防来形容，只有地势上稍微能够占据一点儿便宜，可是面对美军强大的炮火和空中支援，这点儿优势也随即变得荡然无存了。

眼看渡过绍尔河的美军对自己造成极大的威胁，元首掷弹兵旅立即展开了一次大规模的反攻——渡过河袭击美军在南岸的据点。这个计划可以说是胆大，然而在美军强大的炮火面前，这种奇袭带来的后果就是死伤惨重，美军甚至动用了白磷弹覆盖德军的进攻队伍，这种弹药炸开之后根本无法扑灭，只能眼睁睁地看着对方烧成灰烬。反攻最终失败，美军第28师已经巩固了绍尔河桥头堡和据点，重新夺回威尔茨的通道已经打开了。

就在这个时候，巴顿又给了德军一个新的礼物，美军第5师出动了，他的任务是接防第80师的区域，在第10装甲师的配合下夺取绍尔河和摩泽尔河一线的德军阵地。

第5师在强大的炮火支援下开始猛攻对面的德军第80军两个师的部队，由于德军第7集团军在战斗打响的时候就是不受待见的主儿，预备队、炮兵、装甲部队什么的都优先提供给主攻部队，自己这里简直就成了被遗忘的角落，现在让他们进攻是不用想了，打一场防御战原本还是可以的，可是他们面前的是巴顿，这种想法不会有什么好果子的。

不过，美军还是低估了德军的防御体系，由于这一区域的地形异常复杂，德军借助这里繁茂的森林在山脊上设置了各种隐蔽阵地，精心伪装的机枪阵地和为了让宝贵的炮弹发挥更好作用的精准炮火，让第5师的攻势并没有太大的进展，特别是德军几乎占据了山脊的制高点，居高临下地攻击美军易如反掌，一些崎岖的山谷中美军的装甲部队甚至都是德军反坦克手的盘中菜，最后决定胜负的还是依靠步兵一点点争夺。

面对这种形势，美军感觉到这简直就像在迷宫中一般，而且是面临着死亡气息的迷宫，德军如同拥有上帝视角一样，毫不客气地肆意打击着山谷中的美军，无奈之下，美军只得改变方法，利用拥有的强大的炮火和空中支援，覆盖德军可能藏匿的区域，自身也开始收缩战线，只要掐断了德军的后勤补给线，他们就会不战而退。

圣诞节过后的 26 日，第 5 师和第 10 装甲师的攻势将德军第 276 国民掷弹兵师和第 212 国民掷弹兵师分隔开来，德军两个师的防御阵地已经不能称之为防线了，他们几乎都是据守在一些山丘、村庄和树林当中的小据点，根本无法连成一线，只能各自为战。第 5 师的美军已经推进到了绍尔河畔的山脊上了，从这里可以清楚地看到绍尔河上的一举一动。

面对第 5 师和第 10 装甲师步步紧逼的进攻，以及后方交通线眼看被斩断的困境，具有危机感的德军开始撤退了。

美军此时已经占据了绍尔河畔几乎所有的桥头堡，德军做出一个让许多美军士兵都感到极为惊讶的举动，在阿登山区刺骨的寒风中泅渡绍尔河，德军士兵也是怜惜自己的性命啊！

德军第 212 国民掷弹兵师大部分主力则在后卫部队对美军的重重阻击之下，于 26 日成功地通过唯一掌控在手中的博伦多夫大桥撤回了绍尔河北岸，他们丢下了各种带不走的武器装备，还有已经没有弹药的突击炮，第 276 国民掷弹兵师部分部队则继续坚守在美军后方，尽可能地阻滞美军对主力部队的追击。

从第 5 师接防开始，到德军炸毁绍尔河上所有桥梁，放弃绍尔河防线为止，德军第 276 国民掷弹兵师和第 212 国民掷弹兵师造成了超过 6000 人的伤亡，自身有近 1000 人的损失，其中大部分都是属于非战斗伤亡。

绍尔河地区是最具有挑战性的战场，美军的坦克和坦克歼击车根本无法发挥出应有的作战能力，而德军没有装甲部队，缺少必要的机动能力，在山区仅仅靠步兵的两条腿根本无法与美军抗衡，而且美军猛烈的炮火支援依旧是德军最大的梦魇，虽然他们拥有多管火箭炮，可是这玩意儿没有什么准头，天知道会打到什么地方去，但是 10 秒钟发射 200 公斤的烈性炸药还是让美军大为不安。

随着美军胜利地拿下了绍尔河南岸，巴顿立即开始为前线部队休整积极地调动部队，第 6 装甲师也正在赶来的途中，替换下来本地区内损失惨重的装甲部队，让前线各个部队都得到充足的补充，这也是德军无法做到的，等待他们的会是更猛烈的进攻。

第二节
盟军的反攻计划

12月26日，随着巴顿的第3集团军成功解围巴斯托尼，德军在西线的作战也处于停滞状态，整个阿登反击战的主动权已经渐渐地掌控在盟军的手中了。只是这种掌控也不是一成不变的，德军还是有机会咸鱼翻身的，盟军将领们自然明白。

现在正处于一个平衡点上，如何打破这个平衡，彻底地将战场主动权掌控在自己手中，无论是德军还是盟军都在积极地思考着。

盟军的两大将领之一——英国元帅蒙哥马利谨慎地认为，德军依旧有突破北部第1集团军的力量，毕竟派普战斗群带来的威胁实在让人心有余悸，要不是上帝倾向于盟军的话，估计这个时候第1集团军司令霍奇斯就成为俘虏了，而且经过连续作战，第1集团军已经无力发动反击，只能依靠后续部队；而盟军另一大将领——美军第12集团军群司令布莱德雷则要乐观许多，他认为德军已经失去了继续推进的条件，只要南北夹击，德军是绝对跑不掉的。

两大将领的不同意见让盟军统帅艾森豪威尔非常为难，眼下盟军拥有三个选择，第一个就是从马尔什方向逐渐压缩德军，将其逼回战前原有防线，这个方法显然最为稳妥，盟军目前也有这个实力；第二个就是以巴斯托尼为核心，切断西进德军的退路，继而消灭这部分德军；第三个就是直接沿着原有防线，将德军整个拿下，这样也最直截了当，美军第3集团军司令巴顿最希望的就是这个方案。

这期间盟军内部还发生了指挥权争夺的小插曲，最终蒙哥马利在劝说下妥协，盟军的统一性得到了加强，希特勒最后的希望也破灭了。

盟军的反攻计划在紧锣密鼓地进行着，经过再三的考虑，盟军作出了最后的决定，利用巴斯托尼桥头堡出击，切断德军的退路，进而消灭突出部的德军，这部分德军也是希特勒最为看重的精华。虽然对此巴顿表示不满，但他还是希望用第三方案，不过，布莱德雷明确告诉巴顿："不行，我们没有这么多的兵力！德军虽然已经有溃败的迹象，但还是有很强的战斗力！"

在盟军做好反攻计划的时候，希特勒终于在莫德尔的劝说下承认"我们无法进攻到马斯河！"当他得知美军救援部队已经抵达巴斯托尼的时候，更是异常愤怒，随即冒出了一个新的想法，既然安特卫普去不了，就拿下巴斯托尼吧，这也是一个不错的替代品。

交战双方都不约而同地将巴斯托尼视为下一步作战的重点区域，这个刚刚经历了血战的小镇，即将迎来更为惨烈的战火。

12月27日，希特勒开始大规模地调整整个阿登前线的德军，元首警卫旗队师和青年师被调往曼托菲尔的第5装甲集团军，帝国师、第116装甲师、第560国民掷弹兵师维持原有战线，另外，将第18和第62国民掷弹兵师调给他们使用，迪特里希在少了两个装甲师的情况下对能否挡住美军的进攻还是心中没底。曼托菲尔立即做了一个计划，将所有能够动用的力量全部投入巴斯托尼，攻占该镇之后再回到马斯河与盟军作战，希特勒对此表示赞赏。

只是现在曼托菲尔手中只有刚刚被从进攻马斯河的任务中撤回来的元首卫队旅能够自由动用，这点儿兵力在一场大战中是绝对不够的，而希特勒也给不了他多少的支援，只能靠自己东拼西凑了。

28日，实力受到削弱但还有一战能力的警卫旗队师、第3装甲掷弹兵师和基本上完好的元首卫队旅已经就位。目前整个巴斯托尼地区，最西面南翼是装甲教导旅，他们面对的是即将进入战场的美军第87师以及正在赶来的第11装甲师；驻守在巴斯托尼西部的是圣诞节遭到重创的第15装甲掷弹兵师115团，元首卫队旅通过他们与第26国民掷弹兵师之间的阵地前往被美军打开的"巴斯托尼走廊"西侧；在"巴斯托尼走廊"的东侧，第 26 国民掷弹兵师的补充营和装甲教导师的 901 团暂时划归第 5 伞兵师驻守这里。巴斯托尼的北面和东面则是第 26 国民掷弹兵师防守区域，他们也得到命令，警卫旗队师、党卫军第 9 装甲师、青年师和第 3 装甲掷弹兵师以及第 340 国民掷弹兵师、第 167 国民掷弹兵师将陆续抵达。

在巴斯托尼的美军，巴顿将第 9 装甲师 A 战斗群调往正在巴斯托尼镇南集结的第 4 装甲师左翼，以便随时展开攻击，第 35 师在第 4 装甲师的右翼，第 6 装甲师作为机动预备队，随时增援走廊两翼。

自从 12 月 26 日，第 3 集团军第 4 装甲师打开巴斯托尼的包围圈之后，巴斯托尼的战斗并未停止。驻守巴斯托尼的美军第 101 空降师与外界联系的唯一通道就是这个"巴斯托尼走廊"，而且这座走廊也在德军的威胁当中，阿森诺斯的西侧和西伯里特依旧掌控在德军手中，甚至连第 101 空降师师长泰勒少将进入该镇的时候，也遭遇了炮火的袭击。

巴斯托尼决战在不经意间悄然展开。

26 日，第 9 装甲师 A 战斗群接到命令前往第 4 装甲师的左翼。27 日，战斗群临近西伯利特，由于情报短缺，谁也不知道这个区域的德军有多少，于是 A 战斗群分成两个特遣队，一个进攻西伯利特，另外一个绕路进攻维洛克斯。

虽然西伯利特的守军并不多，只是谢尔曼坦克连白天进攻这里，简直跟送死没什么区别，美军用了一整夜时间终于把西伯里特收入囊中，前往维洛克斯的美军也在第 8 军炮兵和盟军轰炸机的帮助下，拿下了基本上被夷为平地的维洛克斯。但是好运气也不总是在美军身上，拿下西伯里特的美军柯林斯特遣队 28 日中午继续向前推进，在他们抵达西波里特北面的舍诺涅的时候，突然遭到了刚刚抵达这里的德军袭击，这是元首卫队旅的先头部队，美军坦克立即停下来跟德军对射，打了整整一个下午，总算把德军击退了，但是他们也不敢再擅自出动了，只得就地过夜。

29 日清晨，丢掉西波里特的第 26 国民掷弹兵师立即派出了一个工兵连发起反击，这群倒霉的德军士兵刚刚走出树林，就被在路上过夜的柯林

风雪鏖兵 阿登战役

1944年12月27日，美国空军轰炸德国边境的铁路，图中冒烟的地方是德军的据点。

斯特遣队发现，双方还"友好"地打了声招呼，当他们发现对方是敌人的时候，美军先下手为强，数挺机枪对准德军扫射，德军扔下战友的尸体逃进了树林。这场小小的遭遇战的胜利让柯林斯特遣队有些得意忘形，他们吃完早饭之后继续向北，再次遭到元首卫队旅的伏击，4辆坦克被打爆，柯林斯中校立即下令回撤。

就在柯林斯特遣队被德军接连袭击的时候，攻下维洛克斯的卡斯特德特遣队也在向赛农尚进发，这个巴斯托尼西部重要据点几天前曾发生过激战，离开维洛克斯没有多远，这些家伙就被刚刚抵达的德军第3装甲掷弹兵师发现，25辆突击炮和11辆坦克歼击车火力巨大，卡斯特德特遣队顿时跟柯林斯特遣队一样陷入了混乱当中。

三天的行动让美军第9装甲师A战斗群损失惨重，装甲步兵损伤过半，出发时候的50辆谢尔曼现在能动的也就剩下21辆，目前整个A战斗群只剩下坦克连拥有的 17 辆轻型坦克了。

就在美军第 9 装甲师 A 战斗群在"巴斯托尼走廊"西侧陷入苦战的时候，走廊的东侧，第 4 装甲师的 A 战斗群和 B 战斗群跟借来的第 80 师的两个步兵营一起缓慢地肃清躲在森林和村落中的德军。27 日，B 战斗群全力进攻德军第 15 装甲掷弹兵师的阵地，并且先头侦察部队已经与第 101 空降师的阵地建立了联系；A 战斗群在第 5 伞兵师的阻击下进展得不那么如意，这些德国伞兵一扫开战初期的颓废，步步为营地顽强作战，将第 4 装甲师 A 战斗群死死地拦住，甚至逼得 A 战斗群动用坦克抹平了半个村庄，才让德军撤离。一天下来，第 4 装甲师的损失也不小，而且在冰雪中行军这么长时间，非战斗减员也很大。

同样，在第 4 装甲师的右侧，刚刚抵达的第 35 师根本不适应这里的地形和天气，配属他们的坦克营还没有过来，只能靠步兵一点点地啃食德军阵地。尽管有炮火支援，行动还是不那么如意，甚至德军的一个大碉堡挡住美军一个营长达两天之久，德军第 5 伞兵师此时的表现可以与美军第 101 空降师相媲美，而且对方并没有强大的火力支援，他们的战斗意志更为坚毅，充分地展现了德国伞兵的强大战斗力。

尽管德军伞兵们作战勇猛，但在美军强大的装甲部队面前，还是被一点点地蚕食。到了 29 日，美军第 4 装甲师已经稳固了"巴斯托尼走廊"的东侧安全，补给车队终于能够比较安全地进出巴斯托尼了，第 9 运输机司令部用拖曳滑翔机向巴斯托尼运送了 10 吨医疗用品，这也是最后一次空运，从此往后地面车队就可以保障巴斯托尼的物资补给了。在得到大量补给之后，第 101 空降师主动出击，在坦克的协助下夺回了巴斯托尼东南的马尔维，并且与第 35 师先头部队接触上了。

在第 35 师的右侧是保罗少将的美军第 26 师，他们的主要任务是拿下威尔茨—巴斯托尼高速公路，由于 26 师左侧的第 35 师已经卷入了巴斯托尼东南的战斗，而他的右侧美军第 80 师也暂停了前进，整个 26 师目前是孤军向前，所以，保罗特别注意自己的两翼安全，在击退了元首掷弹兵旅两个连的阻击之后，全师已经渡过绍尔河，然后缓慢地朝着目标前进。

由于浓雾和地形影响，美军的行进只能用"爬行"来形容，各连之间已经无法目视，只能依靠无线电联系，而且一有什么风吹草动，就会呼叫炮兵覆盖，不过，很多时候都是吓唬一下小动物而已。

如同乌龟爬一样，第26师101团终于在30日抵达了威尔茨—巴斯托尼高速公路边儿上，然后他们立即在路上设置了大量的障碍，开始肃清公路两侧的德军，德军毫不客气地在坦克的掩护下进行反击，在追击的过程中，两个营的美军落入了德军陷阱，被火箭炮和坦克炮好一顿修理。

12月30日，在盟军和德军的日程表上都是非常重要的时刻，交战双方即将在这一天发起大规模进攻，但是谁也不知道对方的作战计划，他们自然也不会想到进攻的矛头会迎头相撞。

第三节
决战巴斯托尼

目前在巴斯托尼，米德尔顿的第 8 军加强了原来属于第 3 集团军的第 87 师和第 11 装甲师，这两支部队虽然作战经验不是太丰富，可都是齐装满员，战斗士气高昂。米德尔顿在他们的后方还准备 10 个炮兵营的火力支援，前几天遭到了重创的第 9 装甲师 A 战斗群作为预备队，随时根据战场情况投入。

在米德尔顿紧张部署的时候，在德军方面，曼托菲尔也根据希特勒的要求拟定了一个作战计划，由于青年师和党卫军第 9 霍亨斯陶芬装甲师以及第 340 国民掷弹兵师不知道什么时候能够到达，他现在只能依靠元首卫队旅和第 3 装甲掷弹兵师发动进攻，警卫旗队师和第 167 国民掷弹兵师配合，再一次合围巴斯托尼。

战斗首先是从装甲教导师的防区开始的，此前装甲教导师在收拢过程中，将大量的障碍物、地雷布设在盟军可能追击的道路上，跟美军一个样子，他们也把所有的桥梁都炸了，反正自己暂时用不上，怎么也不能留给美军。

装甲教导师将师部设置在圣于贝尔，东边布置了一个装甲掷弹兵营和装甲工兵营，一个重型坦克歼击营藏在森林中，作为主要机动力量。再往东依托乌尔特河一个装甲掷弹兵营和两个黑豹坦克连组成的战斗群防守着接近巴斯托尼包围圈的区域。一个 210 毫米榴弹炮连和 2 个炮兵营组成的第 130 装甲炮兵团为全师提供炮火支援，一个防空营也可以随时提供帮助。

鉴于美军第 87 师在 1944 年 12 月刚刚抵达法国，只经历了几次小规模的战斗，作战经验不足，他们又担任着截断巴斯托尼—圣于贝尔公路的重任，面对的又是德军经验老到的装甲教导师，所以，从30日开始，第87师345团和346团小心翼翼地攻击前进，不过，346团基本上都在跟浓雾、积雪和茂密的森林做斗争，由于恶劣的环境，德军也没有多大的劲头跟美军抗衡，双方就这么你来我往地相互拉锯。不过，也不是没有一点儿成绩，346团的前锋已经靠近巴斯托尼—圣于贝尔公路了，但是装甲教导师也不是吃素的，拥有"黑豹"坦克的纽曼战斗群立即把他们又赶回了森林当中。

相对于346团的无功而返，345团可是一路顺风，接连越过了装甲教导师设立的路障，不过，这种好运气也不是常常都有的，在345团抵达莫尔西附近的时候，无人看守的路障周围隐藏的德军机枪工事，使美军遭到了猝不及防的猛烈打击。虽然在优势炮火的掩护下成功拿下了莫尔西，但是损失还是相当的惨重，不过，厄运依旧笼罩着345团，把346团赶回森林的纽曼战斗群夜晚出动，将345团一个营堵在了莫尔西，虽然在240毫米榴弹炮的支援下，德军最终撤离，可是美军伤亡了数百人，最终还是放弃了已经变成废墟的莫尔西，这算是典型的偷鸡不成反蚀一把米。

在同一天，美军第11装甲师A战斗群也朝着自己的目标进发了，他们担任攻占雷曼的任务，但是在抵达戎杜的时候，遭到了德军炮火的袭击，一个装甲步兵营瞬间成了德军炮火中的小菜，仅仅在半个小时内，就伤亡了100余人，在这种情况下，第11装甲师师长基尔伯恩向米德尔顿请求将进攻雷曼的工作交给第87师，自己绕过这处"死亡区域"会合主力部队。

31日，相对于前一天没有好日子的生活，好运气终于又回来了，美军第87师345团得到命令进攻雷曼，这次没有了炮火的洗礼，345团面对只有德军后勤部队防守的雷曼占据了上风，下午之后德军主动撤离了阵地，将雷曼交给了美军。估计是占据雷曼消耗了过多的运气，在345团与347团换防的途中，345团的卡车误入了德军的雷区，又造成了不小的损失。

米德尔顿面对这种情况也是无可奈何，谁叫这两支部队都没有太多的作战经验呢，可是眼下只能靠他们了。

德军在美军开始有所动作的时候，自己没有闲着，德军第3装甲掷弹兵师30日开始准备穿过法拉格特森林前往已经化为废墟的维洛克斯，为元首卫队旅拿下西伯里特铺平道路，但是走出去没有多远就被美军特遣队发现，整个森林遭到了美军炮火的猛烈打击，元首卫队旅看到这个状况，就明白靠别人是不行的，还是自己亲自来吧。

元首卫队旅的作战能力还是比较强悍的，一个装甲掷弹兵营从北面出击，将柯林斯特遣队赶回了西伯里特，坦克集群则从西面准备夹击西伯里特。

在坦克集群出发不久，前方观察哨突然发现了一支庞大的美军坦克部队，至少拥有30余辆坦克。这是美军第11装甲师B战斗群，这群毫无经验的家伙迷路了，而且是步兵找不到装甲部队，侦察部队也找不到战斗群主力了，这下子全乱套了。

元首卫队旅旅长雷默毫不犹豫地放弃跟这支实力强大的美军装甲部队作战，既然行进路线上有了这么强大的阻碍力量，还是回去算了，估计这些人自己会找上门的，元首卫队旅在身后放了一个有高射炮和突击炮支援的装甲掷弹兵营，主力再次回到被美军的飞机大炮轰成一堆堆石头废墟的舍诺涅。

正如想象的那样，美军B战斗群径直朝着舍诺涅奔来，令雷默感到意外的是，美军的谢尔曼坦克连居然排着行军纵队而来，这样的肥肉哪有不吃的道理，德军毫不客气地击毁了7辆坦克，而后颇有骑士风度地让美军救走所有的伤员，虽然在舍诺涅成功地抵御住了美军的袭击，可是雷默也知道原定于封锁"巴斯托尼走廊"的计划彻底没了希望。

1944年最后一天，德军在巴斯托尼西侧的伤亡并不算太重，第3装甲掷弹兵师、第15装甲掷弹兵师、装甲教导师和元首卫队旅共伤亡500余人，而美军仅第11装甲师就伤亡将近400人，第87师也有数百人的伤亡，经验不足还是这两个主力最大的短板。

第四节
打成一锅粥的战场

在西线美军和德军打得如火如荼的时候，巴斯托尼的东部也迎来了德军的精锐部队，实力受到很大损伤但依旧能够一战的警卫旗队师在圣维特以西集结，而后一路冲到了巴斯托尼，在这里他们得到了满员状态的第167国民掷弹兵师的支援。第167国民掷弹兵师刚刚从匈牙利开来，作战经验丰富，虽然缺乏重武器，但是依旧是一股不可小视的作战力量。

阿登战役期间的党卫军汉森战斗群

由于派普战斗群全军覆没，连累得汉森战斗群也是损失惨重，好在汉森战斗群实力强横，总算保存了一些战斗力。这次警卫旗队师作战的主力就是以汉森的党卫军第1装甲掷弹兵团为主，加上第2装甲掷弹兵团余下的两个营。

由于盟军战斗轰炸机不顾恶劣天气的影响，对德军阵地、交通线、炮兵阵地和集结地进行了猛烈的轰炸和扫射，迫使警卫旗队师向集结区域开进的速度大大降低，直到30日清晨才做好了攻击准备。

为了支援陆军部队对"巴斯托尼走廊"的进攻，德军空军也在希特勒的命令下大举出动，对巴斯托尼实施了猛烈的轰炸，完成了德军在阿登反击战中最为猛烈的夜间轰炸，这次轰炸直接摧毁了美军第10装甲师B战斗群指挥部。

12月30日清晨6：25分，德军对"巴斯托尼走廊"东部的进攻正式开始。

警卫旗队师兵分两路，一路由党卫军第1装甲掷弹兵团1营营长波舍克带领，在一个营的"黑豹"坦克群掩护下进攻阿森诺斯，在距离阿森诺斯4公里的卢特瑞布瓦村时，遭到了第35师134团3营的阻击，被击毁了数辆坦克，由于德军进攻突然，美军最后无奈地放弃卢特瑞布瓦村，撤往西南的洛朗城堡。

得到134团遭到进攻的消息之后，在他们的侧翼，第4装甲师立即派出A战斗群的一个装甲步兵营增援134团，由于波舍克战斗群顾忌美军猛烈的炮火，队伍中没有搭载掷弹兵的装甲运兵车，在地形不利和敌情不明的情况下，坦克部队独自行进唯一的结果就是被对方打埋伏，再加上美军优势的空中打击，致使波舍克战斗群的任务彻底失败。

警卫旗队师的另外一路，则是由老到的汉森带领，他们进攻的是美军第35师137团，这些美军本来就被德国伞兵折腾得筋疲力尽，汉森战斗群这种如狼似虎的家伙出现，更是让他们雪上加霜，汉森惯用坦克歼击车当作突击炮使用，美军驻守的整个村庄化为了一片火海，石头房子都变成了废墟，仅仅一个上午，除了一个人跑出来之外，将近200名美军大部分成了俘虏，其余全部战死。然后汉森战斗群继续前进，在击退了第4装甲师和第35师的阻击之后，于16：00拿下了洛朗城堡，在汉森战斗群准备继续前进的时候，美军炮兵终于显示了威力，纵深拦截强渡达到了高潮，德军的脚步终于停了下来，就地展开防御。

12月31日，警卫旗队师在第167国民掷弹兵师的配合下再次向"巴斯托尼走廊"发动进攻，令德国人无比郁闷的是，趁着天空晴朗，盟军的飞机也出来放风了，总共3550架次的空中力量对德军的地面目标展开了狂轰滥炸，再加上地面炮火的猛烈打击，德军的装甲部队毫无用武之地，整整一天德军一无所获。

在这一天，巴斯托尼的美军第101空降师也小小地打了一场，两个连的德军进攻了第101空降师502团把守的尚斯外围，得到充足补充的美军炮兵毫不吝啬地打出了大量的炮弹，进攻的53名德军半数以上被俘，这些人已经是德军第26国民掷弹兵师两个连的全部兵力了，可见，德军这支精锐的部队已经无兵可用了。

1945年终于到来了，新年的钟声刚刚在阿登山区敲响，看着天空中飘落的雪花，年前没做好梦的美军第87师347团准备再次向装甲教导师的阵地发动进攻，依旧准备切断圣于贝尔—巴斯托尼公路，但是厚厚的积雪是摆在美军面前的第一个敌人，而且纽曼战斗群不断使用步兵和直瞄火炮袭扰他们，当一个营的美军抵达德军阵地的时候，再次遭到了德军装甲部队的顽强抵抗。黄昏时分，趁着盟军飞机消失的空当，德军的坦克立即发动反击，把美军又赶回了雷曼。347团另外一个营也从莫尔西出发，被一个拥有6辆"黑豹"坦克的德军队伍在公路岔口伏击了……

开年就遇事不利，347团立即转变方法，1月2日绕开了两个德军重点把守的据点，德军猝不及防，立即被抄了后路，圣于贝尔的公路终于被切断了，不过，森林中的德军依旧顽强地存在着，让第87师头疼不已，好在算是完成了米德尔顿交给的任务了，只是他们没想到装甲教导师的作战意志那么强，直到最后撤离的时候依旧能够反击，占了美军不小的便宜，甚至最后还俘获了将近百名美军士兵。

新年出师不利的不仅仅是第87师,它的难兄难弟还有第11装甲师。年前,他们没有拿下舍诺涅,而且还是很痛苦地接受这个事实,原因很简单,雷默的元首卫队旅早就盯着第11装甲师呢,当他们的A战斗群年前刚刚集结的时候,就被雷默派出去的突击炮一通打击,数辆谢尔曼顿时被击毁。美军立即在炮兵和飞机的掩护下反击,便落入了陷阱,雷默在就在树林中隐藏了88毫米高射炮,由于步兵没有跟上来,谢尔曼被干掉了足足11辆。

A战斗群被揍了之后,B战斗群立即给他们报仇了。新年当天,B战斗群集中了13个炮兵营把舍诺涅轰了个天翻地覆,连地下室都被掀出来了。随后2个中型坦克连发动进攻,德军第3装甲掷弹兵师师长邓克特见状,三十六计走为上计,德军在舍诺涅击毁了4辆谢尔曼,之后放弃了这个已经没有多少防御价值的地方。

当入夜里,米德尔顿视察了第11装甲师,面对已经快要打成一团糨糊的战场,米德尔顿下令第11装甲师在援军没有到来之前别打了,再这么打下去估计他又快成光杆司令了,何况这第11装甲师还是第3集团军借给自己的,到那个时候,巴顿还不把自己给吃了。

米德尔顿的好意是保护第11装甲师,可是第11装甲师心有不甘啊,这仗打成这样叫谁也不会愿意的,要报仇!

米德尔顿想了一下,要是不同意的话,自己还真不好指挥这些家伙,于是同意第二天第11装甲师B战斗群可以进攻德军。

1月2日,美军第11装甲师再次动用了12个炮兵营的火力,对德军阵地发射了将近4000发炮弹,当B战斗群的坦克和步兵杀入德军阵地的时候,发现这些德军好像废墟中的老鼠一样到处乱窜,残酷的巷战持续了整整一夜,直到第二天,美军付出了不小的代价才将德军击退。

4天的激战让第11装甲师获得了充足的战斗经验,在推进了9公里之后,全师伤亡将近700人,其中阵亡220人,战损各种坦克近70辆,如此大的损伤不得不让米德尔顿考虑派出增援部队了。

1月3日,米德尔顿增援第11装甲师的美军第17空降师抵达了战区,在第 87 师和第 11 装甲师之间集结，随后接替了第 9 装甲师 B 战斗群和第 11 装甲师的阵地。这支无论战斗力还是运气都不如第 101 空降师的部队，初来乍到就想挑个硬骨头啃啃，刚刚抵达就发动进攻，在德军的元首卫队旅和第 3 装甲掷弹兵师的防御阵地前碰了个头破血流。

不信这个邪的第 17 空降师第二天（1 月 4 日）继续猛攻德军阵地，由于天气突变，盟军航空兵无法提供空中支援，冒着暴风雪进攻的第 17 空降师再次被元首卫队旅打了个不知道东南西北，个别连队甚至损失过半，伤亡将近 300 人，而德军的元首卫队旅仅有 5 人阵亡，十余人受伤。

新年初始，在几支部队都有些出师不利的情况下，只有第 9 装甲师 A 战斗群有了点儿功绩。他们在 1 月 1 日攻入了赛农尚，由于担心夜间德军的反坦克手，装甲部队退了出去，只留下了步兵与村里的德军进行巷战，不过，德军的增援部队很快就赶到了，将美军赶出了村子，直到 2 日晚德军接到命令撤出，A 战斗群这才重新占领赛农尚，但是他们也无力继续推进了。

米德尔顿面对这种情况有些哭笑不得，没法子，他向巴顿说明了情况，好在巴顿没有在意，这种情况他见得多了，艾森豪威尔还被包围过呢！

别的没有，部队咱有的是！巴顿大手一挥毫不犹豫地将已经只剩下 40 辆能动坦克的第 4 装甲师给撤了回来，正好布莱德雷收到消息，德军极有可能进攻位于卢森堡城的第 12 集团军群司令部，那里需要增援，他顺手将第 4 装甲师派了过去，将崭新的第 6 装甲师调到巴斯托尼参与作战。

杰罗少将的第 6 装甲师于新年当天集结到位，他的到来使得本来就占优势的美军炮兵再次得到了加强，除了第 6 装甲师拥有的 3 个炮兵营之外，第 193 炮兵群的 4 个炮兵营也在 12 月 31 日加入了战斗，相比之下德军的炮兵实力就相形见绌了。

1 月 1 日，就在第 11 装甲师和第 17 空降师都出师不利的情况下，第 6 装甲师开始为他们报仇了。

美军第 6 装甲师 B 战斗群的一个坦克营沿着狭窄的公路一路杀奔德军

阵地，接连攻克比佐里、马格里特，随后 A 战斗群立即派出一个坦克营接替 B 战斗群杀奔阿尔隆考，开始的时候进攻很顺利，然而到了傍晚的时候，德军援兵来了，是青年师的先头部队！美军炮兵立即用弹幕拦下了青年师的追击。

1月2日凌晨，德国空军再次夜间出动，瞄准美军第6装甲师的控制区域就是一通猛砸，趁着这个热乎劲儿，第167国民掷弹兵师一个营立即发动偷袭，被财大气粗的美军用9个炮兵营打退。B 战斗群在马格里特也遭到了第340国民掷弹兵师的袭击，不过，德军似乎也没占到什么便宜。

面对遭到德军袭击的第6装甲师立即展开反击，天亮之后，B 战斗群坦克营立即从马格里特出发继续进攻阿尔隆考，谁知道德军在树林中早就埋伏下了突击炮和火箭炮，瞬间，8辆谢尔曼成了废铁，而美军根本就没看到德军在什么地方，在遭到四面八方的进攻之后，无奈之下只得依靠师部炮兵支援，才逃了出来；装步营的进攻也没好到哪里去，他们同样被德军的榴弹炮袭击了，不过，他们比坦克营好一点儿的是，他们呼叫炮火支援的时候，在巴斯托尼里面的第101空降师的炮兵前来支援，足足有12个炮兵营的力量，如果不知道的话，还以为他们进攻的是德军的一个装甲师呢。

B 战斗群还不是最可怜的，A 战斗群2个装步营在从 R 战斗群调来的一个坦克营配合下进攻瓦尔丁，谁知道刚出发就被德军炮兵盯上了，好不容易消停一会儿，准备继续前进的时候，他们与友邻的美军第35师一个神经过敏的步兵营发生了误判，就这么打了起来，各自伤亡都不小。最惨的是配属的坦克营，由于跟装步营之间的无线电联络中断，他们被德军的反坦克炮伏击了，15辆坦克被击毁。

1945年新年的最初两天，随着越来越多的部队加入进来，巴斯托尼东南方向乱成了一锅粥，相对于美军新加入的部队遭到反击，德军警卫旗队师和第167国民掷弹兵师同样跟美军激烈交火，原定的进攻步伐也不得不停了下来。

美军第35师134团两个营向卢特瑞布瓦发动进攻，波舍克战斗群凭借丰富的战斗经验，成功地将美军引入了伏击圈，损失了整整一个连之后，两个营无奈之下只得撤退。第二天，不死心的134团还想进攻卢特瑞布瓦，却被波舍克战斗群死死地压制在森林当中，除了少数人之外，150多人的伤病员向德军投降，直到两天后，美军才成功地拿回了这座已经化为废墟的村落。

洛朗城堡的战斗更是激烈，汉森战斗群凭借有利的地形凭险据守，特别是还有第5伞兵师缺编严重的14团也加入了汉森战斗群的行列，尽管美军的炮火和飞机极为猛烈，可是步兵在MG42"撕布机"的呼啸声中伤亡惨重，德国伞兵再次打出了"卡西诺的绿色魔鬼"的豪气，警卫旗队师在三天的战斗中投入了最后的一点儿家当，甚至连汉森都亲自参与防御反击，尸体和伤员遍布阵地前沿，最后，美军也不得不要求停战，双方搬运尸体和运送伤员。

第五节
各种番号齐聚巴斯托尼

1月2日，曼托菲尔意识到切断"巴斯托尼走廊"的计划已经失败，尽管德军的增援部队正在进入巴斯托尼，可是美军的增援部队不仅在人数上，在坦克和炮火上更是超过德军太多了，特别是美军根本不用为弹药发愁，为了打击数辆坦克，他们甚至不惜动用数个甚至十几个炮兵营的火力覆盖。而德军炮兵手中的炮弹只能用可怜来形容，不过，他们还是有一些倚仗的，比如说并没有受到多大损失的党卫军第9霍亨斯陶芬装甲师，莫德尔直接下令要求曼托菲尔动用一切力量对巴斯托尼展开一次进攻以获得决定性的胜利。

但是许多事情就是在偶然间发生的，一个小人物可能产生巨大的蝴蝶效应，曼托菲尔乃至希特勒最后的希望，任谁也不会想到竟然会毁在一个小小的士兵身上。

1945年1月2日，一个德国传令兵在黑暗中不慎落入了美军第101空降师502团2营的一个散兵坑内，美军士兵将这个不知所措的德国士兵俘虏之后，从他的身上搜出了一份详细的作战方案和地图。第101空降师师长泰勒少将看过缴获的作战计划之后，不由得多看了几眼这个家伙，这可能是第101空降师抓获的最有价值的俘虏了吧？

作战计划上面清楚地表明，第101空降师的老对手、党卫军第9霍亨斯陶芬装甲师已经南下，于1月3日在巴斯托尼镇北方完成集结，天亮之后展开攻击。

第101空降师立即做好了准备，首先调集所有炮火对德军霍亨斯陶芬装甲师集结区域进行猛烈打击，盟军的战斗轰炸机也起飞，对德军装甲部队进行"屠杀式"的轰炸，无论是坦克还是装甲车都被猛烈的炮火撕成了碎片，但是德军依旧没有停止进攻，在付出惨重代价之后，德军终于占领了隆尚。

青年师也在巴斯托尼东面对第101空降师的阵地展开进攻，美军利用各种反坦克武器和炮火阻挡德军的进攻。

美军第6装甲师也根据情报炮轰了德军阵地和部队集结地。第340国民掷弹兵师在青年师的配合下跟第6装甲师激战，但是双方都没有取得进展。

1月4日，在巴斯托尼周围区域，交战双方集结了大批部队，各种番号数量众多，美军包括第35师、第87师、第17空降师、第101空降师、第4装甲师、第6装甲师、第9装甲师2个战斗群、第10装甲师1个战斗群、第11装甲师。

德军方面的番号更多：第15国民掷弹兵师、元首卫队旅、第3装甲掷弹兵师、第26国民掷弹兵师、党卫军第9霍亨斯陶芬装甲师、第340国民掷弹兵师、党卫军第2元首青年团装甲师、第167国民掷弹兵师、元首警卫旗队师和第5伞兵师。

上午8∶00，曼托菲尔发动了自围城以来最大规模的攻势。

一马当先出击的是前一天战绩不错的党卫军第9霍亨斯陶芬装甲师和第340国民掷弹兵师，只是他们还没有接近美军的阵地，就听到空中响起了美军P-47战斗轰炸机的轰鸣声，漫天的轰炸机似乎有用不尽的炸弹，将德军装甲部队炸得遍体鳞伤。好不容易等到"空中的苍蝇"飞走了，美军炮兵"热情的招呼"随即而来，早已完成休整的美军伞兵严阵以待，霍亨斯陶芬师本来还算是兵强马壮，经过前段时间的高强度作战，再加上遭到空中和地面的双重打击，减员速度超过想象，而补充人员更是没有几个是合格的。最惨的是，他们身着党卫军的黑色制服，这在雪地里简直就是明目张胆地当靶子，德军士兵的尸体遍布了整个防御阵地前沿。

经过一整天的作战，被寄予厚望的两支德军前锋依旧停滞不前，巴斯托尼的守军在德军疯狂的进攻中伤亡也不小，仅仅第101空降师就有500余人的伤亡记录。

上午9：00，在霍亨斯陶芬师展开进攻之后，青年师和第167国民掷弹兵师也加入了进来，这个时候室外的温度已经降低到了-30℃。德军裹着厚厚的冬装击退了美军第6装甲师B战斗群的进攻，并且拿下了美军已经占据的马格里特。当德军想要趁热打铁的时候，美军强大的炮火和空中支援如同梦魇一般出现在德军前进道路上。相对于青年师和霍亨斯陶芬师，警卫旗队师的表现更为差劲，虽然他们的对手是已经遭到很大损失的第4装甲师和第35师，可是警卫旗队师已经没有派普战斗群横行时候的气势了，他们甚至还丢掉了卢特瑞布瓦。

整整一天，德军各个部队拼尽全力，但是在美军强大的优势火力跟前，作战经验和战术已经无法充当德军的保护伞，除了庞大的番号之外，经过高强度作战之后的德军各个部队已经减员严重，而且补给依旧是个巨大的问题，盟军飞机已经占据了整个天空，目前大部分的德军已经是强弩之末，面对优势兵力和优势火力的美军，现在留在德军面前的道路只有一条——撤离！

只有这样才能够保住德军在西线最后的战斗力。

但是，希特勒会同意吗？

这件事情绝对不会是由他做主的，在遭到德军看似强大的反攻之后，英国首相丘吉尔向斯大林发出了求援，为了支援西线盟友，苏联红军决定比原定日期提前8天——于1945年1月12日在东线发起了维斯瓦河-奥得河战役。德军被迫把准备派往阿登地区的后备兵力6个装甲兵师调往东线，阿登战场最后的一线希望也破灭了，他们只能吞下冒然出击造成的苦果。

第十章

伤亡惨重的结束

第一节
谨慎的追击

1月3日，随着蒙哥马利将英军第30军调到了乌尔特河西岸，接收美军第2装甲师和第84师的防区，英军第6空降师和第29装甲旅也加入了与德军在马尔什方向的对峙。英军的到来，让"车轮上的地狱"美军第2装甲师和第84师有足够的时间和力量来应对德军防御部队。

由于盟军负责阿登反击战的三位谨慎的最高指挥官一致否决了巴顿提出的"大解决方案"，用巴顿自己的话讲，"艾森豪威尔和布莱德雷都是谨慎的人，蒙哥马利的谨慎比他们更是过分"。盟军最后放弃拿下阿登山区所有德军的计划，转而消灭从巴斯托尼向西的突出部德军，而后慢慢推进，以保障德军不会狗急跳墙，减少失误和伤亡的发生。

盟军在乌尔特河防线主要以柯林斯的第7军为主，包括美军第2装甲师、第3装甲师和第75师、第83师、第84师，还有一个骑兵群和12个军属炮兵营；在圣维特方向则是李奇微的第18空降军为主，拥有实力强劲的第82空降师、第30师和在圣维特保卫战中损失不小的第7装甲师，加上在战役前期遭受到严重损失的第106师、第28师和第9装甲师B战斗群，总体来说，盟军的进攻实力还是有所保障的。

德军方面的力量则显得非常薄弱，虽然拥有党卫军第2装甲军、第66军、第116装甲师、第560国民掷弹兵师、第12国民掷弹兵师，还有1个匆忙建立起来的费尔伯军级集群，但是几乎每个部队都处于人员和装备短缺的状态，而且弹药补给也非常困难，唯一能够支撑他们的就是来自希特勒那虚无缥缈的意志力了。当然，对于德军而言，他们的优势也不是没有的，恶劣的天气加上阿登山区复杂的环境让他们多了一层生的希望，如果不是盟军战略上的失误，加上德军的突然袭击，盟军也不会在战役刚刚开始的时候就溃败得如此迅速。

1月3日，上午8时30分，美军第7军所属各个炮兵营全力将弹雨抛向了德军阵地，随后两个得到步兵加强的装甲师——美军第2装甲师和第3装甲师准时发起了对德军的反击计划。

然而事情并不像想象中的那么美好，德军虽然已经处于劣势，但是他们依旧顽强地躲在防御工事内抵挡美军的进攻。寒冷的天气和地面上厚厚的积雪让美军无论是装甲部队还是步兵都苦不堪言，美军的先锋装甲部队经过苦战，4天之后才勉强行进了七八公里，而且随着深入德军的纵深，对方的反抗就越来越凶狠，他们知道自己担负着德军围攻巴斯托尼的后方安全，一旦他们被攻破，德军集结在巴斯托尼的部队就会被反包围，到那个时候，等待十几万德军的就只有死路一条了。

虽然德军已经筋疲力尽，且知道胜算微乎其微，可是他们在战斗中表现出来的顽强和战斗素养让美军感到心惊。面对德军的拼死反抗，美军的

·美军坦克正在增援美国守军，背景是德军燃烧的设施

伤亡也在不断攀升，双方都在坚持着，看看是长矛尖锐还是坚盾牢固。仅仅4天时间双方各自伤亡了将近2000人，但是美军还是一点点地蚕食着德军阵地，只是不知道德军最后的承受能力能到什么地步。

1月7日，美军第2装甲师攻克杜尚，而后拿下了拉罗什，而第3装甲师更是重新拿下了巴拉盖德弗莱图十字路口，由于天气寒冷，结冰的道路限制了装甲部队的发挥，在两个装甲师后面的美军第83师和第84师立即提前担任整个反击任务的出击任务。

1月8日，德军终于迎来了一个好消息。

自以为是的希特勒终于承认自己的反击作战计划已经失败了，现在他唯一能够做到的就是尽量把部队救回来，他立即下令突出部顶端的部队立即撤回乌尔特河以东区域。武装党卫军部队立即撤出战斗，重新在圣维特和威尔茨附近集结，理论上武装党卫军部队可以组成一支阻挡盟军反击的预备队，他们虽然已经遭到了很大的损失，可是还具有很强的战斗力，无论是美军哪一支部队都无法挡住他们进攻，只要希特勒给他们充足的燃料和弹药补给，拿下巴斯托尼甚至反击乌尔特河也不是没有可能。

德军接到命令之后，首先撤离的是第116装甲师，他们在英军第53师的追击下缓慢后撤，英军秉承了蒙哥马利谨慎的态度，小心翼翼、一步一个脚印地前进，让德军暂时有了喘息的机会，甚至还在一些地段发动了小小的反击，即便如此，英军依旧亦步亦趋，好似午后散步一般，恭送德军后撤。

整个反击战场，除了柯林斯的第7军大步向前以外，其他的部队都在小心谨慎地行进，李奇微的表现比英军也好不到哪里去，由于属下的部队大部分都减员严重，真正有战斗能力的只有第82空降师和第30师，受损严重的第7装甲师和只有1个团的106师只能充任预备队了。

好在他们面对的德军更是屠弱，战斗刚开始他们就收复了特洛伊斯傍茨，然后根据李奇微制定的计划缓缓而进，一步一个脚印，稳扎稳打，几乎没有费太大的力气就完成了任务，直到1月10日，第82空降师已经拿下了维尔萨姆周边地带和萨尔姆河。

同样在 10 日，美军第 2 装甲师拿下了桑雷，在击退德军的反攻之后，盟军的进攻暂时停了下来，连日的征战让大部分的部队都疲劳至极，暂时的休整可以让部队喘口气休息一下，装甲部队也能够趁机检修一下他们的铁骑了。

第二节
兔子急了还咬人呢

相对于盟军缓慢推进的反击队伍，在巴斯托尼周围区域，一场恶战似乎依旧逃脱不掉。虽然在1月3日和4日这两天的时间里，德军发动了前所未有的大举进攻，在盟军全力阻击下显然已经遭到了失败，现在摆在第3集团军司令巴顿面前的就是一个大好机会。

从表面上看，在巴斯托尼周围，德军的番号显得非常多，而且看似实力强大，但是随着战事的推移，德军的后勤补给出现了巨大的问题，食物和燃料缺乏，使得他们的装甲部队甚至都无法拥有机动作战能力，德军的士气也在急速下降，而美军的炮火落地的声音几乎一刻不停地在耳边响起。

相对于德军悲惨的现状，美军面对德军疯狂反扑虽然遭受了不小损失，可是依靠牢不可破的空中优势和高效率的后勤补给，美军无论是弹药燃料补给，还是食物和医疗救治都达到了前所未有的地步，更为关键的是，新加入的部队已经受到了战斗考验，拥有作战经验的部队对于德军来说简直就是一场噩梦。

虽然美军已经占据优势了，可巴斯托尼周边的德军几乎全部都是幸存下来的精英部队，他们甚至能够做到一兵一卒顽抗到底的地步，为了掩护其他的部队后撤，装甲教导师和第3装甲掷弹兵师以及其配属的元首卫队旅正在死守自己的阵地。

隶属于米德尔顿第8军的美军第87师立即对元首卫队旅展开了进攻，但是面对德军顽强的防守，美军进展缓慢，无奈之下，巴顿立即调集了两个坦克营和一个步兵团加强给第87师，本来拥有9个营的第87师拥有了13个步兵营的兵力，加上配属的炮兵和坦克，当德军弹药即将耗尽的时候，美军在11日总算拿下了元首卫队旅的阵地，不过，还是让元首卫队旅施展擅长的交替掩护，各单位完整地撤出战斗，重新建立了防御阵地。

元首卫队旅稳扎稳打的时候，第3装甲掷弹兵师也跟美军第17空降师交上火了，伞兵们刚开始的时候进展还算顺利，接连拿下了德军数个据点，甚至还包围了一部分德军。但是还没等美军高兴起来，1月8日夜间，德军利用一支25人的突击队，与被围部队来了一个里应外合，趁着美军疲惫不堪的时候发动突然袭击，不仅夺回了据点，甚至还俘获了140多名美军官兵，惊慌失措之下，美军再次把拿到手的阵地拱手让给了德军，到手的鸭子又飞回去了。

第8军的美军在德军极为有效的防守反击之下，发生了各种错误，最后竟然转为防御，甚至连在巴斯托尼保卫战中英勇无比的第101空降师也遭到了德军强有力的反抗。在森林中跟寒冷、浓雾和漫天飞雪以及严阵以待的德军相抗衡的过程中，第101空降师的伤亡超过了在巴斯托尼被围时期，超过1800人的损伤让泰勒头疼不已，营连级的作战军官甚至用前赴后继来形容，营级以上的指挥官伤亡超过8人，包括501团团长厄威尔中校也身受重伤。

相对于米德尔顿的第8军，巴顿的第3集团军更是碰到硬茬了，青年师和警卫旗队师都在这里，这两支党卫军装甲师虽然已经遭到了惨重打击，可是作为希特勒最信赖的党卫军，遭受过洗脑的他们作战意志非常强烈。

美军第6装甲师刚开始的时候还是小有收获的，疲惫不堪的青年师的孩子们还是凭借狂热的信念激发了自己的力量，靠顽强的斗志将第6装甲师又赶回到原地去了。

第35师同样跟警卫旗队师较上劲了，本来因为派普战斗群全军覆没就让警卫旗队师元气大伤，好不容易集结的部队也是由于伤亡过大几乎灭光了，甚至都无法凑出一个建制连，即便如此，他们还是利用装甲团剩余坦克为核心，组建了小型战斗群对抗第35师的进攻。

为了改变这一现状，巴顿秘密地将范弗里特的美军第90师调到了巴斯托尼，这支新锐力量的到来起到了突击先锋的作用，德军第5伞兵师的阵地瞬间被突破。其他地区的部队也立即兴奋起来，第35师猛攻警卫旗队师固守的阵地，在猛烈的炮火支援下，成吨的炮弹落在德军阵地当中，固守阵地的警卫旗队师第1装甲掷弹兵团3营顽强抵抗，几乎全军阵亡。

第三节
丢掉大鱼的合围

1月9日,希特勒的撤退命令下达到了各个部队,警卫旗队师完全撤离战斗,第26国民掷弹兵师、第167国民掷弹兵师、第9国民掷弹兵师和第5伞兵师交替掩护后撤,并建立防线阻击盟军的追击。

12日,雷霆万钧的苏联红军立即发动旨在解救波兰的维斯瓦河-奥得河战役,16个合成集团军、4个坦克集团军、2个空军集团军,以及若干个独立坦克军、机械化军、骑兵军等共220万人,在33500门火炮和迫击炮、7000辆坦克和自行火炮、5000架飞机的支持下,对德军东线在维斯瓦河与奥得河之间构筑的由七道防御地区组成的纵深500公里的防御体系展开了大规模的进攻。

随着苏联红军的参战,德军遭受到的压力陡然而升,希特勒急忙命令各个部队在保证自身安全的情况下尽可能地撤回。

但是德军最高统帅部并不了解战场的实际情况,经过了大规模的作战之后,面对美军绝对优势的空中和地面炮火支援,德军的处境相当困难,人员装备损失惨重,后期补给可以用可怜来形容,这样虚弱的实力想要在美军优势战斗力的压制下成功逃脱,几乎是一个不可能的事情,即便德军拥有极为丰富的战斗经验。

14日下午,美军第3装甲师突然撕破了德军第560国民掷弹兵师设置的防线,斩断了乌法利兹北面公路。这意味着公路以西的德军部队即将陷入被包围的境地,德军第116装甲师师长瓦尔登堡立即下令,调集所有的部队严密防守乌法利兹,挡住美军的突袭。

眼下德军已经面临各种物资缺乏的困扰，瓦尔登堡决定：把一些出现问题或者已经没有油料的坦克作为固定火力点，部署在通往乌法利兹公路两侧，其他能动的坦克和突击炮组成机动兵力，尽可能地阻滞美军的推进。只是眼下第116装甲师的战斗力几乎归零了，能否逃出去都是一个巨大的问号。

这样的兵力显然不可能阻挡美军的进攻，即便巧妙的布置也无法抵消兵力和装备上的劣势，就看美军准备给他们留下多长的时间了。为了延迟美军进攻的脚步，德军重复了美军当初的做法，将所有的桥梁全部炸毁，在行军路线上布置了大量的地雷，并且用少量坦克或者突击炮、反坦克炮阻滞美军快速的行进速度，掩护大部分的德军后撤。

16日，德军第116装甲师放弃了乌法利兹，与其他德军的残余部队集结在乌法利兹到萨尔姆河之间区域，美军的追击似乎并不强烈，只发生了几次小规模的战斗。

美军第11装甲师B战斗群拿下乌法利兹南方公路两侧的高地之后，担任前卫任务的一支侦察分队与德军进行了激烈的交火，德军撤离之后，他们看到前方有一支车队正在行进。

是美国人！

是南下的美军第2装甲师的侦察部队！

两支侦察部队终于在乌法利兹关上了大门，随后美军重新收复乌法利兹，却没有网住里面的任何一条大鱼，所有成建制的德军部队都逃离了这张大网。其实，这也不怪美军作战不利，而是这个计划本身就有缺陷，合围的距离对于第1集团军和第3集团军来说太长了，预定包围圈内的德军后撤速度太快，美军也缺乏这种包围战的经验，如果按照巴顿的做法，估计现在美军大网里的大鱼都数不过来了。

但是无论如何，美军还是重创先是了担任进攻先锋后来担任撤退后卫的德军第116装甲师，从1月3日盟军做出反击开始，该师损失了超过1300人的兵员，装备几乎损失殆尽。

当盟军的大网丢失大鱼的时候，在战场的北端，李奇微的第18空降

被盟军飞机炸毁的的德军坦克

军的作战正在焦灼当中，阻挡美军前进脚步的是费尔伯军级集群，他们已经顽强地阻挡了第 18 空降军达 10 天之久。李奇微计划用第 30 师和第 106 师进攻德军主阵地，第 75 师据守维尔萨姆以北、萨尔姆河以西的阵地，一旦主攻的第 30 师取得进展，德军想要后撤的话，第 75 师可以立即越过萨尔姆河包抄对方，如果顺利的话就能全歼对方。

然而，计划是美好的，可是现实却给了李奇微当头一棒。被称作"悍军"的第 30 师一天的进攻只推进了不到 3 公里，如果这样下去的话，别说包围对方了，说不定还会被对方倒咬一口。李奇微顿时怒了，在关键时刻他会毫不犹豫地撤掉没有完成计划的属下主官，这可不是说着玩儿的事情。当师长面临生存危机的时候，他的下属又能好到什么地方？在主攻的 119 团团长被当场撤掉之后，14 日中午，美军第 30 师以伤亡 250 人的代价拿下了德军阵地。撤职的事情也绝对不是开玩笑，举步不前的第 75 师未能按期拿下维尔萨姆，李奇微当场撤掉了他的好友第 75 师师长菲·皮克特。

随着德军不断地后撤，美军逐渐收复了先前丢失的阵地和城镇，不过，德军也没有给美军什么好处，除了后卫部队造成的损失之外，德军炸毁了所有占据的桥梁，在那些几乎都是废墟的城镇中和交通要道上布置了大批的地雷阵，甚至在丢弃的装备上都设置了诡雷，解决这些问题让美军工兵们苦不堪言。

当眼前的苦难解决之后，第18空降军终于来到了圣维特跟前，但是这里已经聚集了4个武装党卫军装甲师，这是德军手头上最具有实力的队伍了。虽然他们都已经损失惨重，可毕竟是4个重型装甲师，何况在这种被追得如同丧家之犬的时候，要是逼急了，回过身来咬一口的话，不死也得脱层皮。

在后卫部队拼尽全力地阻击时，德军各种型号的车辆如长龙般穿越崎岖的被冰雪覆盖的山路，向自己不久前出发的方向撤离。由于恶劣天气阻止了盟军飞机的起飞，让德军的后撤没有了太大的威胁，使得整个德军撤退过程显得井然有序，尽管油料供应不足，加上糟糕的路况，德军还是按照规定的时间撤离了。

第四节
将德国人赶回到原来的防线后面

没有了盟军飞机的支援，后方的追兵也显得小心翼翼，痛打落水狗的事情不是什么时间都能做的，逼急了这群困兽，说不定还会狠狠地咬你一口，而且阿登山区常有的大雾让空中的 P-47 无法辨认地面目标，误炸的事情经常发生，第 101 空降师 502 团 3 营营长约翰·斯托普卡就因此阵亡。

最倒霉的还是第 6 装甲师，他们接替了因为情报显示德军准备突袭第 12 集团军群司令部卢森堡的消息而被抽调的第 4 装甲师的阵地，但是天知道德军在整个阿登战场上最具有威慑力的第 506 重装甲营就藏在瓦尔丁地区的树林中。虎王坦克可不是闹着玩儿的，美军任何的坦克和装甲车都顶不住对方 88 毫米大炮，直到对方的掩护任务完成，青年师完全撤离之后，美军才小心翼翼地进入这一区域，还是小心无大错好啊！

有了第 6 装甲师的榜样，第 35 师跟在警卫旗队师的屁股后面一步一个脚印，天知道警卫旗队师还有多少能战斗的队伍，前几天汉森战斗群表现出来的强悍让第 35 师心有余悸，要是再出现一个虎式坦克营的话，第 35 师就别想回去了。倒是第 90 师初生牛犊不怕虎，紧跟在对方屁股后面，咬住了警卫旗队师的后卫部队，但是这支后卫部队表现出异乎寻常的作战能力，第 90 师并没有占到多大的便宜，而且还让对方趁机把附近的德军第 5 伞兵师残部的伞兵们救了出去，虽然他们已经基本失去战斗能力，但是好歹人回去了。

俗话说得好："常在河边走，哪有不湿鞋的？"

第6装甲师B战斗群拿下朗维里之后,看着德军撤退的身影,小小地得意了一把,谁知道狡诈的元首卫队旅居然派出了一个突击炮小队,趁着对方坦克群加油的时候突然袭击,11辆谢尔曼被摧毁,然后这群占了便宜的德国人消失在树林当中。

16日,德军大部分的部队从巴斯托尼东部和东北部后撤,美军随即收复了该区域。德军在其他的地方抵抗也减弱了,大部分的部队和装备都在紧张地后撤,只留下一部分小规模的后卫部队阻滞美军的追击,这些后卫部队表现出了德国陆军极为丰富的小队伍作战技巧,他们充分利用了战场上复杂的环境进行防御,让占据极大优势的美军无可奈何。

同样在16日,美军第101空降师将自己的防区交给了第11装甲师,他们随即撤离到阿尔萨斯地区进行休整,此时第101空降师损伤人数已经超过编制的三分之一,高达3400多人,其中阵亡500人,失踪或者被俘400人,2500人受伤。他们在整个阿登反击战中俘虏了1000名德军,击毙或者击伤超过7000人,这其中大部分的功劳当然属于炮兵兄弟,猛烈的炮火是第101空降师守住巴斯托尼的关键因素之一。

鉴于第101空降师在巴斯托尼战斗中的表现,罗斯福总统为他们颁发了优异集体嘉奖,这是"二战"期间第一个也是唯一一个全师获得此项荣誉的美军陆军单位。

美军第101空降师能够在四面受敌、外援一度断绝的情况下与敌军抗衡并守住关键阵地,这在美军"二战"历史上极为少见。第101空降师当时起到了中流砥柱的作用,对美军的士气提升起到极大的鼓舞作用。

现在摆在盟军面前的一道令人头疼的问题是,德军的确是在撤退,但是他们不是溃逃,他们后撤得非常有条理,令美军的追击不敢越雷池半步,否则就会处在很危险的地步。谁都想打一场歼灭战,趁着德军还没有回到他们坚固的防线之前灭掉他们,可是盟军还没有能力做出用好似派普战斗群这样的队伍去截断德军退路。

在西侧和北侧的德军都撤离之后，心里干着急的巴顿将目光投向还没有来得及撤离的德军第 7 集团军身上了，巴顿立即出动了自己一直没有动用的第 12 军。

拥有第 4 师、第 5 师、第 80 师的第 12 军于 1 月 18 日对德军第 7 集团军发动了猛攻，这次进攻完全出乎德军的预料，美军很快就肃清了奥尔河和绍尔河交汇区域，好似一把钢刀插向第 53 军和德国本土之间，要是德军动作稍微慢一些，这些人就甭想回去了。

撤！紧急撤离！

德军第 53 军不顾一切地向后撤退，由于缺乏燃油，德军只得将重型装备和车辆先撤离到暂时安全的地带，命令奥尔河桥梁守军无论如何也要保住大桥，盟军的飞机这个时候也过来"捣乱"，对德军后撤队伍毫不客气地肆意攻击，德军原本就所剩无几的机械化装备更没有多少了。

战后的战场

风雪鏖兵 阿登战役 fengxueaobing adengzhanyi

德国战俘被押送到后方

由于第7集团军遭到了美军的急速进攻，德军在其他地区的后撤也加快了脚步，要是美军截断了他们回国的路，估计只有投降一条路可走了。

1月22日，希特勒下令第6装甲集团军原有装甲部队全部归建，然后立即赶赴东线战场，这意味着目前最具有实力的队伍已经在阿登战场上消失。没有了武装党卫军部队的支持，德军在阿登地区唯一的防线圣维特立即变得岌岌可危了，第7装甲师抓住机会，一举击毁了德军的防线，成功地夺回了5周前丢失的圣维特，但是阿登山区的战斗还没有结束。

在圣维特的东部，还有一片覆盖着森林的山脊，东西宽5~10公里，南北延伸了20公里，山脊的另外一侧就是德国的边境线，这里曾经是德军展开阿登反击战开始的地方。

1945年1月25日，美军第106师424团开始进攻圣维特山林，经过

1天的苦战，1月26日，美军将圣维特山林全面控制，兴奋的美军在山林中鸣枪庆贺，而在距离这座山脊不到4公里的地方，来自106师422团和423团的7000名官兵在1944年12月19日向德军投降，他们终于又回到了这片土地上，而德国人也夹着尾巴逃回了自己的防线当中。

至此，阿登反击战终于画上了一个完整的句号。

后　记

综合各种资料，在整个阿登反击战中，德军第 6 装甲集团军阵亡 3818 人、战伤 13693 人、失踪或者被俘 5940 人；第 5 装甲集团军阵亡 4415 人、战伤 10521 人、失踪或者被俘 8271 人；第 7 集团军阵亡 2516 人、战伤 10225 人、失踪或者被俘 8271 人，另外三个集团军还有超过 30000 人的非战斗伤亡，总损失接近 10 万人，装备损失更为严重，超过 600 辆坦克和重炮、320 架飞机和 6000 辆汽车被摧毁。

美军阵亡 19476 人，受伤 48893 人，被俘失踪或者 23554 人。英军阵亡 200 人，被俘 900 人，受伤 300 人，损失坦克和反坦克炮 733 辆，飞机 592 架。

时任英国首相丘吉尔对于这场战斗的评价：

在那个严寒的冬月里，有关于个人伤亡的电报，都是送往一个个美国家庭的……

——丘吉尔

阿登反击战虽然使得盟军进攻莱茵河计划一拖再拖，然而盟军成功地灭掉了德军的后备力量，希特勒再也无力组织起强大的反攻战役了，等待他的只有一条死路。

阿登反击战成为"二战"后期名副其实的转折点，也成为希特勒葬送纳粹德国的一个最有利的推手，对于那数十万德军官兵来说，他们尽到了军人的职责,却无论如何也更改不了非正义战争必定失败的命运。而对于盟军将士来说,胜利的曙光就在眼前,他们的牺牲加速了纳粹德国的覆灭,世界反法西斯战争的胜利已经掌控在他们的手中了。